蒋绍愚文集

第七卷

汉语词汇语法史论文选
（上册）

蒋绍愚 著

文集自序

感谢商务印书馆给我出版《蒋绍愚文集》。《文集》共七卷，前六卷都是学术专著，第七卷是论文选集。各卷的出版情况和大致内容如下：

第一卷　《古汉语词汇纲要》

此书1989年12月由北京大学出版社出版。2005年版权归商务印书馆。2005年韩国首尔大学李康齐教授译为韩文，由韩国中国书屋出版。2021年商务印书馆将此书收入"中华当代学术著作辑要"中。

此书是20世纪80年代我在北京大学中文系给研究生开设的"古汉语词汇"课的基础上写成的，主要用"义素""义位"等概念来分析古汉语词汇的一些问题。

第二卷　《汉语历史词汇学概要》

此书2015年11月由商务印书馆出版。

"汉语历史词汇学"包括两个方面：一是对汉语历史词汇所做的史的研究，二是对汉语历史词汇的理论研究。此书主要是后一方面，力求站在现代语言学的高度，对汉语历史词汇的有关理论问题进行研究，较多地吸取了现代语义学和认知语言学的研究成果，并力图和汉语历史词汇的实际紧密结合，用于分析和解决汉语历史词汇研究的问题。此书的内容曾在北京大学中文系、香港科技大学人文学院、香港中文大学中文系和浙江大学中文系讲过。

第三卷 《近代汉语研究概要》(修订本)

我写过一本《近代汉语研究概况》，北京大学出版社1994年2月出版，是对近代汉语语音、语法、词汇研究成果的介绍。后来又写了《近代汉语研究概要》，里面多了一点自己对近代汉语语音、语法、词汇的研究，2005年11月由北京大学出版社出版。2017年7月又由北京大学出版社出版了《近代汉语研究概要》(修订本)，根据2005年以后的研究进展，对《近代汉语研究概要》做了较大幅度的修订。此书于2021年获教育部全国优秀教材二等奖。2019年，韩国外国语大学的教授崔宰荣、林弥娜把此书的语法部分译为韩文，在韩国BP Press出版。2022年，日本神户外国语大学教授竹越孝着手把此书的语法部分译为日文，尚待出版。

撰写和出版此书的缘由是受命于朱德熙先生，以推进近代汉语的研究。这在此书的"序"中已有交代。

第四卷 《唐诗语言研究》(修订本)

《唐诗语言研究》1990年5月由中州古籍出版社出版。2008年8月由语文出版社出版了增订本，2023年3月由语文出版社出版修订本。

此书的原著是在我给北京大学中文系学生开设的"唐诗语言研究"的基础上写成的，从唐诗的格律、唐诗的词语、唐诗的语法、唐诗的修辞四个方面对唐诗的语言做了全面的介绍。增订本收了我的《唐诗词语小札》和两篇有关唐诗语言的论文。修订本进一步核实了例句，并对原著做了较大幅度的修订。

第五卷 《唐宋诗词的语言艺术》

此书2022年8月由商务印书馆出版。2022年9月被评为当月的"中国好书"。

此书的内容和《唐诗语言研究》不同。一是把研究的范围扩大到宋诗和唐宋词,二是从阅读和鉴赏的角度来谈唐宋诗词的语言艺术,希望能帮助读者提高唐宋诗词的阅读和鉴赏能力。

第六卷 《论语研读》(修订本)

《论语研读》2018年9月由上海中西书局出版。2021年又由上海中西书局出版了《论语研读》(修订本)。

此书是在我给北京大学国学研究院为博士生开设的"《论语》研读"课的基础上写成的。主要从语言文字的角度来分析历来对《论语》的各种解读究竟哪一种正确。

第七卷 《汉语词汇语法史论文选》

我在汉语词汇语法史方面的论文,商务印书馆曾给我出版过三个论文集:2000年8月出版的《汉语词汇语法史论文集》,收入1980—1999年的论文22篇;2012年4月出版的《汉语词汇语法史论文续集》,收入2000—2010年的论文30篇;2022年3月出版的《汉语词汇语法史论文三集》,收入2011—2020年的论文18篇。

这次《文集》中的《汉语词汇语法史论文选》,从上述三个论文集中选取了论文21篇,加上2021年后发表的论文4篇,共25篇。这是我从1980年以来所写的论文的总选集。其中《古汉语词典的编纂和资料的运用》是我参加《汉语大词典》的修订工作后写的。我曾为《古汉语常用字字典》的1—6版统稿,又和张万起一起主编了《商务馆学生古汉语词典》和《古汉语常用词词典》,近年来又参加了《汉语大词典》的修订,对古汉语词典编纂的甘苦有些体会。

这个《文集》是我一生的学术总结。在编纂《文集》的过程中,我把这些专著和论文都重新看了一遍,觉得里面有不少地方说得不对。这些地方，在《文集》中都保留原样，不加改动，但用"今按"的方式加以纠正。有重要补充的也用"今按"表示。如果有我自己未能觉察的错误，请专家和读者指出并予以纠正。

蒋绍愚
2023 年 3 月于北京大学

目　　录

上　册

关于汉语史研究的几个问题 …………………………… 1
也谈文言和白话 ………………………………………… 25
汉语史的研究和汉语史的语料 ………………………… 54

两次分类——再谈词汇系统及其变化 ………………… 98
词义和概念化、词化 …………………………………… 115
汉语词义和词汇系统的历史演变初探——以"投"为例 …… 151
打击义动词的词义分析 ………………………………… 197
汉语"天"的意义的演变 ………………………………… 228
从助动词"解""会""识"的形成看语义的演变 ………… 242
"关"和"关于"——网络和构式 ………………………… 262
再谈"从综合到分析" …………………………………… 293
词义演变和句法演变的相互关系 ……………………… 335

关于汉语史研究的几个问题

从20世纪50年代以来,汉语史的研究有了长足的发展。在进入21世纪的时候,我们面临的问题是:汉语史的研究如何深入?这个问题很大,在汉语语音史、语法史、词汇史等方面都有不少问题需要进一步研究,有不少空白需要填补;但本文不打算涉及这些具体问题,而是谈三个与汉语史研究有关的问题。

一 汉语史研究的分和合

汉语有漫长的发展历史。对汉语的研究,开始大致是两分的:"古代汉语"和"现代汉语"。而且,除了音韵学很早就分出"古音"和"今音",在20世纪初就提出了"北音学"以外,"古代汉语"通常是作为一个平面来研究的,如"古汉语语法"实际上就是先秦语法,"古汉语词汇"实际上也是先秦词汇。1957年王力先生《汉语史稿》出版,标志着汉语史研究的开始。汉语史是强调汉语的历史发展的,不再把"古代汉语"看作一个平面。王力先生把汉语史分为四个时期:上古、中古、近代、现代,并且提出了各个时期的时间界线。顾名思义,"汉语史"是应该包括现代汉语的。但是,后来似乎形成了一种共同的看法:汉语史的研究只限于现代汉语之前(下面说到"汉语史"时,都按照这种通常的理解)。这样就成为"汉语史"和"现代汉语"的两分。20世纪80年代吕叔湘先生提出了"古代汉语"和"近代汉语"两分的看法,认为"现代汉语"只是"近代汉语"的一个阶段。这个看法是很有道理的,从本质上说,从晚唐五代到清代这一时期的汉语和现代汉语并没有质的不同,至少,两者之间是有很密切的联系的。但是,在实际研究工作中,要把现代汉语合并到"近代汉语"中去,看来是有困难的。不过,从那以后,"近代汉语"的重要性越来越被人们认识到,"近代汉语"的研究成了一个重要的研究领域。再往后,随着汉语史研究的逐步深入,人们又认识到"近代汉语"不是由"古代汉语(上古汉语)"直接演变来的,中间还隔着一个"中古汉语"时期,这个时期非常重要,其语言特点既不同于"上古汉语",又不同于"近代汉语";"中古汉语"也应该是一个重要的研究领域。这样,整个汉语的历史又分成上古、中古、近代、现代四个时期。看起来,这似乎回到了王力先生《汉语史稿》的提法,但是,这不是简单的回复,而是反映了将近半个世纪研究的进展和深入。王力先生在《汉语史稿》中讲到汉语史的分期时说:"因为我们对于汉语的历史,特别是对于汉语语法的历史,还没有充分研究过。现在只能提出一个初步意见。"这是符合当时的实际情况的。当时整个学术界对汉语史的研究还不深入,王力先生只能凭他自己渊博的学识来做一个大致的判断。而经过将近半个世纪的研究,人们对汉语史的研究比较深入了,对"近代汉语""中古汉语"的特点以及上下线问题都有了比较充分的讨论。在此基础上再提出"近代汉语""中古汉语",就比20世纪50年代时的认识深入多了。自从再次提出"近代汉语"和"中古汉语"之后,这两个领域中的研究有了很大进展。1985年召开了第一次近代汉语学术研讨会,2000年召开了第一次中古汉语学术研讨会。此后两个研讨会都定期举行,推动了这两个领域的研究。

"上古汉语""中古汉语""近代汉语"的分期是符合汉语实际的,做这样的区分对学术研究也有好处。汉语的历史实在太长了,研究者用毕生的精力也未必能通晓从上古到近代的汉语。把汉语的历史研究分成几段,研究者专攻其中一段,比较容易深入。各个时期汉语史的研究深入了,连贯起来,整个汉语史的研究也就深入了。

但是,我们必须看到,如果把"上古""中古""近代""现代"的研究割裂开来,互不通气,那就会不利于汉语史的研究。

(一)首先,汉语史的研究应当既有分又有合。

为了研究的需要,汉语史应当分期;但实际上汉语的历史发展是连续的。对有些语言现象的考察必须把几个不同时期联系起来。

如,处置式"把"字句是在唐代出现的,但是早在东汉的佛典中就有了表处置的"取"字句和"持"字句,东汉的某些"将"字句也可以看作处置式的萌芽。这些都是必须和"把"字句联系起来研究的。同一种语法格式的历史发展不能因为不同时期而分割开,这是不言而喻的。

几种不同的语法格式也会相互联系,有时也需要把不同时期打通,做综合的研究。如汉语表被动的标志,上古有"为""见""被"等,中古"被"字句进一步发展,近代出现了"教""给"等。研究表被动的"教"字句、"给"字句的形成,当然是近代汉语范围的事。"教"字句和"给"字句本来都是表示使役的,为什么能发展为表被动呢?使役句和被动句最主要的差别在于:使役句在动词前面的是施事,被动句在动词前面的是受事。用"教"字、"给"字构成的使役句要演变为被动句,一个必要的前提是在"教"字句、"给"字句的句首出现受事主语,如白居易诗"茶教纤手侍儿煎"这样的使役句才有可能发展为被动句。这就牵涉到受事主语句的历史发展。汉语的受事主语句不是一成不变的,从先秦到明清有很多变化。先秦两汉时还不可能出现像"茶教纤手侍儿煎"这种类型的带受事主语的使役句,所以当时的使役句"使"字句、"令"字句不可能变为被动句。只有到唐代,受事主语句的发展条件成熟,当时的"教"字句以及清代的"给"字句才能演变为被动句。所以,近代汉语中出现的"教"字句、"给"字句由使役到被动的演变,必须和受事主语句从上古到中古以至近代的发展联系起来研究,才能把它演变的条件和机制说清楚。(见蒋绍愚 2004a)

再如,在现代汉语中,"我吃完了"和"饭吃完了"都可以说,其主语一是施事,一是受事,而其谓语却一样,都是"述补+了";也就是说,施受关系的表述采用的是同样的形式。这种现象是什么时候出现的?应该说是述补结构出现以后,我们见到的例子是在唐代。如"天子怒,当时打杀"(《入唐求法巡礼行记》卷四),"无公验者并当处打杀"(同上,卷四)。以"述补+了"为谓语的出现于宋代,如"子夏此章皆是说到诚处,说得重了"(《朱子语类》卷二一),"此'直'字说得重了"(同上,卷三六)。对这种现象的研究也必须联系到上古和中古汉语。上古汉语中也可以有受事主语句,但其形式是和施事主语句不同的。如"韩献子将斩人"(《左传·成公四年》)是施事主语句,动词"斩"(及物)后面必须有宾语。如果"斩"后面没有宾语,它前面的名词就成了受事主语,整个句子就成了所谓"反宾为主"的形式,如"龙逢斩,比干剖"(《庄子·胠箧》)。从什么时候起,上古的这种施受关系的不同形式变成后来的施受关系用同一种形式?是什么因素促使这种变化?这都需要把上古、中古、近代联系起来研究。特别是近代的无标记被动句("无公验者并当处打杀")的兴起,肯定是与上古无标记被动句("龙逢斩,比干剖")的衰亡有关的,这两者应该放在一起来研究。

研究词汇的历史演变也需要把几个时期打通。有的词的演变是经过很长时间才完成的。如"走"从先秦的"跑"的意义演变为"行走"的意义,经过了一个逐渐演变的过程。在中古时可以看到有一些"走"的"速度快"的意义逐渐减弱,到唐代有少数例子"走"已有"行走"的意义。但在明代的语料中,"走"还兼有"跑"和"行走"的意义,而且比例大致相当。直到《红楼梦》中,"走"的意义才和现代汉语一样。这类词义演变的研究,是无法用分段的办法来做的。(见蒋绍愚2005)

到目前为止,汉语史的研究主要是专题和专书的研究。这是十分必要的,是汉语史研究的基础工作,今后必须继续做好。但与此同时,也还应注意一些更宏观的问题,考虑一下几千年来汉语在总体上发生了什么变化。比如,汉语表达的精密化,从综合到分析的发展,从无界到有界的发展,汉语语法化的规律,汉语词汇演变的规律等,这些问题都是我们需要考虑的。当然,这些问题相当大,我们不能凭"想当然"来回答,也不能仅凭一两个例子就做出普遍性的概括。要解决这些问题,必须经过全面深入的研究,包括对相关问题研究成果的综合和深化。如果要研究这些问题,就更需要把各个历史时期联系起来,有时还要把语法和词汇联系起来。即使做的不是这样的宏观研究,而是研究具体的专题或专书,最好也要把具体问题放到汉语发展的大背景上来考察,这样可能眼界更开阔,研究更深化。从这方面讲,汉语史研究也应该既有分又有合。

(二)其次,汉语史的研究应当和现代汉语的研究结合起来。

如果把汉语的研究分成现状的研究(现代汉语的研究)和历史的研究(汉语史的研究)两大块,那么,无可否认,现状的研究更为重要。这是关系到十三亿中国人民学习和使用汉语的大问题(中国的少数民族也要学习汉语),是关系到世界各国人民学习汉语的大问题。当然,研究汉语历史的重要性也是不容低估的:一方面,要了解中国的历史文化必须研究汉语的历史;另一方面,汉语的现状是汉语历史发展的结果,要清楚地了解汉语的现状,也离不开汉语历史的研究。这些道理,研究汉语史的人都懂得,但是,怎样使汉语史的研究能加深对现代汉语的了解,这种意识却不是很强。似乎现代汉语的研究和应用完全是搞现代汉语的人的事,我们搞汉语史的就顾研究历史;至于汉语史研究的成果和现代汉语有什么关系,那也是搞现代汉语的学者的事情,和我们没有关系。这样,汉语史的研究就完全局限于历史的领域,而失去了对现代汉语研究和应用的参与意识。其实,在这方面,汉语史的研究是大有可为的。事实上,现代汉语的一些语法、词汇问题,要从历史上考察才能说得更清楚。

举两个例子。

1. 研究现代汉语的学者提出了这样一个问题:为什么只能说"他是小王的老师",不能说"他是小王的教师"?这个问题是从配价语法的角度来回答的:"老师"是二价名词,所以可以有两个论元"他"和"小王";"教师"是一价名词,所以只能有一个论元"他"。(见陆俭明2003)这当然是正确的回答。但是,如果进一步问:"老师"和"教师"指的是同一种人,为什么一个是二价,一个是一价?这个问题,无法从现代汉语的平面上回答,而必须从汉语史的研究找答案。从汉语史的角度看,"老师"和"教师"虽然都有一个语素"师",但是这两个"师"实际上是不同的。"老师"古代就称"师",是传道授业的人,所以总是和被传授的人分不开的。《荀子·修身》:"师者,所以正礼也。"《礼记·文王世子》:"师也者,教之以事而喻诸德者也。""老师"最早见于《史记·孟子荀卿列传》:"齐襄王时而荀卿最为老师。"这个"老"是"年老"的意思。现代汉语中"老"是词头,但"师"仍是这个"师",所以"老师"是二价名词。"教师"的"师"是表示一类有某种技能的人,如古代有"渔师""罟师",现代有"厨师"。左思《吴都赋》"篙工楫师"吕向注:"工,谓所善;师,谓所长。皆使其驾行舟者。""教师"在元曲中可以见到:张国宾《罗李郎》3:"人都道你是教师,人都道你是浪子。"意思是教习歌舞技艺的人,到清代才指传授知识的人。因为和"罟师""厨师"一样是一种职业,所以是一价名词。从这个例子不但可以看到汉语史和现代汉语的联系,而且可以看到词汇和语法的联系。

2. 有些现代汉语的复合词,被认为其构词方式是无法分析的。如"卧病",意思是"因病而卧床",但"卧"在前,"病"在后,和汉语的语序相反,是一种无法解释的构词方式。确实,从现代汉语的角度来看,"卧病"一词中两个语素的这种顺序在构成句子的词序中是找不到的。但是,"今天的词法曾是昨天的句法"(T. Givon)。这种词序在汉语史中是否能找到呢?我们找到了这样的句子:"诘朝尔射死艺"(《左传·成公十六年》),"冬暖而儿号寒,年丰而妻啼饥"(韩愈《进学解》)。"死艺""号寒""啼饥"都是"因～而 V",但语序都是"～＋V"。在古汉语中,"卧病"或"卧疾"也是这种词序的一个词组。谢灵运《命学士讲书》:"卧病同淮阳,宰邑旷武城。"谢灵运《斋中读书》:"卧疾丰暇豫,翰墨时间作。"白居易《琵琶行》:

"我从去年辞帝京,谪居卧病浔阳城。"古汉语的这种词序在现代汉语中消失了,但"卧病"凝固成一个词在现代汉语中保存下来。如果只看现代汉语的平面,"卧病"的构词方式确实是不好解释的;但如果把汉语史联系起来考察,就不但能解释这种构词的由来,而且可以看到句法和词法之间的历史上的联系。

还有些问题,如果把汉语史和现代汉语结合起来,就会认识得更全面。这里也举一个例子。

比如汉语中的"把"字句,它的性质和功能该怎么认识?王力先生称之为"处置式",顾名思义,是对于对象的处置。有的学者认为,"处置"不能概括"把"字句的用法,比如:"这班学生把王老师教惨啦",不能说是"学生"对"王老师"的处置;因此,"把"字句的作用应该这样表述:如果将"把"字句写作"A 把 BC 了",那么,这个句子表示的是"由于 A 的关系,B 变成了 C 所描述的状况"。(见薛凤生 1994)换句话说,这是把"把"字句的功能看作"致使"。确实,这种解释适合于现代汉语中很多"把"字句。但是,如果看一看近代汉语中的"把"字句,就会看到,有很多"把"字句不能这样解释。"把"字句产生的初期,很多句子是单个动词做谓语,而"把"后面的名词是这个动词的受事。比如:宋之问《温泉庄卧病寄杨七炯》诗:"徒把凉泉掬。"《祖堂集》卷一六:"仰山便把茶树摇。"都不能解释为"致使"。其实,在现代汉语中也有不少"把"字句不能解释为致使。如:"小张把小王看了一眼。""王老师把这班学生教惨啦!"那么,应该怎样来看待"把"字句呢?应该说,"把"字句有一个历史发展过程,在"把"字句产生的初期,主要是表示处置;后来,逐渐演变为表示致使,但还有一些仍然表示处置。至于这个由表处置到表致使的变化是在什么历史时期逐渐发生的?为什么会发生这种变化？这些问题是有待于深入研究的。

这不过是随手举出的几个例子，这样的例子还能举出一些。但重要的不是再找若干零星的例子，而是要从整体上把汉语史和现代汉语结合起来深入研究，弄清楚现代汉语体系形成的历史过程。如果能这样做，一定能有巨大的收获：一方面可以对现代汉语了解得更深入，另一方面可以对语言演变的规律有更多的发现。这项工作以前是做得不够的。近代汉语本来是和现代汉语关系最密切的，但是，以往的近代汉语在溯源方面做得比较多，而对近代汉语如何向现代汉语发展的研究则十分薄弱。这在今后是需要努力加强的。

汉语史研究和现代汉语研究的结合还有另一个方面：应该说，现代汉语的研究方法走在汉语史研究的前面。当然，汉语史研究的对象和现代汉语研究的对象并不相同：后者研究的是活的口语，前者研究的是死的历史文献（汉语史的研究也可以用现代汉语方言做参考，这在下面就会说到；但汉语史研究的基本资料还是历史文献）。所以，汉语史研究不能盲目搬用现代汉语的研究方法。但是，现代汉语的一些研究方法，至少是汉语史研究应该借鉴的。

二　汉语史研究与现代汉语方言研究的结合

汉语史研究与现代汉语方言研究的结合有极大的好处。汉语史研究依据的是死的历史资料，现代汉语方言是活的语言数据。汉语历史演变中出现的一些语言现象，往往在现代汉语方言中依然保留，把两者结合起来进行研究，可以相互补充。同时，现代汉语方言中的一些语言现象,是在历史文献中和普通话中看不到的,这对汉语史的研究也有启发。

就语法而言,以方言的语法和汉语的历史语法相比,有三种情况:

(一)方言中一些方言的语法形式在汉语语法史上出现过,这对于研究汉语语法史当然很有帮助。

1. 在上古汉语中,表示一种新情况的出现,在句尾用"矣",如《左传·成公二年》:"余病矣。"从唐代开始也可以用"也",如《旧唐书·安禄山传》:"阿与,我死也。"从宋代开始用"了",如《朱子语类》卷七:"不知不觉自好了。""矣"和"也"在现代汉语方言中都有保留。台湾闽南话的[a˚](矣),如:"伊去[a˚]"显然是上古汉语中的"矣"的保留形式。陕西清涧话用[. lɛ](了也),也可以用[ɛ](也),如"大了他自然儿解开(明白)[ɛ]",是唐代语法形式的保留。

2. 汉语史上的处置式,南北朝时用"将",唐代才用"把",而且早期的处置式,有的动词后面的宾语仍然保留。如陆勋《志怪》:"船者乃将此蟾以油熬之。"粤语的处置式用得不多,用处置式时多用"将"字,少用"把"字,而且动词后往往有一个代词宾语"佢"复指"把"的宾语,如:"我想将呢棵树斩咗佢。"这和汉语史的早期形式非常一致。汉语史上的处置式,句中的动词最初是单音节的,如宋之问《温泉庄卧病寄杨七炯》诗:"徒把凉泉掬。"后来才逐渐发展为双音节的。台湾闽南话的处置式谓语动词可以是单音节的,如:"阿公把阿英骂。"这也和汉语史上处置式的早期形式一致。有的学者认为,现在见到的唐代早期的处置式多出现在诗句中,动词都是单音节,这是受诗律限制的结果,未必是当时实际语言的形式。但是,现代台湾闽南话中的情况可以说明,唐代口语中处置式以单音节动词为谓语不是不可能的。

3. 在汉语史上,述补结构带宾语时,补语和宾语有两种位置:一是宾语在述语和补语之间,一是补语在述语和宾语之间。如动结式的 VOC 和 VCO:"打头破"和"打破头"(均见于《百喻经》)。能性补语的肯定式"V 得 OC"和"V 得 CO":晏殊《踏莎行》:"垂杨只解惹春风,何曾系得行人住?"《朱子语类》卷五九:"亦只是大纲如此说,不是实考得见古制。"能性补语的否定式"VO 不 C"和"V 不 CO":《北梦琐言》:"聚六州四十三县铁打一个错不成也。"《祖堂集》卷二:"分付不着人,所以向你道。"复合的趋向补语,宾语也有两种位置:一是宾语在复合的趋向补语之前,一是宾语在复合的趋向补语中间,即"VOCC"和"VCOC":《朱子语类》卷一:"有人见海边作旋涡吸水下去者。"《朱子语类》卷一二〇:"忽然部中又行下一文字来。"汉语史上出现过的这两种词序,前一种在现代汉语普通话中不存在了,但在其他方言中还保留。如吴语的 VOC"打其杀",V 得 OC"打得佢过",VO 不 C"打伊勿过";客家话的 V 得 OC"食得饭落";粤语的 VOCC"拎咗条手巾子出嚟"。这些都是汉语史上曾经有过而在现代普通话中已经消失了的形式。

4. 唐代的差比句中,在用表示比较的"比"或"于"的同时,还常常用"校"字,在白居易的诗中,这些形式很常见。如《江楼夕望招客》:"能就江楼销暑否?比君茅舍校清凉。"《以诗代书酬慕巢尚书见寄》:"不知待得心期否?老校于君六七年。"这种用法在现代汉语普通话中也消失了,但在有的方言中还存在。如台湾闽南话的比较级在用"过"、用"并"的同时,还用"较"字,如"阿明较悬(高)过阿平""阿明并(比)阿平较悬"。

这些语法形式如果和汉语语法史结合起来研究,肯定能够相得益彰。

(二)方言中一些语法形式和汉语语法史上出现过的形式不一致,但有关系。

1. 表示体貌的助词。汉语语法史上表完成的动态助词和表持续的动态助词是两个不同的词,前者是"了",后者是"着",尽管有一个时期"着"既可以表持续也可以表完成,但两者的分工基本上是明确的。而在现代汉语方言中,情况并不一样。在粤语和客家话中,表完成的动态助词和表持续的动态助词也是不同的词,粤语是"咗"和"住""紧",客家话是[t'et^{22}]和[ten^{31}](等)。而在吴语中,表完成的动态助词是"仔",表持续的动态助词是"勒海",但"仔"也可兼表完成持续。在台湾闽南话中,用[le⁰]表动作的持续完成。这里有两方面的问题值得研究:(1)这些动态助词的历史渊源是什么?"咗"大概来源于"着(著)","仔"有的学者也认为是来源于"着(著)",但它们都不是表持续,而是表完成,这是怎样一种历史发展?"勒海"的来源大概是表存在的同形动词。而其他动态助词的来源待考。(2)为什么"仔"可以兼表完成持续?为什么[le⁰]可以兼表持续完成?在汉语语法体系中,"完成"和"持续"这两种体貌有什么关系?为什么在有的方言中两者用不同的助词,而在有的方言中两者用同一个助词?

2. 动词重叠,表示短时貌。在汉语史上,最初动词重叠是表示动作反复进行的,如《古诗十九首》:"行行重行行,与君生别离。"表示短时貌的动词重叠是很晚产生的,而且是先有"V一V"(第二个V是同形动词做动量词),然后才发展为"VV"。如《朱子语类》卷一二:"试定精神看一看。"《元曲选·竹坞听琴》:"也到员外家看看去。"但客家话中没有"V一V",而是说"VV na^{55} le^{22}",如"看看

na^{55} le^{22}",而且后面不能带宾语,不能说"看看 na^{55} le^{22} 书",只能说"书看看 na^{55} le^{22}"。那么,客家话的动词重叠是不是没有经过"V一V"的途径?它是怎样发展来的?又:广州话中"VV"和"V一V"用得很少,动词重叠的主要形式是"V下",这是从"V一下"发展来的。这又是一种什么样的发展途径?为什么广州话中"VV"和"V一V"都用得很少,而"V一下"——"V下"却发展成短时貌的主要形式?

3."把"字句和"被"字句。从语用的角度看,"把"字句和"被"字句都具有一种功能:把动词的宾语提前。"把"字句是把动词的宾语提前为"把"的宾语,"被"字句是把动词的宾语提前为句子的主语。在汉语史上,当句子的谓语发展得越来越复杂的时候,往往用"把"字句或"被"字句把动词的宾语提前。如《红楼梦》九回:"把宝玉的一碗茶也砸得碗碎茶流。"这句话也可以说成"宝玉的一碗茶也被砸得碗碎茶流",但说成"砸得宝玉的一碗茶碗碎茶流"就不太顺。在现代汉语方言中,也能看到用"把"字句或"被"字句把动词的宾语提前的情形,如台湾闽南话不说"阿公罚阿明跪",而说"阿公把阿明罚跪"或"阿明与(被)阿公罚跪",但其条件不是因为句子的谓语复杂,而是相反:如果动词的直接宾语是一个动词,而且是单音动词时,不能采用"V+O+O"形式,而要用"把"字句或"被"字句把后一个宾语提前。虽然这和汉语史上看到的情形不一样,但对我们研究"把"字句、"被"字句和一般动宾结构的关系以及"把"字句、"被"字句的表达功能会有一些启发。

(三)方言中一些语法形式是汉语语法史上不曾见到过的。如台湾闽南话和客家话用三个单音形容词重叠来表示高级,如"红红红""甜甜甜"。台湾闽南话中可以用动词重叠做谓语,如"cit^4 碗饭冷冷";可以在动词重叠后面带补语,如"撞撞破""割割 ho^7(与)断"等;还有"动词＋动词词尾＋结果补语"的形式,如"走 liau^2(了)真紧""走 ka^1 真紧""走 tioq^8(着)真紧";处置式中"把"的宾语如果是第三人称,就可以省略,如"阿公把(阿英)骂"。客家话可以用"述语＋间接宾语＋直接宾语"的形式,如"我分佢一领衫",也可以用"述语＋直接宾语＋间接宾语"的形式,但动词限于"分"和"送",而且要重复一次,如"我分一领衫分佢"。(汉语史上也有"V$_1$＋直接宾语＋V$_2$＋间接宾语"的形式,但 V$_1$ 和 V$_2$ 不同形。)

  这些现象虽然和汉语语法史的研究没有直接关系,但对我们很有启发。这告诉我们:汉语史上出现的语法演变并不是汉语语法演变的唯一的、必然的途径。在对汉语语法史上的演变做出解释的时候,也必须考虑这一点,而不能把话说得太绝对。是的,语法的发展不是杂乱无章的,往往有一定的规律;一种语法形式为什么是这样发展而不是那样发展,往往也有道理可讲。在汉语语法史的研究中,除了客观地描写出语法演变的趋势外,还要探究语法为什么这样发展,这是研究工作深入的表现。比如,在近代汉语中,曾经有过不少虚词("毕""竟""讫""已",还有"了"和"着")可以表示完成貌,最后,在北方广大地区"了"排除了其他虚词,成为唯一的一个表示完成貌的助词。在对此做出准确的描写的基础上,再进一步说明为什么"了"能排除其他虚词,这是完全必要的。但是,方言语法的研究告诉我们:在不同方言中,语法的发展是多种多样的。因此,当我们对汉语语法史上的演变做出解释的时候,我们只能说,在汉语北方话或汉语共同语中,这样一种发展有其必然性,而在其他方言中,完全可能有另一种发展。比如,在粤语和吴语中就不是"了"排斥了"着",而是"着"排斥了"了"。一切以时间、地点、条件为转移,语法的发展也是这样。

三　基础研究与理论思考的结合

汉语史的基础研究是对汉语历史演变的语言材料做全面的调查、细致的描写和深入的分析。这方面的工作必须加强,没有扎实的材料,就谈不上汉语史研究。但是,光是掌握了材料而只把材料加以罗列,或做简单的分类排比也是不够的,还必须在研究中加强理论思考,在描写的基础上进一步做出解释,探索汉语发展演变的动因和机制。当然,理论思考必须和基础研究结合,离开了汉语史的语言事实而空谈理论,是没有价值的;强使汉语史的语言事实迁就某种理论,更是不足取的。

近年来,认知语言学的发展很迅速。认知语言学确实为语言研究提供了一个新的视角,从认知的角度来观察和解释汉语的历史演变,可以使我们开阔视野,加深认识。但有以下几点值得注意:

(一)形式主义试图从语言结构内部去寻找对语言现象的解释,功能主义试图从语言结构外部寻找对语言现象的解释。应该说,这两种研究方法是相辅相成的,而不应该互相排斥。因为,事实上,支配语言结构的既有"临摹原则",也有"抽象原则"。功能主义不可能解释汉语史上所有的演变。

比如,戴浩一提出的"时间顺序原则"在很大程度上能解释现代汉语中表方位的介词词组在动词之前和动词之后的顺序,但却不适合古代汉语。比如,现代汉语中的两种词序:"在房间里读书"和"走到房间里",表方位的介词词组一个在动词之前,一个在动词之后，这可以用"时间顺序原则"来解释。但这两个短句用古汉语表达，就成了"读于室"和"入于室"，表方位的介词词组都在动词之后。从古汉语到现代汉语的这种词序的变化，如何加以解释呢？能不能说，汉民族对于动作和相关的时空关系的认知方式从古到今发生了变化呢？当然，从道理上讲，人们对同一个对象或同一种关系可以从不同角度去认识，正确的认知方式可以不止一种（这在下面还要说到），所以，同一个民族的认知方式在历史上发生变化也不是不可能的。但具体到表方位的介词词组和动词之间的词序这个问题上，我们却很难说清楚古汉语说"读于室"和"入于室"是一种什么认知方式，这种认知方式又如何变成现代汉语的按照时间顺序来认知动作和处所关系的这样一种认知方式。对于这个问题，我的看法是：首先，古汉语的这种词序，不是由"临摹原则"决定的，而是由"抽象原则"决定的：凡是由"于＋处所名词"构成的介词词组，不管它和动词的时间顺序如何，绝大多数放在动词后面。其次，从古汉语的词序到现代汉语词序的改变，即从"抽象原则"到"临摹原则"的改变，也无法从语言外部，从认知的角度加以解释，而只能从语言结构内部的变化来解释。由于汉语内部结构的一系列变化，使得古汉语中处于动词和处所名词之间的"于"动摇以至于消失。"于"是按抽象原则确定词序时一个明确的标志，凡是有"于"的词组都放在动词后面。既然这个标志动摇以至于消失，那么"抽象原则"也就逐渐削弱，最后被"临摹原则"所取代。（详见蒋绍愚1999）

又如，汉语述补结构的历史发展的大致轮廓是：从动词连用"V＋V＋O"发展为述补结构"V＋C＋O"，如《史记》的"击破沛公军"是"V＋V＋O"，到《百喻经》的"打破瓶"是"V＋C＋O"；六朝时述补结构除了"V+C+O"外,还有另一种形式"V+O+C",如《百喻经》的"打头破";后来在北方话和共同语中"V+O+C"消失,一律说成"V+C+O",但在现代汉语的一些方言中"V+O+C"仍然保留。这种发展也很难完全从语言外部,完全从认知的角度加以解释。尽管述补结构到六朝时才产生,但人们对某个对象施加某种动作,从而造成某种结果,这样一种"动作—对象—结果"之间的关系,应该说人们是早就认识了,这种认识不能说是六朝时产生述补结构的原因,更不能说这种认识到六朝时述补结构产生之后才有。当然,我们可以说,用连动结构表达动作和结果,说明人们把动作和结果是分开看的,用述补结构来表达,说明人们把动作和结果联系得更紧密。但这是语言结构的变化反映出来的人们认知的变化,我们很难把这种认知的变化作为语言结构变化的原因,语言结构的变化(从连动到述补)的原因还要从语言内部找,这就是大家熟知的及物动词不及物化,以及使动用法的衰微等等。至于"V+C+O"和"V+O+C"两种结构,从认知的角度来看,应该是"V+O+C"这种词序更准确地摹写了客观世界中"动作—对象—结果"的关系:动作先涉及对象,然后对象出现某种结果。那么,为什么这种格式到现代汉语北方话中全部消失,而让位于"V+C+O"呢?这也很难完全从认知的角度加以解释,而首先要从汉语述补结构的发展,述语和补语的黏合程度越来越强这些方面考虑。这里当然也包含认知的因素,但也有语言自身发展的原因,这两方面是应该结合在一起考虑的。另外,"V+O+C"这种格式,在现代汉语北方话中是全部消失了,但在其他方言中还广泛使用。这种方言之间的差异,也很难从认知的角度来解释,只能说是因为不同方言的语言结构不同,发展速度不同。

（二）从认知的角度解释语言现象和语言演变，不能简单化，不能认为对同一事物只能有一种认知方式，从而只能有一种语言表达形式。比如，《说文》："榱，屋榱联也。"又："楣，秦名屋榱联也。齐谓之厃（檐），楚谓之梠。"又："橲，屋梠也。""楣""厃（檐）""梠""榱""橲"是同一事物的不同名称。为什么同一事物有不同名称呢？这个问题不能一概而论，因为对事物的命名未必都是有理据的。但这一组名称都有各自的理据，《释名》和《说文》段注对此有很好的解释。《释名·释宫室》："梠，连旅之也（据《御览》改）。或谓之榱。榱，绵也。绵连椽头使齐平也。""楣，眉也，近前各两，若面之有楣也。"《说文》"厃，屋梠也"段注："檐之言廉也。"《说文》"橲，屋梠也"段注："橲之言比叙也。"《释名》和段注用的都是声训，声训有很多不可信，但这几个词的解释还是可信的，都说明了这些词的理据，即人们给事物命名时的认知上的依据。从这一组词可以看到，人们对同一事物可以从不同角度去认识：称之为"楣"是因为它在房屋正面的前上方，如同眉在人脸上的位置；称之为"檐"是因为它在屋顶的边沿；称之为"榱"和"梠"是因为它的作用是把椽子连接起来（而表示"连接"的意思在古汉语词汇系统里既可以用"绵"，也可以用"旅"）；称之为"橲"是因为它的作用是使椽子排列整齐（比叙）。

这是词汇方面的例子。语法方面也是这样。比如，汉语的差比句，古今形式不同，古代汉语说"高于山"，这是先说所比较的性状，再说比较的标准。现代汉语普通话说"比山高"，这是先说比较的标准，再说所比较的性状。这两种不同的表达也是对同一种现象从不同角度的认知。这两种不同的认知方式以及与之相联系的语言表达方式，也分别出现在不同的语言中，如英语"higher than mountain",是先说所比较的性状再说比较的标准;日语"山より高い",是先说比较的标准再说所比较的性状。语言类型学的研究或许会告诉我们,在人类诸语言中哪一种表达方式更普遍,但从认知的角度看,却分不出两种方式的优劣高下。不错,比较的时候总是先有比较的标准,再有比较的结果,从这方面说,"比山高"是对现实世界的临摹。但是,"高、低、大、小"等性状本身就是相对的,先感到某物有某种形状,再说明这种性状是相对于某个标准而言的,这也是人们的一种认知过程。所以,我认为这两种差比句反映的是对同一种现象从不同角度的认知。至于汉语的差比句为什么会从"高于山"变为"比山高",这也很难从认知的角度加以说明,就是说,我们无法从认知心理上解释为什么从古到今会有这种认知角度的变化。也许,这种历史演变的原因,还要从语言结构的变化和语用原因等方面找,比如,汉语词序发展的总趋势是连动结构中的第一个动词往往虚化为介词,因此介词结构从动词后面移到动词前面,从"高于山"到"比山高"的变化正好和这种总趋势一致;"于"所担负的功能太多了,从语用的角度看它必然要被各种专职的介词代替,等等。(当然,连动结构中的第一个动词的虚化也有认知方面的原因,但毕竟不能把这种原因看作从"高于山"到"比山高"这种变化的直接动因。)

(三)同一种现象用两种不同语言形式来表达,这究竟是反映了人们认知方面的差异,还是反映了两种语言表达方式的差异?这不能仅仅根据一两个例子下结论,而要综合大量语言材料进行深入细致的分析。

比如,汉语说"她嫁错了人",英语说"She has married the wrong guy"。有的学者认为:"两个句子的差别来自同样有效的观念系统的语法体现。汉语把错误归于'嫁',英语只报道想嫁的人和所嫁的人之间有差距。"(见戴浩一 1990)也就是说,当一件事出错的时候,说汉语的人着眼于行为者做事的差错,说英语的人着眼于对象的差错。这样,两个民族对于同一个事件有不同的认知,当然,这两种认知都是合理的(同样有效的)。

如果真是这样,那么,在表达一件事情出错时,汉语都应该用动词或动词的修饰语来表示差错,英语都应该用宾语的修饰语来表示差错。但事实并非如此。下面的例子表明,在表达一件事情出错时,汉语和英语都有几种方式:

英语:

(1) We have mistaken the house. = We came to the wrong house.
He'd mistaken the address, and gone to the wrong house.
I mistook him for his brother.
He made mistakes in calculations.
Mishear, misread, mispronounce, misplace, misprint, mislead.

(2) A letter for me was left by mistake at his desk.
The parents may mistakenly believe that they are to blame for their child's illness.
They were wrong about my age.
You guessed wrong.
I blamed him wrongly.

(3) He did it the wrong way.　　He came the wrong way.
He said the wrong thing.　　He was on the wrong train.
He got the wrong number.　　He arrested the wrong man.

He is the wrong man for the job.

汉语：

(1)错＋V/＋O　　　(2)V＋错/＋O　(3)V＋/错＋O

错怪了他

　　　　　　　　　写错了字　　　写了错字

　　　　　　　　　说错了话　　　说了错话(说了一
　　　　　　　　　　　　　　　　句不该说的话)

　　　　　　　　　做错了事　　　做了错事

　　　　　　　　　嫁错了人　　　(嫁了一个不理想
　　　　　　　　　　　　　　　　的丈夫)

错误地做出了这个决定　做错了决定　做出了错误的决定

错误地选择了这个职业　选错了职业　选择了错误的职业

　　　　　　　　　把背心做大了　做了一件大背心

　　　　　　　　　把颜色涂深了　涂了深颜色

确实，汉语和英语在语言表达上是有差别的：英语可以用"wrong"修饰名词表示想要支配的对象和实际支配的对象有距离，而汉语不能用"错"修饰名词来表达这种意思，在现代汉语中，这种意思是用"错"做动词的补语来表达的。但这是汉、英两种语言的词汇、语法系统的差异，而不是两个认知系统或观念系统的差异。(1)英语的"wrong"有几个意思：1. Not morally right; unjust. 2. (a) not true or correct. (b) (pred) (of a person) mistaken. 3. [usu. attrib] not required, suitable or the most desirable. 第三个意思(不合适的)是汉语的"错"所没有的。所以英语可以用"wrong＋N"表示动作的对象和预想的有距离，汉语就不能用"错＋名词"来表示这种意思。(2)相反,汉语中用"错""大""深"等性质形容词修饰名词,多半是表示事物的固有性质,而不是表示对象的性质和预想中不一致;要表示对象的性质和预想中不一致,通常要用述补结构。这在"把背心做大了/做了一件大背心"和"把颜色涂深了/涂了深颜色"的对比中看得最清楚。"选错了职业/选择了错误的职业"的对比也可以说明这一点:前者是说选的职业和设想的不一样,后者是说这个职业本身就不好。正因为这样,所以,英语"She has married the wrong guy"正好用汉语的"她嫁错了人"来表示。这不是对同一件事认知的角度有所不同,而是同一种认知(选择的丈夫和预想不一致)用不同的语言形式表达。而且,这也不能绝对化,比如,英语"She has married the wrong guy"用汉语"她嫁了一个不理想的丈夫"(或"所适匪人")来表达也很切合,英语和汉语的这两种表达在句子结构上也没有什么不同。所以,我们不能仅仅根据一个例句就做出普遍性的概括,说两个民族对于同一个事件有不同的认知。

这里还有一个问题:述补结构"V错"是后起的,在《朱子语类》中才看到。那么,在"V错"出现以前,要表示"动作的对象和预想的有距离"的意思,用的是什么语言形式呢?这是汉语史需要研究的问题。粗略地说,在"V错"出现之前,相应的形式是"误V"。但"误V"可以表示两个意思:1.不小心错了,如《史记·留侯世家》:"误中副车。"2.故意错了,如李端《弹筝》:"欲得周郎顾,时时误拂弦。"在"错"产生"错误"义以后,出现了"错V","错V"也可以表示两个意思:1.不小心错了,如东汉失译《分别功德论》:"投饭于钵,错注于地。"(转引自汪维辉《东汉—隋常用词演变研究》)2.故意错了,如《朱子语类》卷一一○:"临陈时,是胡乱错杀了几人。"

后来才出现述补结构"V错",而"V错"只能表示第一个意思。不过这只是我初步的看法,这个问题还需要深入研究。

我想,用认知语言学的理论对一些研究工作中已涉及的问题做出解释,固然很有必要,可以深化我们对语言现象和语言演变的认识。但是,从认知的角度去深入探讨一些以前没有涉及过的问题,也应该是我们的一项重要任务。比如,要表示"动作的对象和预想的有距离"的意思,在历史上用的是什么语言形式?诸如此类的问题,都很值得研究。也就是说,汉语史不但要研究某一种语法格式(如述补式、处置式)在历史上的演变,而且要研究同一种认知在历史上用哪些不同的语法形式表达。汉语史研究视角和研究范围的扩大,将是 21 世纪汉语史研究的新进展。

参考文献

曹广顺、遇笑容　2000　《中古译经中的处置式》,《中国语文》第 6 期。

戴浩一　1990　《以认知为基础的汉语功能语法刍议(上)》,叶蜚声译,《国外语言学》第 4 期。

蒋绍愚　1999　《抽象原则和临摹原则在汉语语法史中的体现》,《古汉语研究》第 4 期。

蒋绍愚　2004a　《受事主语句的发展与使役句到被动句的演变》,《意义与形式——古代汉语语法论文集》,Lincom Gmbh.

蒋绍愚　2004b　《从"尽 V-V 尽"和"误 V/错 V-V 错"看述补结构的形成》,《语言暨语言学》第 5 卷第 3 期。

蒋绍愚　2005　《从{走}到{跑}的历史更替》,《汉语史研究:纪念李方桂先生百年冥诞论文集》,"中研院"/美国华盛顿大学。

李小凡　1998　《苏州方言语法研究》,北京大学出版社。

刘子瑜　2002　《再谈唐宋处置式的来源》,《语言学论丛》第 25 辑。

陆俭明　2003　《现代汉语语法研究教程》,北京大学出版社。

吕叔湘　1984　《近代汉语指代词·序》,学林出版社。

罗肇锦　1985　《客语语法》,学生书局。

梅祖麟　1988　《汉语方言里虚词"着"字三种用法的来源》,《中国语言学报》第3期。

王　力　1958　《汉语史稿》,科学出版社。

项梦冰　2004　《闽西方言调查研究(第一辑)》,新星出版社。

谢信一　1991　《汉语中的时间和意象(上)》,叶蜚声译,《国外语言学》第4期。

薛凤生　1994　《"把"字句和"被"字句的结构意义》,《功能主义与汉语语法》,北京语言学院出版社。

杨秀芳　1991　《台湾闽南语语法稿》,大安出版社。

张洪年　1972　《香港粤语语法的研究》,香港中文大学出版社。

朱冠明　2002　《中古译经中的"持"字处置式》,《汉语史学报》第2辑。

Givon, T.　2015　The Diachrony of Grammar, Amsterdam & Philadelphia: John Benjamins.

Tai James　1985　Temporal Sequence and Chinese Word Order, in *Iconicity in Syntax*, edited by John Haiman, Amsterdam: John Banjamins Publishing Company.

(原载《汉语史学报》第5辑,上海教育出版社,2005年5月)

也谈文言和白话

什么是文言？什么是白话？这是讨论了很久的问题。吕叔湘先生写过文章《文言和白话》，张中行先生写过书《文言和白话》。但是有些问题还是不太清楚，所以要写这篇《也谈文言和白话》。

1 什么是白话

20世纪初的新文化运动反对文言文，提倡白话文，"白话文"与"文言文"相对而言，其含义是很明确的。但在历史上，什么是"白话"？这就有不同的看法。有人说《尚书》《诗经》《论语》都是白话，这样说对不对？

这要从"白话"的界定说起。胡适认为"白话"有三个意思。胡适《白话文学史·自序》："我把'白话文学'的范围放的很大，故包括旧文学中那些明白清楚近于说话的作品。我从前曾经说过，'白话'有三个意思：一是戏台上说白的'白'，就是说得出，听得懂的话；二是清白的'白'，就是不加粉饰的话；三是明白的'白'，就是明白晓畅的话。以这三个标准，我认定《史记》《汉书》里有许多白话，古乐府歌辞大部分是白话的，佛书译本的文字也是当时的白话或很近于白话，唐人的诗歌——尤其是乐府绝句——也有很多的白话作品。"(1928:13)

这三个意思，主要是第一条，即"说得出，听得懂"。也就是后来人们常说的,是反映口语的作品。"说得出"就是人们口中所说的话的记录,而且记录时不加粉饰,所以明白晓畅,都能听得懂。这样的语言就是白话。这是"白话"的一种界定。

根据这种界定,就有人认为《尚书》是白话。

裘廷梁《论白话为维新之本》:"文字之始,白话而已。"上古帝王的"文告皆白话,而后人以为诘屈难解者,年代绵邈,文字不变而言语变也"。(转引自徐时仪,2015:15)

钱玄同《尝试集序》:"周秦以前的文章,大都是用白话;像那《盘庚》《大诰》,后世读了,虽然觉得佶屈聱牙,异常古奥;然而这种文章,实在是当时的白话告示。"(1999a:88—89)

确实,《尚书》中很多文告,都是说给老百姓听的,如《盘庚》,是盘庚迁都时动员百姓的讲话,如果用的不是老百姓都能懂的口语,老百姓都听不懂,那还能起什么作用?

有人认为《国风》是白话。

胡适的《白话文学史》是从《史记》《汉书》和汉乐府讲起的。但他在1922年3月24日拟定的《国语文学史》的新纲目有一条:"二千五百年前的白话文学——国风。"之所以在《白话文学史》没有讲《诗经》,"是因为我去年从外国回来,手头没有书籍,不敢做这一段很难做的研究"(1928:14)。

确实,《国风》是当时的民歌,记录的是当时的口语。

也有人认为《论语》是白话。徐时仪《汉语白话史》(第二版):"《论语》和《世说新语》等,也不妨作为汉语史上的早期白话","《论语》……记载了当时的白话"。但书中又说:"先秦……出现了一大批雅言写的文献著作,如《左传》《论语》……雅言……也就是文言。"(2015:19、65、7)

也谈文言和白话

确实,《论语》反映的是口语。《汉书·艺文志》:"《论语》者,孔子应答弟子时人,及弟子相与言而接闻于夫子之语也。当时弟子各有所记,夫子既卒,门人相与辑而论纂,故谓之论语。"《论语·卫灵公》:"子张问行。子曰:'言忠信,行笃敬,虽蛮貊之邦行矣;言不忠信,行不笃敬,虽州里行乎哉?立,则见其参于前也;在舆,则见其倚于衡也。夫然后行。'子张书诸绅。"《论语》中很多条目都是孔子对学生说的话的记录,当然是反映口语的。

如果《论语》是白话,那么,其他先秦诸子的著作呢?《墨子》《老子》《孟子》等可能"粉饰"的成分要多一点,因为要宣传自己的主张,要驳倒其他学派,总要在文辞上加以修饰。但总的看来,其语言和《论语》差别不大。那么是否也应该说是白话呢?

如果《尚书》《国风》以及《论语》等先秦著作都是白话,到后来(大约是东汉)书面语脱离了口语而形成文言,然后从敦煌变文开始又用白话,那么,汉语书面语自古以来发展的历史就是"白话—文言—白话"。这样的看法自有其道理,但和通常的看法距离太远。

在新文化运动前后,一些白话文的提倡者如裘廷梁、胡适、钱玄同等,主张《尚书》《国风》是白话,是为了说明最初是言文一致的;白话文不是鄙俗浅薄之文,在历史上,诸如《诗》《书》这样的经典都是白话文,"当以白话为文学正宗"(陈独秀,1917/1922:90)。这是当时反对文言文、提倡白话文的需要。到了今天,我们不必再这样为白话文争地位。

至于说反映口语的就是白话文,这样一种判定标准当然也有一定的理由,但它忽略了一点:同样是口语,殷周时的口语跟唐宋以来口语有很大的不同,反映这两种口语的书面语也有很大不同。

这种不同，并不需要学者来论证判别，今天任何一个稍有阅读能力的人都能直观地感受到。如果因为《尚书》《国风》《论语》和《西游记》《红楼梦》都反映当时的口语，而把它们都称为"白话"，一定会使人大为惊讶：为什么"白话"作品的面貌这样不同！

胡适把"说得出，听得懂"作为白话的标准，吕叔湘《文言和白话》(1944)也很重视"听得懂和听不懂"，认为"白话是现代人可以用听觉去了解的，较早的白话也许需要一点特殊的学习；文言是现代人必需用视觉去了解的"。但他们划出来的文言和白话的界线很不一样。比如，胡适说《国风》是白话，吕叔湘说："'求我庶士，迨其吉兮。'……难道我们还能说这不是文言？"问题在于："听得懂"是谁听得懂？胡适没有明说，但他指的是在《史记》《汉书》时代乃至《国风》时代，当时的人能听得懂就是白话。而吕叔湘明确地说，是现代人听得懂才是白话。实际上，他们两位的标准是不一样的，所以划出来的文言和白话界线也不一样。

"当时人听得懂"和"现代人听得懂"这两个标准都不大容易掌握。"当时人听得懂"，我们当然无法让当时的人站出来听话，只能通过各种办法来推论（比如《盘庚》是对当时百姓的告示，当时的百姓一定能听得懂）。"现代人听得懂"，第一是"现代人"的知识水平和文化修养有很大差距，有些作品，有人能听懂，有人听不懂，究竟以什么人为准？大概是以现在的中等文化程度的人为准吧。第二是"白话"的范围不仅仅是现代的作品，照吕叔湘的说法，也包括"唐宋以来的语体文"，这些"唐宋以来的语体文"有的和现代白话文差距还相当大，现在中等文化程度的人未必能听懂。那么，这些还算不算白话文？

吕叔湘曾选了12段文章，请他的朋友来判断：哪些是文言，哪些是白话。这些朋友的意见比较一致,认为(7)—(12)中,(7)唐张鹭《朝野佥载》是文白夹杂,(10)宋李元弼《作邑自箴》是文言,其余(8)宋《景德传灯录》,(9)宋秦观《满园花》词,(11)宋《燕云奉使录》,(12)明刘仲璟《遇恩录》是白话。吕叔湘认为这样的判断"反映一般人心目中的文言和白话的区别",但吕叔湘也说:"和现代的口语合不合?那么连最近的(12)也有相当差异。"吕叔湘的朋友是文化修养较高的,如果请一位中等文化程度的人(比如大学低年级学生)来,把这12段文章念给他听,大概这后面6段也未必听得懂;让他自己看,可能也是一脸的茫然。可见,以"现代人听得懂"为标准来确定白话文也还有问题。

吕叔湘的结论是:"白话是唐宋以来的语体文。"这个结论是对的。但若要问"为什么",就不能以"现代人听得懂"来回答,而要从另一个角度来论证。

这要从汉语的历史发展说起。首先要回过来说文言文。

2 什么是文言

什么是文言文?这个问题,也有不同的说法。

张中行说:"文言和白话有分别,概括地说,文言是以秦汉书面语为标准,脱离口语而写成的文字。白话是参照当时口语而写成的文字。"他还说:"称为文言,意思是只见于文只用于文的语言。"(1995:187、16)

吕叔湘《近代汉语读本序》(1985)也有过类似的说法:"秦以前的书面语和口语的距离估计不会太大,但汉魏以后逐渐形成一种相当固定的书面语,即后来所说的文言。"这样定义文言,是把"脱离口语"作为文言的主要标准。按这种标准,就只有汉魏以后才有文言。那就把《论语》《史记》等接近口语的排除在文言之外了。

但吕叔湘(1944)说:"白话是唐宋以来的语体文。此外都是文言……文言是现代人必需用视觉去了解的。"这里所说的"文言"不限于汉魏以后,其判断标准是文言的面貌不同于今天的语言。

其实,张中行上述看法,是"概括地说",在他的书中已经说到,"以脱离当时口语为标准"有很多困难。"文言,早期的,也许离口语很近,或相当近"。他举了《尚书·汤誓》和《论语·为政》中的两段文字,说:"如果我们以'脱离当时的口语'为文言的定义,显然,我们只好说这两例是白话。但这就必须放弃我们千百年来死抱住不放的旧看法——说这是文言。任何人都知道,这是做不到的。其结果就是,我们不能不承认,有的文言并不脱离当时的口语。"(1995:3、9—10)

他认为文言有一个发展过程。"文言在秦汉时期定形"(1995:102)。在定形以前也算文言,在定形以后路子不变。在 6.1.1、6.1.2、6.1.3 三个小节中,他分别讲述了这三个阶段的特点。

"**定形以前** 这类商周的文字是定形以前的事物,它可以算作文言,却与通用的文言有分别。"(1995:104)

"**秦汉时期** 秦汉时期文献资料很多……用现在的眼光看,这些都是文言……这些著作是文言的标本。"(1995:106—107)

"**汉魏以后** 直到清末。这个阶段时间很长,但都是顺着秦汉的路子走,也就是用的是同一个词汇句法系统。"(1995:107)

可见,他说的"文言是以秦汉书面语为标准,脱离口语而写成的文字"并不是对文言的完全的概括,而只适用于定形以后的文言。

既然"脱离口语"不能作为判断文言的标准,那么,什么是判断文言的标准呢?

吕叔湘(1944)提出的问题是:"一般人分别文言和白话用的是什么标准?"文章说:"究竟文言是什么,白话是什么呢?大家都苦于心知其意而不容易下明确的界说。"作者举出 12 段文字,让朋友们判断哪些是文言,哪些是白话,回答相当一致,作者说,这"恰好反映一般人心目中的文言和白话的区别"。我认为,要回答"什么是文言"的问题,应当采用"一般人""心知其意"的这个标准,也不妨找一些人对一些作品做一个调查,来确定什么是文言。如果做一个调查,问大家:从《诗经》《论语》《史记》以及唐宋八大家、明清桐城派,直到《聊斋志异》,这些是不是文言?大家一定会不约而同地说:这些都是文言。现在中小学都读一些《论语》的选段,如果老师对学生说:"《论语》不是文言。"学生一定感到很奇怪。如果老师对学生说:"《论语》是白话。"学生会感到更奇怪。尽管说"《论语》不是文言""《论语》是白话"都有一定的根据,但这和大家心目中的标准差得太远。

那么,大家心目中的文言和白话的区别在哪里?其实并不在于是根据口语还是脱离口语。张中行说,文言和白话的区别,"最重要的当然是词汇语法系统,文言有自己的一套,白话另有自己的一套,其中相当多的部分,两者不能通用"。(1995:199)这话说到了点子上。

3 判断文言的标准

汉语的词汇语法系统在历史上有很大的变化。现在能看到的语言资料，最早的是甲骨文和金文。但甲骨文都是卜辞，金文都是刻在器物上的铭文，很难说是全面反映了当时的语言面貌。传世文献中最早的是《尚书》《诗经》《周易》，大致能反映当时的语言面貌，但《尚书》中文告较多，《诗经》是诗歌的总集，《周易》更是一部卜筮之书，都是比较特殊的语体，是否能全面反映当时的词汇语法系统也还难说。从总体看，甲骨文、金文和《尚书》的词汇和语法跟春秋战国时期的作品有较大不同。不同的原因是时代的不同，还是由于殷代的语言和周代的语言是两种不同的语言（或方言），这个问题还有待于深入讨论，在这篇短文中不谈。至于那些春秋战国时代的作品，基本上是反映当时口语的，反映的程度有所不同，如吕叔湘所说，可能有的是"超语体"，但那也是在口语基础上加以修饰，是语体的差异，而不是由于语法发展演变而造成的不同。由于语法发展演变而造成的不同也是有的，如果比较《论语》和《韩非子》，可以找出因时代不同而产生差异的不止一两处，但这些差异不至于造成整个词汇语法系统的不同。

在西汉，语言又有发展。《史记》作为一部史书，在叙述先秦的历史时不可能不参照先秦的史料，所以在《史记》中会有一些和《左传》《战国策》乃至《尚书》很相像的语句。但是，《史记》对这些史料中的一些句子做了改写，如《尚书·尧典》："（舜）克谐以孝，烝烝乂，不格奸。"《史记·五帝本纪》作："（舜）能和以孝，烝烝治，不至奸。"这说明西汉的语言和西周的语言已经有所不同。《史记》中还有不少是写汉代的事，有些句子把人物的情态和口气都如实写出来了，如《高祖本纪》："汉王三让，不得已，曰：'诸君必以为便，便国家……'"《张丞相列传》："臣口不能言，然臣期期知其不可。陛下虽欲废太子，臣期期不奉诏。"这些肯定是用的口语。但从总体上看,《史记》的整个词汇语法系统和先秦的《论语》《左传》等相比没有大变,所以,当前的汉语史研究一般把先秦和西汉放在一起,作为汉语史的一个大阶段"上古汉语"。上面所说的《诗经》《论语》《左传》《韩非子》《史记》等,都是属于上古汉语的词汇语法系统。

到了东汉,语言进一步发展,词汇语法系统和先秦、西汉有较大不同,研究汉语史的把东汉看作另一个大阶段的开始:从东汉到隋唐,是"中古汉语"。但是,从东汉开始,书面语和口语逐渐拉开距离,尽管口语已经向前发展了,但书面语却仍然保持先秦和西汉的面貌,也就是说,仍然采用上古汉语的词汇语法系统。其典型的代表是《汉书》。梅思(2013)把《史记》和《汉书》的语言做了比较:"《史记》大体上更加详尽明确,因此字句偶显冗余,这可以视为一般被看作口语语言的典型特征……《汉书》可以视为文言风格的真正起点,它自觉地重回到上古晚期即'古典文献'的风格,这种风格特别受到赞誉;而《史记》则表现得贴近它那个时代的口语。"《汉书》以后的"正史",尽管语言风格不完全一样,书中的一些片段反映当时口语的程度也有不同,但总的说来,都是"以秦汉书面语为标准,脱离口语而写成的文字"。不仅仅是史书,从东汉直到五四新文化运动以前,人们使用的正规的书面语言都是这样的文字,当然这些文字都是文言文。

所以,文言文包括两大类:一类是先秦和西汉时期文献的语言,它们是反映口语的,属于上古汉语的词汇语法系统。一类是东汉以后的书面语,它们是脱离口语的,继续采用上古汉语的词汇语法系统。在是否反映口语这一点上,两类有差别;但在词汇语法系统上,两类一致。今天大家把这两类文献使用的语言都称为文言,正是着眼于它们在词汇语法系统上的一致性。而它们和当时口语的关系如何,主要是研究语言的人关心的问题,一般人是不容易判断的,所以,不必也不能以此为判断文言文的标准。

4 判断白话的标准

那么,什么是判断白话文的标准呢?我认为还是以词汇语法系统为标准。

不过,这里碰到一个问题。正如张中行所说:"文言有相当严格的词汇句法系统",而"白话比文言个性强,不同时期总有不同的面目"(1995:14、160)。形成这种差异的原因很清楚:文言(特别是后代仿古的文言)都是模仿一个样板,所以其词汇句法大致相同(当然也有变化,只是变化不大)。白话是根据当时的口语来写,而口语随时代变化,不同时代的白话语言面貌就会不同。吕叔湘举的第12个段落是朱元璋讲话的记录,其语言面貌就和我们当前看到的白话有较大的不同,吕叔湘(1944)说:"这也难怪,五百多年了呢。"既然如此,我们还能不能以词汇语法为标准来判定白话文?

我认为是可以的。因为我们使用的标准不是具体的哪一个词,哪一个语法格式,而是词汇语法系统。再说得明确一点,是近代汉语的词汇语法系统。

近代汉语是汉语史上一个重要的阶段,它上承中古汉语,下接现代汉语,一般认为是从晚唐五代到清代中期。近代汉语的时间跨度很长,其间的词汇语法也有很多变化,但其词汇语法系统是比较固定的。而且,和现代汉语的词汇语法系统也很接近,用吕叔湘(1985)的话来说:"我们的看法是,现代汉语只是近代汉语的一个阶段,它的语法是近代汉语的语法,它的常用词汇是近代汉语的常用词汇,只是在这个基础上加以发展而已。"所以,吕叔湘(1944)说:"白话是唐宋以来的语体文。"这就是说,唐宋以来直到如今的语体文,虽然呈现出来的语言面貌有较大不同,但其词汇语法系统是同一个,这样的书面语就是白话文。

那么近代汉语的词汇语法系统究竟是什么样的?我们先从具体例子说起。吕叔湘(1944)举出的四段文章,人们一致认为是白话文,原因是什么,吕文没有说,但我们可以从中找到一些词汇语法现象,都是近代汉语有,而上古汉语(文言文)不可能有的。那四段文章是:

(8)诸和尚子,饶你有什么事,犹是头上著头,雪上加霜,棺木里桄眼灸,疮盘上著艾燋,遮个一场狼藉,不是小事,你合作么生?各自觅取个托生处好!莫空游州打县,只欲捉搦闲话。待老和尚口动,便问禅问道,向上向下,如何若何,大卷抄了,塞在皮袋里卜度,到处火炉边,三个五个聚头,口喃喃举,道遮个是公,才悟遮个是从里道出,遮个是就事上道,遮个是体悟。体你屋里老爷老娘!噇却饭了,只管说梦,便道我会佛法了也。将知你行脚,驴年得个休歇么?更有一般底,才闻人说个休歇处,便向阴界里闭眉合眼,老鼠孔里作活计,黑山下坐,鬼趣里体当,便道得个入头路。梦见么?(《景德传灯录》卷一九,云门偃语录)

(9)一向沈吟久,泪珠盈襟袖。我当初不合、苦撋就。惯纵得软顽,见底心先有。行待痴心守,甚捻著脉子,倒把人来僝僽?近日来、非常罗皂丑,佛也须眉皱,怎掩得众人口?待收了孛罗,罢了从来斗。从今后,休道共我,梦见也不能得勾。(秦观《淮海词·满园花》)

35

(11)粘罕云:"所言都好,但蔚、应州亦恐阿适走去彼处,候我家兵马到日,来商量所要系官财物,曾思量来,也系不是,便待除去。"粘罕、兀室云:"我皇帝从上京到了,必不与契丹讲和。昨来再过上京,把契丹墓坟、宫室、庙像一齐烧了,已教契丹断了通和底公事。而今契丹更有甚面目来和也?千万必不通和。只是使副到南朝,奏知皇帝,不要似前番一般,中间里断绝了。"……粘罕大喜云:"两家都如此,则甚好。若要信道将来必不与契丹通和。待于回去底国书内写着……"(《三朝北盟汇编》卷四引赵良嗣《燕云奉使录》)

(12)你每这几个也,年纪小里,读书,学好勾当。你每学尔的老子行。我来这里时,浙东许多去处,只有你这几个老子。来到如今,也只有你这几个。每每和那士大夫翰林院说呵,也只把你这几个老子来说。你每家里也不少了穿的,也不少了吃的。你每如今也学老子一般般,做些好勾当,乡里取些和睦。你每老子在乡里,不曾用那小道儿捉弄人。他与人只是诚义,所以人都信服他。大丈夫多是甚么做?便死也得个好名。歪歪搭搭,死了也干着了个死。(《诚意伯文集》卷一,诚意伯次子阁门使刘仲璟《遇恩录》)

人们为什么认为这四段文章是白话?我想,主要是看到下面这些词汇语法现象:

(8)饶(尽管),遮个(这个),合(该),作么生(怎样),好(表祈使语气),莫(不要),抄了(V+了),噇却饭了(V却+O+了),……了也(事态助词),么(疑问语气词),一般底(N+底)。

(9)不合(不该),见底心(V+底+N),行待(行将),甚(为何),捻著脉子(V着+O),把(处置标记),怎(怎么),收了、罢了

(V+了)。

(11)曾思量来(来,助词,表曾经),昨来(来,词缀,表时间),把(处置标记),烧了、断了(V+了),通和底公事(底,结构助词),甚(什么),……断绝了(了,事态助词),若要(如果)。

(12)每(相当于"们"),里(相当于"哩"),行(词尾),把(处置标记),穿的、吃的(的,结构助词),便(即使),死了(V+了)。

这里只列举了一些常见的词汇语法现象,而没有列举一些较特殊的词语,如(8)中的"体当(体会)",(9)中的"僝僽(折磨)",这些词语,读这四段文章的人也未必懂得,但不妨碍他们断定这是白话。人们断定这四段文章是白话,主要是因为上面列举的那些常见的词汇语法现象,这些现象绝不可能出现在文言中,只能出现在唐宋以来的"语体文"中。其中有些在现代汉语中仍很常见,如"收了""罢了","吃的""穿的","把……";有的和现代汉语有一定距离,如"你每""通和底公事",但如果知道"每"就是"们","底"就是"的",那就很好懂了。从汉语史研究的角度来说,这些词汇语法现象都是近代汉语的词汇语法现象。所以,可以说,如果一篇文章的词汇语法现象是近代汉语的词汇语法现象,那么,这篇文章就是白话。

大体上说,近代汉语的代词系统、语气词系统是和上古汉语截然不同的。在近代汉语的代词中,除了"我"和"谁"是从古到今不变的以外,其他的"你""他""这""那""什么""怎么"以及"们"都是上古汉语中没有的(上古汉语中有"他",但不是第三人称代词)。语气词"啊""呀""呢""吗"也是上古汉语没有的。还有结构助词"的"(早先写作"底"),用在动词后面的"(V)得",助词"(V)了""(V)着""(V)过",表处置的"将"和"把",都是上古汉语没有的。

37

有这些成分的就一定是白话,不会是文言。

反过来说,上古汉语有自己的词汇语法系统,是和近代汉语截然不同的。上古汉语的代词是"吾""尔""汝(女)""若""厥""其""之""孰""此""兹""斯""彼""何""如何",语气词是"也""矣""已""焉""乎""耶(邪)""与(欤)""哉",有"是之谓""不吾知"等宾语前置的格式,这些在近代汉语的语体文(白话文)中基本上是不用的,除非是有意作为仿古的成分使用。

同时,从上古汉语到近代汉语,很多常用词产生了替换,如"目—眼睛""口—嘴""面—脸""食—吃""饮—喝""视—看""寐—睡""坚—硬""柔—软""智—聪明""愚—笨"等,这也是两个阶段词汇系统的差别。

苏联语言学家雅洪托夫(1969/1986)从唐宋时期的九部文献中找了十多个上古汉语最常用的虚字和近代汉语最常用的虚字,并统计这些虚字在这些文献中的使用情况。

他找出来上古汉语最常用的虚字:

1. 代词:其,之,此,何

2. 关系词:者,所

3. 名词性定语标志"之"和动词谓词标志"而"

4. 介词:以,于

5. 句尾语气词:也,矣

6. 其他:无,乃,则

近代汉语最常用的虚字:

1. 代词:这

2. 名词性定语标志:底

3. 名词词尾:子,儿

4. 动词词尾：了，着，得

5. 其他：个（量词），里（后缀词），便，只

在他选的文献中，韩愈《原道》、苏轼《赤壁赋》和唐人小说《李娃传》《莺莺传》只用上古汉语的虚字，是文言；话本《宋四公大闹禁魂张》《碾玉观音》绝大部分是近代汉语虚字，上古汉语虚字几乎没有，是白话。在敦煌变文《伍子胥变文》《韩擒虎话本》中，可以找到几乎所有的近代汉语虚字，但上古汉语的"而、之、何、无、此、乃"用得很多，这是"人为地'文言化'"。朱熹《小学》则是上古汉语和近代汉语的混合。

所以，文言和白话的根本区别是词汇语法系统的差别。依据上古汉语词汇语法系统的是文言，依据近代汉语和现代汉语词汇语法系统的是白话。这是人们通常所说的"文言"和"白话"的区分。

5 什么是古白话

但是，在汉语史上，在上古汉语和近代汉语之间，还隔着一个阶段"中古汉语"，指的是从东汉、魏晋南北朝到隋朝、唐朝中期。在中古汉语阶段，书面语和口语已经有了距离，书面语是模仿先秦和西汉的文章，口语却一直在发展。那种书面语叫"文言"，那么，那时期的口语叫什么呢？有时候，人们会称之为"古白话"。这种"古白话"，不是指五四新文化运动之前的《水浒传》《西游记》之类的白话，而是指唐宋语体文之前的"白话"。

比如，东汉和魏晋南北朝的一些汉译佛典，比较接近当时的口语，其语言和当时仿古的书面语不同，有人就称之为"白话"。

胡适《文学改良刍议》(1917)："自佛书之输入,译者以文言不足以达意,故以浅近之文译之,其体已近白话。"

梁启超《翻译文学与佛典》(1936)："(佛典)质言之,则当时一种革命的白话新文体也。"

又如,当时中土文献中的一些片段,和口语比较接近,也有人称之为"白话",如刘坚《古代白话文献选读》中选收了《世说新语》的八段,以及王羲之的一些书札,和《昭明文选》中的《奏弹刘整》。

刘坚在书中是这样说的:"《世说新语》的语言是比较接近当时的实际语言的。虽然还不是语体文章,但是用了不少口语语汇,也有一些不同于传统的文言的句法。"(1999:4)

他所说的"语体文章",大概就是吕叔湘所说的"语体文"。也就是说,《世说新语》还不能算白话文。那么,为什么把《世说新语》的一些选段称为"古白话"呢？大概是因为它们"比较接近当时的实际语言"。前面说过,把"反映口语"作为判定白话文的标准,这种看法我不大赞同,我认为文言和白话主要应以词汇语法体系的特点来区分。《世说新语》之类的文献在词汇语法体系方面有没有自己的特点呢？有的。刘坚说,《世说新语》"用了不少口语语汇,也有一些不同于传统的文言的句法"。确实,《世说新语》在词汇语法方面是有自己的特点的。如选段中"卿云艾艾,定是几艾"的"定是","姓何等"的"何等",就是当时的口语语汇;选段中"为是尘务经心,天分有限？""伧父欲食饼不？"之类的句子,就是不同于传统的文言的句法。这些语汇和句法,确实是与传统文言不同的,但都没有保留到近代汉语或现代汉语中。既然如此,它和作为唐宋以后的语体文的"白话"有什么共同点呢？为什么还把它称为"古白话"呢？

也谈文言和白话

我想,把反映中古汉语实际语言的文献称为"古白话",主要理由并不是由于其语言和近代汉语或现代汉语相近,而是由于它们和近代汉语或现代汉语有继承和发展关系。比如,在汉语史的研究中,对"何等—何物—是物—什么"以及"为是/为复—还是"的发展演变的关系已经做了较充分的讨论。日本汉学家志村良治说:"作为近世汉语中发达的各种倾向的先驱,近世汉语中也多少保留着一些中世的要素……(中古汉语)在音韵、词汇、语法各方面,都可以找到不少现代汉语的祖型乃至原型。"(1983/1995:4)(他说的"中世汉语"指魏晋至唐末五代,和我们通常说的"中古汉语"有一点差别)这个看法是对的。把中古汉语的反映当时实际语言的一些文献称为"古白话",大概是着眼于它们和近代汉语或现代汉语的继承和发展关系,或者说,它们是近代汉语发展的源头。

根据这种关系,把《世说新语》和东汉、南北朝的汉译佛典称为"古白话",我认为是可以的。首先,把这些文献称为"古白话",不会产生概念上的混淆。"古白话"这个名称,既然称"白话",说明这些文献的语言和"文言"不同;既然有个"古"字,也说明和唐宋以后的"白话"有区别。不像《论语》,如果根据反映口语而称之为"白话",又根据词汇语法系统而称之为"文言",那就把人搞糊涂了。其次,把这种语言称为"古白话",也可以显示作为"唐宋以来的语体文"的"白话"是语言演变的产物,是从中古汉语的实际语言演变而来的。只有一点要注意:称之为"古白话",并不是说其语言面貌和唐宋以后的"白话"相同或类似。

应该看到,"文言"和"白话"只是一种大的区分,它与汉语史的分期有关系,但不能以"文言"和"白话"的区分来代替汉语史的分期。对于中古时期的文献,重要的是从汉语史的角度来分析其词汇和语法体系，分析其中有哪些是继承了上古汉语的，哪些是中古汉语特有的，哪些是作为近代汉语的源头并到近代汉语中进一步发展演变了的；而不一定非要把某一篇文献纳入"文言"或"古白话"的范围。上面说了，像《世说新语》的一些篇章，称之为"古白话"是可以的。那么，陶渊明的一些文章也比较接近口语，是不是也可以称为"古白话"呢？陶渊明的《桃花源记》，清代的吴楚材、吴调侯是选入《古文观止》的，也就是说，大概是把它归入文言文的。我认为这也未尝不可，确实，《桃花源记》词汇语法的总体面貌是大致和上古汉语相同的。但《桃花源记》也有不少中古时期的新的特点：像判断句用系词"是"，如"问今是何世"；用"其"表示第三人称的主格，如"太守即遣人随其往"；又如"便扶向路"，"扶"表示"沿着"，"向"表示"原来的"。这都是上古汉语没有的语法词汇现象。其实，说它是文言，或者说它是"古白话"，都不完全合适。

从汉语史研究的角度来看，中古汉语确实是一个独立的阶段，它上承上古汉语，下接近代汉语，和两者都有联系，但又都有区别。中古汉语和上古汉语语法体系的不同，魏培泉《上古汉语到中古汉语语法的重要发展》(2003)有详细讨论；中古汉语和近代汉语语法体系的不同，还有待于进一步研究，这是汉语史研究的任务。至于中古汉语时期的众多文献究竟哪些算文言，哪些算古白话，这个问题不必深究。

6 文言和白话的关系

上面讨论文言和白话的区别，是就总体而论。强调上古汉语和近代汉语词汇语法系统的差别，也是就总体而论。事实上，事情

也谈文言和白话

没有那么简单。一方面,语言发展既有阶段性,也有继承性,上古汉语的词汇语法有不少还保留在现代汉语中。另一方面,从历史文献来看,典型的文言作品和典型的白话作品都有,但文白夹杂的也不少。像吕叔湘所举的第 7 段唐张鷟《朝野佥载》就是文白夹杂,叙述是文,对话是白。同时,文言和白话,书面语和口语也不是壁垒森严,截然分开,而是会互相影响和渗透。因为唐宋以后的人,虽然用文言写作会竭力模仿先秦两汉,但还是不可避免地会受他们当时口语的影响。如《聊斋志异·聂小倩》:"背地不言人。我两个正谈道,小妖婢潜来无迹响。幸不訾着短处。""我两个"绝非先秦两汉的表达法,是《水浒传》的用语;"谈道""訾着"也不是先秦两汉的说法。而用白话写作,虽然依据的是当时的口语,但文言文那么强势,在白话作品中也会有不少文言的成分。就是到新文化运动之后,已经是白话的天下了,写小说都是用白话,不再用文言,但一些古文根底深厚的作家,他们写的小说里也会有不少"文"的成分。拿茅盾的小说和赵树理的小说相比,明显地可以看出,前者"文"的成分要高于后者,但这主要是语体的问题。语体的问题相当复杂,当另做专题讨论。

前面说过,"白话比文言个性强,不同时期总有不同的面目"。白话有一个发展过程。张中行(1995)把白话分为三期,徐时仪(2015)也把白话分为三期,两书分期的起讫不完全相同。这个问题是可以进一步研究的。如果采取吕叔湘的看法,把白话界定为"唐宋以来的语体文",那么,白话的发展史就是近代汉语的发展史。近代汉语是一个很长的历史时期,其中有几个阶段,这几个阶段的词汇语法有什么不同,前一阶段到后一阶段是怎样发展的?这些都值得深入研究。而且,语言的发展演变不但要考虑时间因素,还要考虑地域因素和语体因素。不同地域的语言发展是不平衡的,不同地域的语言发展会互相影响;不同语体的语言状况是不一样的,彼此间也会有一定影响。这些都是在研究近代汉语发展史或白话发展史的时候应当深入考虑的。徐时仪(2015)收集了很多不同时期的白话资料,而且做了很好的分析,对清代的白话文,还注意到南北的不同。但从词汇语法系统来看,近代汉语各个时期有什么不同,这个问题还有待于深入研究。

7 文言文在今天仍然需要

在历史上,文言文有很高的地位。在五四新文化运动以前,文言文一直是正规的书面语。不仅如此,直到明清时期,不少读书人在谈话时也使用文言。

《利玛窦中国札记》:"事实上常常发生这样的事:几个人在一起谈话,即使说得很清楚、很简洁,彼此也不能全部准确地理解对方的意思。有时候不得不把说的话重复一次或几次,或甚至得把它写出来才行。如果手边没有纸笔,他们就蘸水把符号写在什么东西上,或者用手指在空中划,或者甚至写在对方的手上。这样的情况更经常地发生在有文化的上流阶级谈话的时候,因为他们说的话更纯正、更文绉绉并且更接近于文言。"(2001:21)

直到20世纪,在蒋光慈的小说《田野的风》里写到乡绅的谈话,仍然是半文半白的。如:"此人不除,恐怕吾乡永无安息之日矣!""我们特为求教而来,非有别意,望敬翁万勿误会。"

这一方面是由于他们的观念,他们觉得谈话用文言更高雅、更符合自己的身份,一方面是跟他们的阅读有关。张中行说:"执笔的人,总是通文的人。通文,旧时代的,脑子里装满《庄》《骚》《史》《汉》,新时代的,脑子里装满鲁迅、巴金,自己拿起笔,自然就不知不觉,甚至心摹手追,也就《庄》《骚》《史》《汉》,或者鲁迅、巴金。"(1995:167)不但写文章如此,说话也如此,满脑子都是文言文,说话也就接近于文言了。

经过新文化运动,白话取代了文言的地位,成为全民使用的正规的书面语。这在中国历史、文化上是一个重大的转变。这一转变的重要意义,人们已经谈得很多,这里不拟重复。

但文言文在今天的社会生活中仍然需要。

现在,传承和发展中华优秀传统文化得到了全社会的高度重视,大家都认识到这是关系到提高民族文化自信心,增强国家文化软实力,实现中华民族伟大复兴的大事。文言文是中国传统文化的主要载体,要了解和继承中国传统文化,不能不懂文言文。研究传统文化的学者要懂文言文,而且不能一知半解,否则就不能正确把握古代典籍的含义,甚至会闹一些笑话。从事文化工作和教育工作的,都肩负弘扬中华优秀传统文化的责任,都要懂一点文言文。从事科技工作的,也需要了解中华优秀传统文化,事实上,一些很有造诣的科技专家也有较深厚的文言功底,能自如地阅读文史古籍。即使是一般文化水平的公民,也要懂一点文言文,否则,就无法懂得"学而不思则罔,思而不学则殆""三人行,必有我师焉"这样一些深刻的思想,无法了解"老吾老,以及人之老;幼吾幼,以及人之幼"这样一些传统美德。所以,学习文言文,是继承和弘扬中华优秀传统文化的需要,是提高国民文化素质的需要。

从语言方面讲,我们今天的现代汉语书面语中有不少文言成分。孙德金(2013)对此做了很好的论述:"现代汉语书面语是在近代白话的基础上,融合了文言、方言及其他语言(主要是以英语为主的西方语言)的成分,经过百年多发展而成的","在其形成与发展过程中,文言语法成分起了十分重要的作用,是现代汉语书面语正式、典雅语体风格的主要决定因素"。这些文言成分不是外加的,不是因为仿古、转文而使用的,而是现代汉语的书面表达(特别是比较典雅、庄重的书面表达)所必需的。比如,"之""其""以""所"是四个很常用的文言虚词,今天在一般情况下,会用现代汉语的虚词代替,"之"换成"他/它","其"换成"他的","以"换成"用","所"换成"……的"。但是,在某种情况下,仍然要用这些文言虚词,如"高山之巅""自圆其说""以少胜多""集体所有"。而且,即使在口语中,有的还是不可替代的,如"三分之一","之"不能换成"的";"以大局为重","以"不能换成"拿"。语法格式是如此,词汇更是如此。很多文言词在现代汉语中不单用了,但作为语素还很活跃,如"奥"可以构成"奥秘""奥妙""奥义""深奥"等。有的词在历史上早已被替换,如"舟"已被"船"替换,但在现代汉语中,有时还必须用旧词,如"扁舟""诺亚方舟""神舟七号"。在成语中保留的文言词语更多,如"唯利是图""空空如也""披荆斩棘""有的放矢""罄竹难书""破釜沉舟"等,这些都要有一定的文言知识和历史知识才能正确理解。实际上,很多文言成分积淀在今天的日常语言中,成为现代汉语有机的组成部分。所以,可以说,要很好地掌握现代汉语,就必须懂文言文。至于文言文对白话文发展提高所起的作用,将在下面说到。

这些都说明,文言文在今天的社会生活中仍然需要。所以,现在的中小学教育中很重视文言文教学,教育部门要求初中学生具有阅读浅易文言文的能力,高中学生要有初步的文言语感,这是非常正确的。这对于提高全民的文化素质有很重要的意义。

8　白话文要进一步发展和提高

另一方面,白话文要进一步发展和提高。这里所说的不是历史上的白话文,而是我们今天的白话文,也就是现代汉语的书面语体。

新文化运动提倡白话文,至今已经一个世纪了。在这一个世纪中,白话文有了长足的发展,产生了不少白话的经典。但白话文的发展是否可以到此止步了? 当然不是。在肯定白话文发展的成绩的同时,我们还要看到其不足。

回到胡适给"白话"的定义:说得出,听得懂;不加粉饰;明白晓畅。这是白话所必需的。如果用的是现代汉语的词汇语法,但文辞十分艰涩,意思十分难懂,这绝不是好文章。但是,是不是像黄遵宪所说的"我手写我口",完全照口语写,就是好文章呢?

这要看是什么语体。如果写的是说相声的稿子,当然要完全口语化。但在现实生活中,现代汉语的书面语用途十分广泛,根据不同的需要,有不同的语体,有很多语体,如工作总结、工作报告、新闻报道、时事评论、科普作品、文艺作品等(且不说医学、法律、商业等的专用文书),就不能一律"不加粉饰,明白晓畅"。"言之无文,行而不远。"[①] 这话在现代也完全适用,完全照口语

[①] 这话是孔子说的。鲁襄公二十五年,郑国攻打陈国,大获全胜。晋国责问郑国为何攻打陈国,子产出使晋国,说了一番出色的外交辞令,完成了外交使命。孔子用这八个字称赞子产的言辞。确实,在重要的场合,如果"言之无文",是行不通的。

写,①会使我们的书面语贫乏无力。总的来说,现代汉语的书面语应该基于口语,而又高于口语。在"高于"这一点上,确实还需要努力。

有人说:白话文的表现力不如文言,今天的文章远不如古人典雅含蓄。这个问题应该怎样看?

我觉得不能一概而论。文言和白话都有经典的名篇,拿白话名篇(包括宋元以来的白话小说和新文化运动以后的白话作品)和文言的名篇相比,应该说毫不逊色。在表现力方面,文言和白话各有所长。同样是写景,苏轼《记承天寺夜游》:"元丰六年十月十二日夜,解衣欲睡,月色入户,欣然起行。念无与乐者,遂至承天寺寻张怀民,怀民亦未寝,相与步于中庭。庭下如积水空明,水中藻荇交横,盖竹柏影也。何夜无月,何处无竹柏,但少闲人如吾两人者耳。"总共不到一百字,只用五六个短句就写出了月色和心境,这是白话文难以做到的。朱自清《荷塘月色》:"月光如流水一般,静静地泻在这一片叶子和花上。薄薄的青雾浮起在荷塘里。叶子和花仿佛在牛乳中洗过一样;又像笼罩着轻纱的梦。虽然是满月,天上却有一层淡淡的云,所以不能朗照;但我以为是恰到了好处——酣眠固不可少,小睡也别有风味的。"色彩和光影的描写都很细致,在描写中显示一种朦胧的美,这是文言文不易做到的。同样是写人,《聊斋志异·婴宁》写婴宁,没有大段的描写,只是屡次写到她的憨笑,以及王子服要和她"夜共枕席",她回答说:"我不惯与生人睡。"

---

① 口语也有语体的不同。两个政府官员在一起讨论工作,两个大学教授在一起谈论学术,以及这些官员和教授回家后和小孩子谈话,用的都是口语,但语体风格却大不相同。说书面语以口语为基础,还要考虑什么语体的书面语以什么语体的口语为基础。但这个问题本文不拟展开。

寥寥数语,写出婴宁的憨痴。这是文言文之所长。《红楼梦》写凤姐,"凤姐儿滚到尤氏怀里,嚎天动地,大放悲声……说了又哭,哭了又骂,后来放声大哭起祖宗爹妈来,又要寻死撞头。把个尤氏揉搓成一个面团,衣服上全是眼泪鼻涕"。把凤姐的发泼写得绘声绘色,淋漓尽致。这是白话文之所长。

但总的来看,文言文比白话文成熟,这和两种书面语的发展历史有关。一种书面语的成熟是需要时间的。文言文如果从《尚书》算起(《尚书》中的《尧典》等大概是周代的史官根据远古的史料加工写成的),到《论语》大约五百多年,到《史记》大约九百多年,到韩愈、柳宗元则是一千八百多年。白话在敦煌变文中还是雏形,到宋元话本开始成熟,到《水浒传》《西游记》《金瓶梅》《红楼梦》等白话经典的出现,也经过了八九百年。而我们今天的白话文,是新文化运动以后的白话文,它不只是近代白话的继承,而是在近代白话的基础上,融合了文言、方言及其他语言(主要是以英语为主的西方语言)的成分而形成的一种新型的书面语。这种新型的书面语,从新文化运动算起,至今才一百年。这种融合的趋向是对的,但如何融合得好,是一个需要在发展过程中解决的问题。

早在20世纪的20年代,一些新文化运动的主将就提出了这个问题。

钱玄同《理想的国语》(原载1925年9月6日《国语周刊》第13期,收入《钱玄同文集》第3卷。这是钱玄同给周作人的回信,写于1925年9月3日):

> 国语应该用一种语言做主干……用了北京话做主干,再把古语、方言、外国语等自由加入……我认为国语应该有三个美点:活泼、自由、丰富。采用活语,方能活泼(做主干的北京

话,加入的方言跟外国语,这三种都是活语,唯有古语是死语;但它的本质虽是死的,只要善于使用,自能化腐臭为神奇,变成活泼泼地……);任意采之,斯乃自由;什么都采,所以丰富。

有许多词句,普通会话中虽不大用它,但表示较深奥、曲折、细致的意思时便须用到的,近来新文学作品中,尤其是所谓欧化的文章中,尤其是诗歌中,到处遇着它。这本也是白话,那般爱凿四方眼儿的人们往往要认它为"文言"——就是古语——因而非难它,排斥它,这是非常地错误,不可不纠正的。(1999b:221—233)

周作人的信(1925年7月26日):

古文不宜于说理(及其他用途)不必说了,狭义的民众的言语我觉得也决不够用,决不能适切地表现现代人的情思。我们所要的是一种国语,以白话(即口语)为基本,加入古文(词及成语,并不是成段的文章)、方言及外来语,组织适宜,具有论理之精密与艺术之美。这种理想的言语倘能成就,我想凡受过义务教育的人民都不难了解,可以当作普通的国语使用。假如以现在的民众知识为标准来规定国语的方针,用字造句以未受过国民教育的人所能了解的程度为准,这不但是不可能,即使勉强做到,也只使国语更为贫弱,于文化前途了无好处。

他们两人的通信中提到,如果把"国语"仅仅限于普通会话,仅仅以一般民众的知识为标准,只会"使国语更为贫弱",而"理想的国语"要"活泼、自由、丰富",为此就要把"古语、方言、外国语等"加以融合。这种主张是对的。实际上,这一百年来,现代汉语书面语不断在吸收方言和外来词,如尴尬(上海话)、埋单(粤语)、的士(经粤语吸收的英语词)、酷(英语词)、丁克族(英语词)、给力(日语词),丰富了现代汉语书面语的语汇。但钱玄同、周作人对"古语"的重视还不够,"古语"并不是"死语",很多还是有生命力的;而且,如冯胜利(2010)所说,古语是构成现代汉语典雅语体的重要因素,根据语体的需要,不但要适当地采用古词语,而且要适当地采用古句型,如"少而精""为我所爱""为现代化而努力奋斗""品种之多"等。这些成分如何才能融合得好,现代汉语的书面语如何才能"言之有文",这是应该引起大家注意,而且需要在实践中加以解决的。

我觉得,要使现代汉语书面语有更丰富的表达力,不单要恰当地吸收一些古文的词语,还要注意学习古文的意境和表达。古文很多篇幅不长,但意在言外,含义深远。写景的文章,往往是寓情于景,如上面引的苏轼《记承天寺夜游》,不但写了月色,也写了作者的情怀;柳宗元的很多山水小品,都写得"凄神寒骨,悄怆幽邃",使人感慨。写人的文章,着墨不多,但感人至深,如《史记》写廉颇、蔺相如,真是千载下凛凛有生气;方苞写左光斗,只写了狱中的一件事,就写出其"肺肝皆铁石所铸造也"。古文的表达,有很多值得学习。欧阳修写《醉翁亭记》,原稿开头是"滁州四面有山",凡数十字,后来改定,只"环滁皆山也"五字。范仲淹《严先生祠堂记》,原稿作"云山苍苍,江水泱泱,先生之德,山高水长",后来把"德"改为"风"。(杨树达,1953/1980:30、19—20)这样的改动,使文章增色不少。这告诉我们,文章的开头该写得简练峭拔;文章的用字,有时用具体的意象比用抽象的概念气象更为阔大。这都是值得我们在提高现代汉语书面语的表达力时学习的。

张中行说:书面语和口语要"不即不离"。"不即,是和日常谈话韵味不一样(比一般的口语丰富、深刻、严密);不离,是就格局说,仍属于口语的系统"。(1995:170)现在又提出了语体的问题,不同的语体,其"即"和"离"的程度又不一样。怎样做到不即不离,而且恰到好处,这是需要讨论的,更是需要在实践中解决的。

总的来说,现代汉语书面语要基于口语,又高于口语,形成这样一种书面语,是我们努力的方向。

参考文献

陈独秀　1917/1922　《独秀文存》卷三,亚东图书馆。
冯胜利　2010　《论语体的机制及其语法属性》,《中国语文》第 5 期。
胡　适　1917　《文学改良刍议》,《新青年》第 2 卷第 6 号。
胡　适　1928　《白话文学史》,新月书店。
利玛窦、金尼阁　2001　《利玛窦中国札记》,何高济等译,广西师范大学出版社。
梁启超　1936　《翻译文学与佛典》,梁启超《饮冰室合集》专集第 14 册,中华书局。
刘　坚　1999　《古代白话文献选读》,商务印书馆。
吕叔湘　1944　《文言和白话》,《国文杂志》第 3 卷第 1 期。
吕叔湘　1985　《近代汉语读本序》,刘坚编著《近代汉语读本》,上海教育出版社。
梅　思　2013　《汉朝汉语文言中的口语成分——〈史记〉与〈汉书〉对应卷的语言学比较研究》,冯胜利主编《汉语书面语的历史与现状》,北京大学出版社。
钱玄同　1999a　《钱玄同文集》第 1 卷,中国人民大学出版社。
钱玄同　1999b　《钱玄同文集》第 3 卷,中国人民大学出版社。
孙德金　2013　《现代汉语书面语中文言语法成分的界定问题》,冯胜利主编《汉语书面语的历史与现状》,北京大学出版社。
魏培泉　2003　《上古汉语到中古汉语语法的重要发展》,何大安主编《古今通塞:汉语的历史与发展》,"中研院"语言学研究所筹备处。
徐时仪　2015　《汉语白话史》(第二版),北京大学出版社。
雅洪托夫　1969/1986　《七至十三世纪的汉语书面语和口语》,唐作藩、胡双宝选编《汉语史论集》,北京大学出版社。
杨树达　1953/1980　《汉文文言修辞学》,中华书局。
张中行　1995　《文言和白话》,黑龙江人民出版社。
志村良治　1983/1995　《中国中世语法史研究》,中华书局。
周作人　1925　《理想的国语》,《国语周刊》第 13 期。

[原载《清华大学学报》(哲学社会科学版)
2019 年第 2 期]

汉语史的研究和汉语史的语料[*]

汉语史研究的是汉语发展的历史,而研究汉语史所用的资料主要是书面文献。既然说是"主要"就不等于"唯一",王力先生在谈到"汉语史的根据"时说:"现代活生生的口语就是汉语史的最好的根据。"(王力,2004:25)近年来有不少学者运用汉语方言的活材料来研究汉语史,这是很值得提倡的,但这改变不了汉语史主要依靠书面文献来进行研究这个大格局。

传世的书面文献浩如烟海,再加上不断出现的出土文献,其数量更是大得惊人。但不是所有的这些文献都能用来研究汉语史。研究汉语史,要依据那些接近口语的文献,这是汉语史研究者共同的认识。汪维辉(2017b)说:"虽然'口语'和'书面语'是两个内涵模糊的术语,有其不够科学的地方,但是,只要我们不纠缠于字面,这两个术语的所指大致上还是清楚的。"这是很通达的说法。确实,汉语史的研究者都在使用这两个术语,而且大家心里都有大致相同的认识。但由于"口语"和"书面语"没有明确的界定,有些问题还需要进一步讨论。此外,由此引发的"语体"的问题,近来引起了大家的注意,这也在本文讨论的范围之内。

---

[*] 本文初稿曾请汪维辉、胡敕瑞两位看过,并在浙江大学中文系博士生沙龙上讨论过。很感谢他们的宝贵意见。

1 口语、书面语和语体

(一)口头表达和文字表述

在谈到"口语"的时候,人们往往会把它和"书面语"相对而言,有的还把"口语"和"书面语"看作两种不同的语体,认为"口语"比较俚俗,书面语比较庄重。这种看法对不对?这首先要回答一个问题:什么是"口语"? 什么是"书面语"? 这个问题似乎很好回答:口头说的就是"口语",书面上写的就是"书面语"。但如果是这样界定,那么,先不说历史上的情况,至少从现代汉语来看,"口语"和"书面语"没有本质的区别。比如,一个领导干部在会议上的报告,可以不念讲稿,但讲得很有条理,这应该是"口语";如果记下来后印成文件,那就成了"书面语"。一本学龄前的儿童读物,上面写的故事,这应该是"书面语";如果孩子照着书本讲出来,那又成了"口语"。但实际上,这只是语言载体的不同(是用有声语言表达还是用文字记载表述),而不是语体的不同。而从语体来看,领导干部的报告和儿童故事,不管是说的还是写的,确实是不同的;但领导干部口头上讲的话和记录下来形成的书面材料、书本上的儿童故事和孩子照书本讲的儿童故事并没有语体差别。

在上古汉语时期,情况也是一样的。《论语》是"孔子应答弟子时人及弟子相与言而接闻于夫子之语",当然是"口语";但由他的弟子和门人记录下来,就是我们今天看到的《论语》,那就是"书面语"。《左传》中有很多作者对历史事件的记述,当然是书面语;但其中也有不少对话和言辞,都是先由人们从口中说出,然后用文字记录下来的。比如,著名的"吕相绝秦"(《左传·成公十三年》)和"子产对晋人问"(《左传·襄公二十五年》),都是外交官口中的言辞,应是"口语";后来记录在《左传》中,就成了"书面语"。所以,如果这样来界定"口语"和"书面语",那么,先秦的"口语"和"书面语"也没有本质的区别。通常都说口语俚俗、书面语庄重典雅,但"吕相绝秦"和"子产对晋人问"都是很有文采的,孔子评论子产的言辞时说:"言之无文,行而不远。"显然,这种外交辞令在语体上是有鲜明的特点的,但这种语体特点是由这类言辞的目的、功用决定的,跟是口头表达还是文字记载无关。

早在1961年,唐松波就说过:"现代汉语的语体总的可以分为两大类:谈话语体和文章语体。前者可以简称为谈话体,后者简称为文章体。不少人曾经混淆了谈话体和口语、文章体和书面语的区别。口语和书面语应该指的是使用语音或文字来表达思想的两种形式;而谈话体和文章体却指的是运用语言时一系列的差异。"(唐松波:1961)

唐松波说得很对:口头表达和文字表述只是语言载体的两种不同形式,而不是两种不同的语体。就语体而论,口头表达可以有多种不同的语体,文字表述也可以有多种不同的语体,并非口头表达都是俚俗的,文字表述都是庄重典雅的。

上古时期人们怎样说话,我们无法听到了,但从记录下来的话语来看,显然有的典雅,有的俚俗。比如,同是《左传》上的记载,"吕相绝秦"就十分典雅(全文很长,只引其中一段):

> 白狄及君同州,君之仇雠,而我之昏姻也。君来赐命曰:"吾与女伐狄。"寡君不敢顾昏姻,畏君之威,而受命于吏。君有二心于狄,曰:"晋将伐女。"狄应且憎,是用告我。楚人恶君

之二三其德也,亦来告我,曰:"秦背令狐之盟,而来求盟于我:'昭告昊天上帝、秦三公、楚三王曰:"余虽与晋出入,余唯利是视。"'不穀恶其无成德,是用宣之,以惩不壹。"诸侯备闻此言,斯是用痛心疾首,昵就寡人。寡人帅以听命,唯好是求。君若惠顾诸侯,矜哀寡人,而赐之盟,则寡人之愿也,其承宁诸侯以退,岂敢徼乱?君若不施大惠,寡人不佞,其不能诸侯退矣。敢尽布之执事,俾执事实图利之。(《左传·成公十三年》)

而下面说话的言辞(用下横线标记)则相当俚俗:

战于大棘,宋师败绩,囚华元。……将战,华元杀羊食士,其御羊斟不与。及战,曰:"畴昔之羊,子为政。今日之事,我为政。"与入郑师,故败。……宋人以兵车百乘、文马百驷以赎华元于郑。半入,华元逃归,立于门外,告而入。见叔牂,曰:"子之马然也。"对曰:"非马也,其人也。"既合而来奔。宋城,华元为植,巡功。城者讴曰:"睅其目,皤其腹,弃甲而复。于思于思,弃甲复来。"使其骖乘谓之曰:"牛则有皮,犀兕尚多。弃甲则那?"役人曰:"从其有皮,丹漆若何?"(《左传·宣公二年》)

上古时期的文字表述也有语体的不同。如同一部《吕氏春秋》中,就有下面两段叙述:

有侁氏女子采桑,得婴儿于空桑之中,献之其君。其君令烰人养之,察其所以然。曰:"其母居伊水之上,孕,梦有神告之曰:'臼出水而东走,毋顾。'明日,视臼出水,告其邻,东走十里而顾,其邑尽为水,身因化为空桑。故命之曰伊尹。"(《吕氏春秋·本味》)

这写的是古代传说,文字比较古奥。

> 楚人有涉江者,其剑自舟中坠于水,遽契其舟曰:"是吾剑之所从坠。"舟止,从其所契者入水求之。舟已行矣,而剑不行,求剑若此,不亦惑乎?(《吕氏春秋·察今》)

这写的是日常生活,文字比较浅显。

又如《黄帝内经》中,有下面一段叙述:

> 五谷为食,五果为助,五畜为益,五菜为充。气味合而服之,以补精益气。(《黄帝内经·藏器法时论》)

《黄帝内经》主体写成于先秦西汉,全书都是假托岐伯对黄帝之问,实际上是一部医书。这几句话,可以看作文字表述,但如果医生当面对病人说话,其用词造句也不会有两样。可见,口头表达和文字表述并非造成语体不同的主要因素。

当然,口头表达和文字表述不可能完全相同。口头表达会有语调的抑扬顿挫,会有说话时的重复或断续,如周昌对汉高祖说:"然臣期期知其不可。陛下虽欲废太子,臣期期不奉诏。"刘邦在氾水即皇帝位时说:"诸君必以为便……便国家……。"《史记·张丞相列传》和《高祖本纪》把这两人的话如实记录了下来,一般的文字表述都不会有这样的重复和断续。古代一些"语录体"的文献(如《论语》《祖堂集》《朱子语类》等),都不会是对说话人所说的话原封不动地逐字记录,而是做了不同程度的整理的。这一点,看看现代汉语的录音稿就可以知道。现代人讲话时,都会有一些说话时特有的话语成分,如"这个……""那……""……呢",这些在录音中都会保留下来,而在整理成录音稿时都会删去,但这种差异不会造成语体的不同。

(二) 口头表达和文字表述的各种语体

我在上面引用了唐松波(1961)的一段话,我赞同他把思想的表达形式和语体分开的想法,但他说"口语和书面语应该指的是使用语音或文字来表达思想的两种形式",其中的"口语"和"书面语"两个词人们用得太多,其含义相当含混,为了避免术语的含混和歧义,本文采用了两个比较清楚的词来称说语言表达的两种形式:"口头表达"和"文字表述";"口语"这个词,本文先照通常的用法来使用,①到第三节再说明其确切的含义。至于唐松波(1961)所说的两种语体"谈话体"和"文章体",也还可以商榷。我认为,唐松波把"谈话体"和"文章体"跟他所说的"口语"和"书面语"两种表达形式相对应的做法过于简单。首先,古今的口头表达并不限于"谈话",那些原本发于吟唱,随后才书诸笔端的文艺创作,如《国风》、汉乐府、敦煌曲子词、诸宫调、元杂剧,直到冯梦龙编集的《山歌》,都是口头表达,这些都不能用"谈话"来概括。同样,古今的文字表述种类也很多,官府的公文、法律文书、医书、农书都是应用文字,不是写文章。其次,口头表达和文字表述的语体都不是单一的,两者都有多种语体。② 我赞成冯胜利(2010)的说法:语体是由"交际的对象、场所和内容(包括说话者的目的和意图)"以及说者和听者的社会角色、文化背景所决定的。语体有哪几类? 怎样划分出适用于古今汉语的几大类语体? 这个问题还需要进一步研究。我的

---

① 应该说明,在现代汉语中,口语是能听到的,但古人的"口语"(口头表达)我们无法听到,汉语史上所说的"口语",只能是通过文献资料的研究而了解到的古人的口头表达。详见本文第二节。

② 唐松波的文章是 1961 年写的,总的来说很有价值。本文说到其不足,是为了深化问题的讨论,并非苛求前贤。

初步设想是大致可以分为下列五类(文牍、法律文书、医书、农书不在其内,这些都有自己固定的程式):

俚俗体—直白体—平正体—文饰体—古雅体

其中,"平正"是基本的,"平"是指不加文饰,也不追求古雅,"正"是指不俚俗,也不完全直白,语法和词汇都比较正规。这种语体使用频率最高,一般正规场合的讲话和通常的叙事、议论都是这种语体。"直白"是日常的说话和应用文字(如便笺、书札、日记之类),言辞不加文饰,属于"辞达而已矣"一类。"文饰"与"直白"相对,讲话和撰文讲究修饰,富有文采,是"言之无文,行而不远"一类。"俚俗"是说话者社会地位较低,或者是给社会地位较低的对象听或看的,因此言辞不登大雅之堂。"古雅"是交际对象的地位尊贵,或者是说话者或撰文者要显示自己的学识或社会地位的,因此语法和词汇都追求古奥。"俚俗"和"古雅"都比较少。这五类每一类都是一个原型范畴,有中心成员和边缘成员;五类是一个连续体,各类之间会有交叉。①

下面我们以上古汉语为例,说明口头表达和文字表述的不同语体情况。

上古汉语口头表达的不同语体情况,我们以《左传》中记录的言辞(口头表达)为例加以说明。

(1)晏子曰:"此季世也,吾弗知齐其为陈氏矣。公弃其民,而归于陈氏。……公聚朽蠹,而三老冻馁,国之诸市,屦贱踊贵。民人痛疾,而或燠休之,其爱之如父母,而归之如流水;欲无获民,将焉辟之?……"叔向曰:"然。虽吾公室,今亦

---

① 至于这五种语体怎样判定,这个问题比较复杂,我也缺乏研究,无法详谈。

季世也。戎马不驾,卿无军行,公乘无人,卒列无长。庶民罢敝,而宫室滋侈。道殣相望,而女富溢尤。民闻公命,如逃寇仇。……公室之卑,其何日之有? 谗鼎之铭曰:'昧旦丕显,后世犹怠。'况日不悛,其能久乎?"(《左传·昭公三年》)

这段话是两个大臣叔向与晏子讨论国事,使用的词语不是日常生活的用语,但词汇和句法都很正规;虽然引用了古语,但也不难懂,是平正语体。

(2)郑子产有疾,谓子大叔曰:"我死,子必为政。唯有德者能以宽服民,其次莫如猛。夫火烈,民望而畏之,故鲜死焉;水懦弱,民狎而玩之,则多死焉,故宽难。"(《左传·昭公二十年》)

这是子产病重时对子大叔的交代,话语清楚明白,没有藻饰,是直白语体。

(3)(重耳)及楚,楚子飨之,曰:"公子若反晋国,则何以报不穀?"对曰:"子女玉帛,则君有之;羽毛齿革,则君地生焉。其波及晋国者,君之余也。其何以报君?"曰:"虽然,何以报我?"对曰:"若以君之灵,得反晋国。晋楚治兵,遇于中原,其辟君三舍。若不获命,其左执鞭弭,右属櫜鞬,以与君周旋。"(《左传·僖公二十三年》)

这段话里重耳没有直截了当地回答楚王,而是用很巧妙又有文采的话语进行了回答,是文饰语体。

上引《左传·宣公二年》筑城者和华元骖乘的对话,其中"于思于思"是俗语,"弃甲则那"的"那"是"奈何"的合音,"丹漆若何"不是通常的语法,是俚俗语体。

上引《左传·成公十三年》的"吕相绝秦",其中"昊天"在周人语言中,原先指上帝,到西周晚期才兼指天空。①《左传》中三见,两次都是引《诗》"不吊昊天,乱靡有定",一次用于此处,都是指上帝,显然是仿古。"唯利是视""唯好是求"都是宾语前置,许嘉璐(1983)认为这种格式是在西周和春秋之间流行的,春秋中晚期以后就趋于消失,《左传》中出现这种格式是存古。"是用告我""是用宣之"都是"宾+介"语序。是古雅语体。

上古汉语的文字表述也有不同的语体。上古文字表述中未见俚俗语体,邯郸淳《笑林》之类的书是后起的,而直白、平正、文饰、古雅几种语体都有,这里不一一举例,只举古雅体一例:

(4)帝尧者,……能明驯德,以亲九族。九族既睦,便章百姓。百姓昭明,合和万国。乃命羲和,敬顺昊天,数法日月星辰,敬授民时。分命羲仲,居郁夷,曰旸谷。敬道日出,便程东作。(《史记·五帝本纪》)

这段话显然是根据《尚书·尧典》稍做改动而成的。如把《尚书》的"克明峻德"改为"能明驯德",把"钦若昊天"改为"敬顺昊天",把"历象日月星辰"改为"数法日月星辰",把"平秩东作"改为"便程东作"。这些改动之处,是用司马迁的语言代替了《尚书》的语言。但一些没有改动的,如"便章""昊天"仍不是司马迁时代的语言,改动后的"便程"也不是司马迁时代的语言。②

在上古汉语阶段,"言""文"基本一致,文献中记录某人口头表

---

① 见顾颉刚、刘起釪《尚书校释译论·尧典》第 34—35 页。
② 照现在通行的汉语史分期,"上古汉语"的时间很长,《尚书》也可看作上古汉语的文献。但《尚书》的语言和《史记》的语言有明显的差异,《史记·五帝本纪》中引用《尚书》的部分就有不少改动。有的学者如郭锡良(2013)、贝罗贝(在清华大学的学术报告)都主张在"上古汉语"之前再加一个"远古汉语",而何乐士(1998/2007)则认为可以"把两汉、魏晋南北朝时期视为一个过渡时期,名之曰中古汉语"。(何乐士,1998/2007:93)这些问题是可以进一步讨论的,本文暂不涉及。

达的语料和作者直接用文字叙述或议论的语料基本上没有差别，所以，在上古汉语研究中区分这两种语料意义不大。需要区分的倒是不同的语体。

上古文献中记录口头表达的语料和作者用文字表述的语料都有"古雅"类语体，这类语料中有不少存古的成分，容易造成"时代的错误"，用来研究汉语史不大合适。

"俚俗"类语体的语料其俚俗的程度有所不同，像上引《左传·宣公二年》中筑城者和华元骖乘的对话，离当时通用的语法词汇不太远，可以用作汉语史研究的语料。但"丹漆若何"句子不完整，不能用于语法研究。

"平正""直白""文饰"体的语料都可用于汉语史的研究。这几类语体反映的上古汉语的语法和词汇都比较典型，语体的不同不妨碍上古汉语的研究。

上面说的是现代汉语和上古汉语，在汉语发展的这两个历史阶段中，口头表达和文字表述都有不同的语体，而相同语体的口头表达和文字表述并无很大的不同。但在中古汉语和近代汉语阶段，情况就不一样了。详见下文分析。

2　文言、白话和汉语史研究

本节讨论两个问题。

(一) 什么是"文言"和"白话"？文言和白话与汉语史研究有什么关系？

中古汉语、近代汉语和上古汉语、现代汉语有一个很大的不同:在上古汉语和现代汉语阶段,"言"(口头表达)、"文"(文字表述)基本上是一致的。而从东汉初期开始,"言""文"逐渐分离。很多文字表述使用"文言";而口头表达不断发展变化,用的是"古白话"和"白话"。我认为,"文言"和"古白话""白话"的区分是语法、词汇系统的区分,①"文言"用的是上古汉语的语法和基本词汇,直到清代和民国初年的文言依然如此。"古白话"和"白话"用的是新发展出来的中古汉语和近代汉语的语法和基本词汇。这个问题,我在《也谈文言和白话》(2019)中已经讨论过,这里不多说。

不过,说东汉以后"言""文"分离,说的只是一个总的趋势。实际上,从"言"(口头表达)来说,当时人们说话主要用古白话和白话,但也有用文言的,这是上层人士的一种"说话方式",这将在下一节讨论。从"文"(文字表述)来看,尽管占优势的是用文言写的,但也还有用古白话和白话写的。《世说新语》的好几则,都被选入太田辰夫的《中国历代口语文》和刘坚的《古代白话文献选读》,其中"王祥事后母朱夫人甚谨"一则,没有一句对话,完全是叙事,这就是用古白话写的"文"。后代用白话写的"文"越来越多,这里不一一列举。在东汉到20世纪新文化运动之前,用文言写的"文"长期盛行不衰,而用白话写的"文"也日益壮大,不但下层民众爱看,一些上层文人也很欣赏。这样,从东汉以后汉语就一直存在用两种不同语言系统写作的文献,正如雅洪托夫所说的,两者"长期共存"。

苏联语言学家雅洪托夫(1969/1986)说:"现代一些民族语言,

---

① 文言和白话的区分和音节结构也有关系,文言多用单音节词,白话多用双音节词。

比如俄语,它们的书面语和口语的变体之间的区别不涉及语言的基础。""封建时代完全是另一种情况。很多国家的书面语与口语完全不同。西欧许多国家使用拉丁语,近东许多民族使用阿拉伯语,朝鲜或者越南使用汉语(文言)的情况就是这样。……对于说罗曼语的民族来说,拉丁语不被认为是别的民族的。但是口头罗曼语不断发展,而拉丁语在作为书面语生存的许多世纪中几乎没有改变。因此,拉丁语和活着的罗曼语之间,语音、语法和词汇的区别是很大的。不论另一个民族或另一个时代的语言是否在文学中使用,重要的是,它与口语明显不一致。这样的书面文学语言能够同另外一种以口语为基础的文学语言长期共存(在中国正是这样),并且每一种语言都保存着自己词汇、语法以及语音的特点。""因此,对于封建时代用什么样的语言写成文学作品的问题,应该按字面理解为语言的本身,理解为它的语音、语法、词汇。这里不能限于对语言的这样一些评价:比如'简单的''清楚的''易接受的'(用拉丁语可能写得较清楚或不太清楚,但是在某种情况下它们仍是拉丁语而不是另外的语言)。同样不能按照它的内容性质(日常生活的还是抽象的)以及其中有无对话成分等来评论文献的语言。"(雅洪托夫,1969/1986:91—92)

美国语言学家梅维恒(1994)也说:"语言研究发现,文言与白话自产生之时起,一直就是两个有区别的系统。""文言和白话实际上属于完全不同的语言范畴,前者是一种远离言语的半密码,后者跟活的汉语的口头形式具有密切的一致。"[1]

---

[1] 不过他说的"文言"是指东汉以后脱离口语的文言,没有包括上古汉语和口语基本一致的文言。

我赞同他们的意见:文言和白话是两个语言系统。不过,这两个语言系统在历史上是有联系的,上古汉语的语音、语法、词汇系统到东汉后继续发展,成为中古汉语和近代汉语以至现代汉语;但是东汉以后分成文言和古白话、白话两支,文言从东汉到民国一直只使用上古汉语系统,而古白话、白话则随着时代发展,使用中古汉语和近代汉语系统。①

那文言和白话跟汉语史的研究有什么关系呢?这要看汉语史研究的目的是什么。

如果汉语史研究的是汉语在各个历史时期的使用状况,那么,汉语在口头表达和文字表述两个方面的使用状况都要提到。这样,文言当然不应被忽略,而且应该大书特书:以文字表述而论,用文言写的文献数量绝对是大大超过用白话(或古白话)写的文献;以口头表达而论,东汉以后很多上层人士说话时仍有不少文言成分(见下一节)。20世纪初的新文化运动是以"反对文言文,提倡白话文"为旗帜的,但在一百年后的今天,文言文的作用仍不可忽视,阅读古代作品要懂文言,人们的言谈中也有不少文

---

① 文言和白话是不是两种不同的语体呢? 我认为用"语体"不足以概括两者的根本不同。正如雅洪托夫所说,这个时期书面语和口语的区别在于其词汇、语法以及语音的特点不同,而不在于是否简单,是否用于日常生活等。如果人们使用同一个语言系统说话或写作,由于交际双方的社会角色不同,场合和内容不同,因此而产生是否简单、是否用于日常生活等区别,那是语体的差别。比如冯胜利(2010)所说的"语体错位"的例子:"如果一位单位领导回到家里对妻子说:'今日晚餐要进行调整',你会觉得他有点儿'职业病';如果某位教授对自己的孩子说:'饭时不宜出声!',恐怕也会被人笑为书袋酸腐。"这两个句子用的都是现代汉语的词汇和句式(只有"饭时"不大说),只是用的场合不对,这是语体问题。如果用的是两个不同的语言系统(尽管中古汉语、近代汉语是由上古汉语发展而来的),那就不是语体问题了。

言成分；①白话文要"基于口语，高于口语"，也需要吸取有用的文言成分。这些在我的《也谈文言和白话》(2019)的"七、文言文今天仍然需要""八、白话文要进一步发展和提高"两节中都已谈到。

　　如果汉语史研究的是汉语的语音、语法、词汇的历史发展状况和演变规律，研究的是汉语的语音、语法、词汇系统怎样从殷商时期发展到现代汉语，②那就要依据随着时代而不断发展的活的语言，而不能依据到东汉以后基本固定的文言。由于在上古汉语时期，"言""文"基本一致，口头表达的语言不断发展变化，文字表述的语言也随之发展。③ 因此上古时期的文言无疑是汉语史研究的对象，把上古时期的文言和中古、近代的古白话、白话连接起来，正好构成汉语发展的一个完整的、紧密联系的系统。有人对此提出疑问：以这样的一个系统作为汉语史研究的对象，上古是文言，中古和近代是古白话、白话，会不会使研究对象不具有同一性呢？④我们的看法是不会。因为虽有文白之分，但它们反映的对象是同一个——汉语活的语言几千年来不间断的历史发展。

　　但东汉以后，"言""文"分离，文言的语法、词汇系统基本上不再随时代而发展，成为一种固化的语言。汉魏时期的文言，可用支

---

① 今天，一个中等文化程度的人，在日常会话中也会说："他这个人唯利是图。""如果出了问题，唯你是问。"这说明一些文言成分还会在现代汉语的口语中出现。但这些只是固定格式，是不能扩展的，在"唯 N 是 V"中的 N 和 V 不能自由变换。任何一个研究现代汉语的人都不会说，现代汉语中受文言的影响而存在"唯 N 是 V"这种宾语在动词前的句型。

② 本文所说的汉语史研究都是这一种研究。

③ 且不说《尚书》的语言和《韩非子》的语言有相当大的差异，就是《论语》的语言和《韩非子》的语言也有不少差异，比如，《韩非子·外储说左上》里就有"此是何种也？"这样的话，这是《论语》里没有的。

④ 见刁晏斌(2016)。

谦翻译的《大明度经》为例,胡敕瑞(2013)已把它和支谶译的《道行般若经》做了细致的对比,发现和上古汉语相比,《道行般若经》有了较大的变化,而《大明度经》基本上还是上古汉语的句式和词汇。① 唐宋时期的文言,雅洪托夫(1969/1986)对韩愈《原道》、苏轼《赤壁赋》做了考察和统计,结果是:里面用的都是"之""其""者""所""也""矣"等上古汉语的语素,而近代汉语的语素"这""个""了""着""得""底"等一次也没有出现。直到清代的《聊斋志异》,我做了一个简单的考察,其语法系统和词汇系统都还是上古汉语的,里面没有"你""们""什么""这""那"(只有表疑问的"那")、"底"(只有方位词"底")、"的""了""吗""呢","着"仅1例。没有"把"字句,用"教"的使役句极少。如果汉语史要研究"你""们""什么""这""那""底""的""了""着""吗""呢"这些现代汉语中高频词的来源和发展,要研究"把"字句、用"教"的使役句的产生和演变,那么根据东汉以后的文言资料是不可能的。②

说文言的语法、词汇系统基本上不再随时代而发展,不是说后来的文言一点也没有变化。变化是有的,如《聊斋志异》中没有动态助词"了",但《叶生》中有1例"频居康了之中","康了"指"秀才康了(落第了)",这个"了"是唐代以后产生的事态助词。《聊斋志异》中的动态助词"着"仅1例:《凤阳士人》中一个歌女唱道:"手拿

---

① 胡敕瑞(2013)没有用"上古汉语"这个术语,他用的是"文言"和"白话"。文中说:"支谶所译倾向白话,支谦所译倾向文言。""文言是以先秦口语为基础而形成的上古书面语。"本文说《大明度经》基本上还是上古汉语的句式和词汇"是根据胡敕瑞(2013)的观点和统计概括的。

② 所以,说到文言和汉语史研究的关系,就要把文言分成两段:上古时期的文言和东汉以后的文言。前者和当时的口语基本一致,是汉语史研究不可缺少的对象;后者和当时的口语分离,基本上不能作为汉语史研究的依据。

汉语史的研究和汉语史的语料

着红绣鞋儿占鬼卦。'""歌竟,笑曰:'此市井里巷之谣。'"也有"教"字使役句,如《瞳人语》:"婢乃下帘,怒顾生曰:'此芙蓉城七郎子新妇归宁,非同田舍娘子,放教秀才胡觑!'"变化较大的是系词"是"。《聊斋志异》里"是"主要用作指示代词,但也有少量用作系词,如《聂小倩》:"媪笑曰:'背地不言人,我两个正谈道,小妖婢悄来无迹响。幸不訾着短处。……小娘子端好是画中人,遮莫老身是男子,也被摄魂去。'"这些实例说明两点:第一,这些句子大多是下层民众的话,为了生动地表达她们的口吻,必须用一些接近口语的成分。这是口语对文言外在的影响,而不是文言自身的发展。第二,这些变化是枝节性的,不是语言系统的变化。所以,这些变化也不足以用来研究汉语语法、词汇的发展。如果要研究系词"是"的发展演变,还是要用中古时期文献中反映口语的资料,①而不能依靠《聊斋志异》。②

综上,如果汉语史研究的是汉语的语法、词汇系统从殷商时期到现代的变化,就必须依据历代反映实际语言的资料,即通常所说的反映各个时期口语的资料。

---

① 见汪维辉、胡波(2013)。

② 从东汉到清代的文言,整个词汇系统还是沿袭上古汉语的,但具体的词语有不少发展变化。如"友于""于飞"等文言词语都不是上古就有,而是后来形成的。又如《左传·定公八年》:"颜息射人中眉,退曰:'我无勇,吾志其日也。'"这里的"中眉"还不是一个词。但宋代以后,可用"中眉"来表示科举末中高第,如戴栩《除太学录谢丞相启》:"志目中眉,堕南省十人之后;暴鳞点额,乏西掖六题之功。"这些词语都进入了汉语历史词汇的总语库,在编纂大型词典时都会涉及;有些词语在现代汉语中还使用,如"中肯",《现代汉语词典》收了这个词,而且未加〈书〉的标记。现代汉语中使用的一些成语,如"破釜沉舟""罄竹难书"等,也是在后代的文言文中形成的。尽管这些词语和成语不是现代汉语词汇系统的主体,但对这些词语和成语的产生和发展的研究是有价值的。我对历代文言文的发展没有做过研究,因此看法不一定对。如果有学者对整个文言文的发展做全面研究,那是好事,我期待着看到新的研究成果。

(二)古代的文献能不能真实地反映口语？

这个问题是上面第一个问题的延续。汉语史要研究各个时期的口语,但古人说的话现在无法听见,我们所能看到的只是对古人口头表达的记录。这些记录能不能真实地反映口语呢？

确实,对口头表达的记录一般不会和口头表达一字不差。① 《朱子语类》是朱熹门人对朱熹所说话的记录,全书有 700 多处标明门人的记录有所不同。② 可以想见,那些没有标注不同记录的条目,如果让另一个门人来记录,也可能会和现有的记录有某些出入。但是,如果出入不大,就应该说是比较真实地反映了朱熹口中的话。如：

(1)"<u>如将一贯已穿底钱与人</u>,及将一贯散钱与人,只是一般,都用得,不成道那散底不是钱！"泳录云："<u>如用一条钱贯一齐穿了。</u>"(《朱子语类》卷一一七)

(2)大学重处都在前面。<u>后面工夫渐渐轻了,只是揩磨在</u>。广录云："<u>后面其失渐轻,亦是下揩磨底工夫在。</u>"(《朱子语类》卷一四)

---

① 一字不差的记录也是有的,如上面提到的《史记》中刘邦和周昌对话时说的话,下面将说到的《唐阙史》中皇甫湜的话,还有《论语》中"子张书诸绅"(卫灵公)的那段话,孔子发誓所说的"予所否者,天厌之,天厌之！"(《论语·雍也》)大概也属这类。但这种情况不会很多。

② 冯青(2015)对《朱子语类》中陈淳、黄义刚的记录做了比较,认为陈淳多用文言,多用旧词旧义；黄义刚多用白话,多用新词新义。这在本文所引对《朱子语类》卷一一七两人所做的记录中也可以看到。这说明门人的记录和朱熹的原话会有出入。但尽管如此,如果一些词汇和语法现象在《朱子语类》中多次出现,大体上就可以看作朱熹语言中或朱熹所处的时代的词汇语法现象。至于朱熹语言中是否有闽语的成分,这个问题是可以研究的。

这两条,尽管两个门人对朱熹同一句话的记录略有不同,但差别不大,可以说是十分接近朱熹的原话,那些细微的差别,对我们研究汉语史影响不大。

《朱子语类》中的记录,也有差别较大的。如:

(1)"浑仪可取,盖天不可用。试令主盖天者做一样子,如何做?只似个雨伞,不知如何与地相附着。若浑天,须做得个浑天来。"(贺孙)或录云:"有能说盖天者,欲令作一盖天仪,不知可否。或云似伞样。如此,则四旁须有漏风处,故不若浑天之可为仪也。"(《朱子语类》卷二)

贺孙的记录基本上是白话,这和《朱子语类》总体的语言面貌相符。"或录云"改成了文言,离朱熹原话太远。我们做汉语史研究应取贺孙的记录。

(2)然只去理会那本,而不理会那末(义刚作"飑下了那末"),亦不得。(陈淳录)(《朱子语类》卷一一七)

"理会"也是当时的口语,但"飑"表"丢弃"的口语性更强。可能朱熹口中说的是"飑"。如果没有义刚的记录,在这句话里就看不到"飑"这个口语词了。但《朱子语类》别处还有用"飑"的。如:

(1)今若此,可谓是"飑了甜桃树,沿山摘醋梨"也!(《朱子语类》卷一一八)

(2)思量一件道理不透,便飑(去声)掉放一壁,不能管得。(《朱子语类》卷一二一)

所以,即使在卷一一七的记录里没有把"飑"记下来,但通过对《朱子语类》做全面的考察,还是可以知道朱熹口里是有"飑"这个词的。

上面都是朱熹门人对朱熹说话的记录。我们可以把这种同时代人所做的记录称为"同时记录"。通过对同时记录的整理研究，我们可以了解到古人口头表达的真实或接近真实的面貌。

和"同时记录"相对，还有"后时记录"，指的是后一个时期对前一个时期的人说话的记录。有时，同时记录和后时记录在文献中都有，两者相较，差别甚大。如谢安和孙绰等泛海一事，在《世说新语》和《晋书》中都有记载：

(1) 谢太傅盘桓东山时，与孙兴公诸人泛海戏。风起浪涌，孙、王诸人色并遽，便唱使还。太傅神情方王，吟啸不言。舟人以公貌闲意说，犹去不止。既风转急，浪猛，诸人皆喧动不坐。公徐云："如此，将无归！"众人即承响而回。于是审其量，足以镇安朝野。(《世说新语·雅量》)

(2) 尝与孙绰等泛海，风起浪涌，诸人并惧，安吟啸自若。舟人以安为悦，犹去不止。风转急，安徐曰："如此，将何归邪？"舟人承言即回。众咸服其雅量。(《晋书·谢安传》)①

两书都有作者的叙述和对谢安说话的记录，但两书使用的语言并不一样。最明显的是谢安说的话，《世说新语》作"如此，将无归！"《晋书》作"如此，将何归邪？"两句话的意思很不一样。"将无归"的意思是"还是回去吧"，谢安在风浪起时毫不在意，到风急浪猛时说："这样，还是回去吧。"这正表现了他的镇定。"将无"是"用委婉语气表示一种建议或希望"，②"是魏晋时人常用的一个熟语"，如《世说新语·赏誉》"王恭始与王建武甚有情"注引《晋安帝纪》"将无从容切言之邪？"中的"将无"也有相同的用法。③《晋书》的编撰

---

① 见柳士镇(1988)。
② 见张永言《世说新语辞典》。
③ 均见吕叔湘《将无同》(《吕叔湘文集》五《语文杂记》)。

者不懂这个词语,所以把谢安的话改为"如此,将何归邪?",这就显得谢安神情十分惶遽了。显然,《世说新语》记录的谢安的话反映了谢安当时的口头表达,而《晋书》所记谢安的话实际上是《晋书》的编撰者自己加上去的,与晋人的口头表达不一致。

又如:

(1)独孤及求知制诰,试见元载。元知其所欲,迎谓曰:"制诰阿谁堪?"及心知不我与而与他也,乃荐李纾。……出《嘉话录》。(《太平广记》卷一八七)

(2)独孤侍郎求知制诰,试见元相。元相知其所欲,迎谓常州曰:"知制诰可难堪。"心知不我与也,乃荐李侍郎纾。(王说《唐语林》卷五)(按:"常州"指独孤及。)

《刘宾客嘉话录》为唐代长庆元年韦绚闻于刘禹锡者。此条不见于今本《刘宾客嘉话录》,《太平广记》转录此条。《唐语林》在宋代之后就已传本不多,其后半是从《永乐大典》中辑出的,可能后代的刊刻者已经不懂"阿谁"这个口语词,而"谁"字又误为"难"字,所以把"阿谁堪"改成了"可难堪"。

从这两个例子可以看到,"同时记录"往往接近原话,用的是白话或古白话;而"后时记录"可能曲解了原话,或者有意改成文言。① 尽管"后时记录"有的不可信从,但把它和同时记录相比较,我们还是可以了解究竟什么是古人说话的原貌,而且,从比较中还

---

① 这是就一般情况而论。具体情况当然会比较复杂。后时记录也有保留原话的,比如下面会说到,《宋史》中仍然保留了秦桧口中的"莫须有";反之,同时记录也未必完全真实,如沈约《宋书·前废帝纪》:"太后怒,语侍者:'将刀来,破我腹,那得生如此宁馨儿!'""宁馨"就是"如此",太后说话不会这样叠床架屋。可见沈约虽离刘宋不远,但已不懂"宁馨"这个词。可参见《世说新语·文学》:"辄翣如生母狗馨"余嘉锡注。

可以看到汉语在历史上的变化：前一时期的有些词语（即通常所说的"口语词"），到后一时期人们已经不懂了。

总之，在"言""文"分离的时期，人们写文章经常用文言，这当然可以从文献记载上看到；人们说话经常用白话，这也是可以通过对有关文献的研究而了解其原貌的。

3 "两种说话方式"

在"言""文"分离的时期，不但书面文献有文言、白话之别，就是人们说的话，也有文、白的差别。这就是本节要讨论的"两种说话方式"。

（一）瓦罗的三种"说话方式"

在西班牙传教士瓦罗（Francisco Varo，1627—1687）的《华语官话语法》第一章的《诫律之二》中有这样一段话（瓦罗，1703/2003：11）：

> 汉语有三种说话的语体（modes of speaking）：
>
> 第一种是高雅、优美的语体，很少使用复合词，怎么写就怎么说。这种语体只是在受过教育的人们中间使用，也只有他们才能懂。……用这种语体来说话对我们而言是极其困难的。
>
> 第二种语体处于高雅与粗俗之间的中间位置。它能够被大多数人所理解，也使用一些复合词；但在凭上下文能够确定意思的时候，就不用复合词。这一语体还使用某些优雅的文学词语，而且所有的人都能理解。对我们来说，在准备布道宣教时，无论面对的是教徒还是异教徒，掌握这种语体都是十分

必要的。因为,如果我们不以粗陋鄙俗的语言令他们生厌,他们就能饶有兴致地听讲,从而使得我们传布的教义更容易为他们接受。

第三种是粗俗的语体,可以用来向妇人和农夫布道。这种语体虽说是最初级的,但是学起来最容易,所以也是我们学习的起点。

他为第二和第三种语体各举了一个例句,是同一个句子分别以两种语体来表达(瓦罗,1703/2003:12):

(1)欲升天者,可行真善路,若不然,岂得到。(第二种语体)

(2)但凡人要升天,该当为善。若不为善,自然不会升天。(第三种语体)

在开头的"modes of speaking"下面,中译者有一个注:"西班牙语作'modes de harbla',直译为'说话方式'。"我觉得,就本文所讨论的问题来说,译作"说话方式"更好。因为从下面将要说到的《朱子语类》中朱熹所说的话来看,那都是朱熹对他的门人的讲述,说话者和听话者的社会地位、文化背景都是一样的,交际的对象、场合、意图也都是一样的,但朱熹所说的话文白交错很频繁,上一句是白话,下一句就会是文言,这和拉近或拉开说话者、听话者的距离无关,所以不是语体问题,而是朱熹的说话方式问题。下面太田辰夫所举的皇甫湜说的话也是如此。

瓦罗所说的三种"说话方式"未必都能成立(见下),但他观察到有教养的人(上层人士)和妇人农夫(下层民众)说话方式不同,这一点值得我们重视。

那么,当时有教养的人(上层人士)是用什么方式说话的呢?

瓦罗所说的第一种说话方式,是"很少使用复合词,怎么写就怎么说",实际上指的是使用文言说话。文言和白话一个很大的区别是文言以单音词为主,白话以复音词为主。"怎么写就怎么说",当时人们用来写作的是文言,那么说的也就是文言。

瓦罗是在明末清初来到中国的。这个时候中国文人能用文言说话吗?

比瓦罗来华更早的意大利传教士利玛窦(M. Ricci,1552—1610)在《利玛窦中国札记》中说:"事实上常常发生这样的事:几个人在一起谈话,即使说得很清楚、很简洁,彼此也不能全部准确地理解对方的意思。有时候不得不把说的话重复一次或几次,或甚至得把它写出来才行。如果手边没有纸笔,他们就蘸水把符号写在什么东西上,或者用手指在空中划,或者甚至写在对方的手上。这样的情况更经常地发生在有文化的上流阶级谈话的时候,因为他们说的话更纯正、更文绉绉并且更接近于文言。"(利玛窦,1615/2010:21)这是他亲眼看到的情形:上层人士谈话时有时要把字写出来,这指的大概是单音的文言词。但他没有说上层人士能用文言谈话,只是说"更接近于文言"。

雅洪托夫(1969/1986)说:"学者甚至在口头谈话中能够使用古代语言。"(雅洪托夫,1969/1986:98)他大概指的是朱熹《朱子语类》卷八《小学》一章中上古汉语虚词和近代汉语虚词的比例是200∶110。

太田辰夫(1988/1991)说:"在中国的上流社会,有教养的人们在稍微正式一点的会话中尽可能地避开日常家庭内使用的口语,而使用跟写文章时用的语言相近的话去跟人谈话。简言之,文言是社交使用的语言。"(太田辰夫,1988/1991:188)他举出唐代和民国时期各一例：

　　高彦休《唐阙史》卷上："正郎省札（愚按：《唐阙史》及《汉语史通考》均作"札"，中译本误作"礼"）大怼，掷书于地，叱小将曰：'寄谢侍中，何相待之薄也，某之文，非常流之文也，曾与顾况为集序外，未尝造次许人，今者请制此碑，盖爱恩深厚尔，其辞约三千余字，每字三匹绢，更减五分钱不得。'"后面有夹注："已上实录正郎语，故不文。"（太田辰夫，1988/1991：191）这里的"正郎"是和韩愈同时的文人皇甫湜。

蒋光慈《田野的风》记述了乡绅的会话：

　　"乱臣贼子，人人得而诛之。如果诸位有何善策，李某无不从命。……"

　　"此人不除，恐怕吾乡永无安息之日矣！……"

　　"诸位既然相推，我当然义不容辞。不过苟有事故发生，尚望大家共同负责。……"

　　"我们特为求教而来，非有别意，望敬翁万勿误会。……"（太田辰夫，1988/1991：189）

从利玛窦、瓦罗的观察，雅洪托夫的统计和太田辰夫的例句来看，在"言""文"分离的历史时期，上层人士和下层民众说的话是有差别的，上层人士在正式场合说的话常常带有不少文言的成分，而下层民众说话用白话。这两种说话方式的不同，实际上从东汉到民国期间是一直存在的。了解这一点，对我们研究汉语史很有好处。

（二）上层人士和下层民众的说话方式

尽管上层人士和下层民众说话用的是两种方式，但这两种说话方式的差异不能夸大。因为尽管下层民众说的都是白话,但并非上层人士说的都是文言。

东汉和魏晋,"言""文"刚开始分离,有些上层人士说的话可能完全是文言。但至少到唐代以后,上层人士已经不能完全用文言说话了。太田辰夫引用的那些话都是文白夹杂的,而不是纯粹的文言。《唐阙史》例中皇甫湜的话有不少文言语句,但"更减五分钱不得"这种"VP+不得"句式,到东汉才产生,如《汉书·孝成许皇后传》:"使妾摇手不得。"唐代继续使用,如唐·权德舆《请加置留镇兵二千人状》:"都城人数已少,更分减不得。""数量词+名词"也不是上古汉语的句法结构,如"三匹绢"最早见于《魏书》。《田野的风》中乡绅说的话,"乱臣贼子,人人得而诛之",是古书中常说的话,乡绅说话是套用古语;但以"×某"自称出现得很晚,《三国演义》第二十五回:"关某若知皇叔所在,虽蹈水火,必往从之。"此外,"如果""恐怕""不过""负责""误会"等词也并非文言词语。太田辰夫说:"这里引用的句子混入了若干口语的因素",其实,应该反过来说,是在口语的基础上混入了不少文言成分。

而且,上层人士在正式的社交场合说话会有很多文言的成分,但在日常生活等场合说话也用古白话或白话,也就是说,也用很纯粹的口语。

首先可以看看《世说新语》,这部书里记录的几乎都是上层人士说的话。有的话,确实全是文言。如下面王丞相(王导)的话:

(1)过江诸人,每至美日,辄相邀新亭,藉卉饮宴。周侯坐而叹曰:"风景不殊,正自有山河之异!"皆相视流泪。唯王丞相愀然变色曰:"当共戮力王室,克复神州,何至作楚囚相对?"(《世说新语·言语》)

但也有不少话,其词语和句法都不是文言。如上文引用谢安所说的"如此,将无归乎?"这样的例子很多,略举几例:

(2)桓宣武语人曰:"昨夜听殷、王清言甚佳,仁祖亦不寂寞,我亦时复造心,顾看两王掾,辄翣如生母狗馨。"(《世说新语·文学》)(翣:很,甚。如……馨:像……样。)

(3)顾长康画人,或数年不点目精。人问其故?顾曰:"四体妍蚩,本无关于妙处;传神写照,正在阿堵中。"(《世说新语·巧艺》)(阿堵:这个。)

(4)邓艾口吃,语称艾艾。晋文王戏之曰:"卿云艾艾,定是几艾?"(《世说新语·言语》)(定:究竟。)

(5)谢安年少时,请阮光禄道白马论。为论以示谢,于时谢不即解阮语,重相咨尽。阮乃叹曰:"非但能言人不可得,正索解人亦不可得!"(《世说新语·文学》)(正:即使。)

(6)武帝每见济,辄以湛调之曰:"卿家痴叔死未?"(《世说新语·赏誉》)(VP未:疑问句。)

(7)王江州夫人语谢遏曰:"汝何以都不复进,为是尘务经心,天分有限?"(《世说新语·贤媛》)(为是+VP_1,VP_2:选择问句。)

《祖堂集》和《朱子语类》是汉语史研究常用的文献。两部书都是语录体,但说话者和听话者不同,所以其语言面貌不同。《祖堂集》几乎全是白话(口语),《朱子语类》是文白混杂的,文言成分较多,这两部书使用的应该是两种说话方式。

如《朱子语类》卷七《小学》的开头几句基本上是文言:

古者初年入小学,只是教之以事,如礼乐射御书数及孝弟忠信之事。自十六七入大学,然后教之以理,如致知、格物及所以为忠信孝弟者。

而《小学》中的另外几句就是白话：

今都蹉过，不能转去做，只据而今当地头立定脚做去，补填前日欠阙，栽种后来合做底。

整体看来，《朱子语类》中的文言成分固然不少，但白话词语和白话句式更是很多。其中有些在《祖堂集》中也能见到，下面略举几例：

《朱子语类》：

(1)有问："程门教人说敬，却遗了恭。中庸说'笃恭而天下平'，又不说敬。如何恭、敬不同？"曰："昔有人曾以此问上蔡。上蔡云：'不同：恭是平声，敬是侧声。'"举坐大笑。先生曰："不是如此理会，随他所说处理会。如只比并作个问头，又何所益？"(《朱子语类》卷一二一)

(2)因忆顷年见汪端明说："沈元用问和靖：'伊川易传何处是切要？'尹云：'体用一源，显微无间。此是切要处。'后举似李先生，先生曰：……"(《朱子语类》卷一一)

(3)恁地说，则大煞分明了。(《朱子语类》卷九五)

(4)若不寻得一个通路，只蓦地行去，则必有碍。(《朱子语类》卷六七)

(5)孟子答告子"生之谓性"与孟季子"敬叔父乎，敬弟乎"两段语，终觉得未尽。却是少些子直指人心。(《朱子语类》卷五九)

(6)当此之时，仁义礼智之苗脉已在里许，只是未发动。(同上)

(7)"文，莫吾犹人也。"莫是疑辞，犹今人云："莫是如此

否?"(《朱子语类》卷三四)

(8)未审此诗引经附传,是谁为之?(《朱子语类》卷八〇)

《祖堂集》:

(1)嵒礼拜出去,向道吾拈起因缘。吾曰:"好话只欠一问。"嵒云:"作摩生问?"道吾曰:"何故如此?"嵒才得个问头,便去和尚处,续前问:……(《祖堂集》卷四)

(2)囊中之宝,将去举似诸方。(《祖堂集》卷七)

(3)师曰:"你大煞聪明。"(《祖堂集》卷四)

(4)师有时上堂,蓦地起来,伸手云:……(《祖堂集》卷一一)

(5)此处行不异,方有小许些子相应之分。(《祖堂集》卷二)

(6)师问黄檗:"笠子太小生?"黄檗云:"虽然小,三千大千世界总在里许。"(《祖堂集》卷一六)

(7)师曰:"莫是湖南去不?"对曰:"无。"师曰:"莫是归乡去不?"对曰:"也无。"(《祖堂集》卷五)

(8)未审德山作摩生道?(同上)

所以,雅洪托夫(1969/1986)把《朱子语类》称作"用混合的、半口语写成的文献"。《朱子语类》中的文白错杂,在本文第四部分还会谈到。

在言文分离的时代,尽管上层人士说话和下层民众说话有两种说话方式的差异,但上层人士和下层民众毕竟生活在同一个社会中,他们之间在言谈上不可能没有接触,有的时候,他们还可能是同一场合的听众。如唐·元稹《酬翰林白学士代书一百韵》:"翰墨题名尽,光阴听话移。"自注:"又尝于新昌宅说一枝花话,自寅至巳,犹未毕词也。"可见元稹和白居易都是说一枝花话的听众。"一枝花话"即讲述李娃之事,《太平广记》卷四八四有白行简《李娃传》,用的是文言。不知道元稹和白居易听的"一枝花话"是用什么语言说的,很可能面对广大听众讲述时用的是白话,但因为有元白这样的文人在场,也会加进一些"文语"。用文言写作和说话是要经过学习的,所以下层民众不会用文言写作和说话,他们也听不懂上层人士所说的带有较多文言成分的话语。他们要把自己说的话写下来,只能请人代书,而如同《轩渠录》《两般秋雨盦随笔》所记载的那样,代笔者往往不能如实记录下他们的口语。① 而上层人士是能听懂下层民众的话的,在有的场合,他们也能用下层民众所说的话来表达,如下面苏轼所说的话,都是当时的俗语:

(1)熙宁初议新法。……东坡曾与子由论清献(赵抃)。子由曰:……东坡曰:"当时阿谁教汝鬼擘口?"子由无语。(《曲洧旧闻》卷八)

(2)温公薨,朝廷命先生主其丧事。是日也,祀明堂礼成,而二苏往哭温公,道遇朱公掞,问之,公掞曰:"往哭温公,而程先生以为庆吊不同日。"二苏怅然而返,曰:"鏖糟陂里叔孙通也。"(《伊川先生年谱》卷四)(又见《宋人轶事汇编》卷九引《孙

---

① 《说郛》卷三四引吕居仁《轩渠录》:"陈妪令代作书寄其子"一则,徐时仪(2015)和汪维辉(2017b)都曾引用。又,清代梁绍壬《两般秋雨盦随笔》卷五:"代巾帼写家书,虐政也。余幼时曾为一亲串写寄夫书,口授云:'孩儿们俱利腮(犹言解事也),新买小丫头倒是个活脚蟾儿,作事且是潲懒(犹言快),惟雇工某人系原来头(初次也),周身僵爬儿风(左右不是也)。'余曰:'可改窜乎?'曰:'依我写。'于是只好连篇别字,信手涂抹。"

氏谈圃》,作"子瞻戏曰:……")

又如,宋代一些文人所写的俚俗词就是用的很纯粹的白话(吕叔湘 1944/1992 引):

一向沈吟久,泪珠盈襟袖。我当初不合、苦撋就。惯纵得软顽,见底心先有。行待痴心守,甚捻著脉子,倒把人来僝僽?近日来、非常罗皂丑,佛也须眉皱,怎掩得众人口?待收了孛罗,罢了从来斗。从今后,休道共我,梦见也不能得勾。(秦观《淮海词·满园花》)

所以,上层人士的说话方式并非在任何场合都和下层民众不同。

(三)什么是"口语",什么是"书面语"

正因为上层人士说话会用文言,所以,有学者认为应该把"口语"和"口头说话"加以区别。如雅洪托夫(1969/1986)说:"口语和口头说话不是一回事:学者甚至在口头谈话中能够使用古代汉语。换言之,作为口头说话记录的文献,不一定反映真正的口语。"(雅洪托夫,1969/1986:98)太田辰夫(1988/1991)也说:"但口头语不止限于口语,也有文语。"(太田辰夫,1988/1991:191)这种意见值得我们重视。

至此,我们可以给"口语"做一个比较清晰的说明:口语是各个历史时期人们实际使用的活语言,是随着时代不断发展的,反映了各个时期汉语的语音、语法和词汇。

在"言""文"基本一致的上古汉语时期,人们的口头表达用的是口语,文字表述用的也是口语。但是在古雅语体中的更早的词汇、语法成分不能算作口语。在"言""文"分离的中古汉语和近代汉语时期，下层民众的口头表达用的是古白话或白话，这是口语。上层人士在某些场合的口头表达或文字表述和下层民众一致，这也是口语。上层人士在社交场合的口头表达有较多的文言成分，这些文言成分不是口语。"俗文学"（用白话写的小说、戏曲等）主要是给下层民众听或看的，是以口语为基础的，其中某些部分是用文言写的，就不是口语。

汉语史的研究是通过对各时期接近口语的文献资料进行研究，来描写汉语历史发展的状况并寻找其演变规律。

顺便说一下"书面语"，这也是汉语史研究中常说的。什么叫"书面语"？这不是指所有在书面上写的文字。通常所说的"书面语"是和"口语"相对而言的。在"言""文"基本一致的时代（上古汉语和现代汉语），指的是比口语更正规一些或更典雅一些的语言。在"言""文"分离的时代（中古汉语和近代汉语），主要指用文言表达的语言，或以文言成分为主的语言。用白话写的文字表述情况比较复杂：一些忠实记录下层民众口语的书面材料（如冯梦龙编的《山歌》和那些代妇人写的书信等）不叫书面语；一些文人创作的文学作品（小说、戏曲等），虽然以口语为基础，但总会有不同程度的加工，和纯粹的口语有所不同，可以称为以口语为基础的书面语。①

至于怎样通过死的文献来研究活的语言，这就是下一节要讨论的汉语史语料的问题。

---

① 可参见太田辰夫《〈红楼梦〉的语言》。太田辰夫说："《〈红楼梦〉》和其它的白话小说一样，这部作品也不会是用纯粹的言文一致的语体写成的。不止叙述部分，甚至对话部分也有相当的文语渗透进来。"（太田辰夫，1965/1991：216）

4　汉语史研究的语料问题

(一)汉语史研究中接近口语语料的使用问题

研究汉语史要用接近口语的语料,这是一个总的要求。细说起来,还有几个问题需要讨论。什么叫"接近口语"?接近哪一个时代的口语?接近口语的程度如何?怎样判断是否接近口语?这些问题都是需要深入讨论的。我们先看一个例子,然后对这几个问题逐一讨论。

雅洪托夫(1969/1986)对唐宋时期的9种文献是否接近口语做了考察,用的是两组虚词(或语素,下面只称"虚词"),一组是上古汉语中常见的(15个),一组是近代汉语中常见的(11个),他对每个虚词在这9种文献中出现的频次做了统计,以此为基础,论证有的文献是用上古汉语写成的,有的是用当时的口语写成的,有的是混合型的。下面把雅洪托夫对唐代变文《伍子胥变文》《韩擒虎话本》和宋代话本《宋四公大闹禁魂张》《碾玉观音》①的统计,加上我对《燕子赋》做的统计,列表如下(文献用首字代称):

表1　上古汉语常用虚词统计表

	伍	韩	燕	宋	碾
其	13	7	4	0	1
之代	9	1	伊3	0	0
以	11	8	3	0	1

---

① 话本的年代问题很复杂,《近代汉语语法资料汇编(宋代卷)》收入《宋四公大闹禁魂张》等6篇,注明"以上六篇年代不明,暂入本卷"。本文不讨论。

(续表)

于	23	2	1	0	0
也	7	4	0	2	0
者	11	14	1	0	0
所	4	6	4	0	1
矣	1	2	0	0	0
则	0	0	0	0	0
而	36	20	3	0	1
之定	59	35	4	2	4
何	42	24	15	3	16
无	29	19	7	0	5
此	23	19	3	1	4
乃	31	5	10	0	0

表2 近代汉语常用虚词统计表

	伍	韩	燕	宋	碾
便	9	77	5	10	14
得	6	30	20	26	40
了	1	2	0	52	66
个	6	4	3	38	52
里	3	1	3	23	37
这	0	3	者3	10	47
底	0	0	0	33	22
着	0	3	5	24	23
只	1	4	1	25	26
儿	0	0	36	26	16
子	6	3	31	25	15

由上述两表可知：《伍子胥变文》《韩擒虎话本》中上古虚词出现频次较高，近代虚词出现频次较低（"便"除外），说明它们文言成分较多，白话成分较少。雅洪托夫指出，一些近代汉语语素，例如"儿"（名词后缀）和"底"（定语标志）和"甚"（什么）、"没"（没有），虽然在这两篇文献中没有，但在其他变文中可以找到，所以，"唐代口

语正好是上古汉语和近代汉语成分的均衡混合"。而《宋四公大闹禁魂张》《碾玉观音》虚词出现的频次正好与《伍子胥变文》《韩擒虎话本》相反,说明它们白话成分较多,文言成分几乎没有。所以,雅洪托夫说:"话本反映宋代的口语,……大概话本时代的口语里已经没有上古汉语的虚词成分了。"(雅洪托夫,1969/1986:97)

《燕子赋》中的虚词是我自己统计的。书中的上古汉语虚词较少,而近代汉语虚词较多。值得注意的是:其中没有上古汉语的代词"之",但近代汉语的第三人称代词"伊"有3例。古代汉语的代词"者"只有1例:"古者"。"所"有4例:"向来闻你所说""所被伤损""两个都无所识""所已(以)留在黄沙",除去"所以",实际上只有3例。"了"有3例:"铺置才了""咒虽百种作了""百年当时了竟",都是"完毕"义的动词。指示代词不写作"这",写作"者",有3例:"者汉大痴""者贼无赖""总是者黑妪儿作祖"。"底"不见。"着"有5例:"见他宅舍鲜净,便即穴白占着""口衔艾火,送着上风""必是更着一顿""仍自更着恐吓""行即着网,坐即被弹",其中"占着"的"着"是表持续的动态助词,"送着上风"的"着"是表示动作到达的处所,其他3例都是"遭受"义的动词。"儿"多用于"雀儿","子"多用于"燕子",也都有用作其他名词的词缀的。总起来看,《燕子赋》的语言和《伍子胥变文》《韩擒虎话本》不同,文言成分不多,白话成分较多。如果考虑到《燕子赋》这样的语料,雅洪托夫的结论"唐代口语正好是上古汉语和近代汉语成分的均衡混合"就要加以修改。但和《宋四公大闹禁魂张》《碾玉观音》相比,《燕子赋》白话成分出现的频次不如后者高,其中一些语法成分的语法化程度也不及后者高。根据这个例子,我们可以对前面提出的几个问题做进一步的讨论。

第一，什么叫"接近口语"？汉语史研究中说某种语料"接近口语"，往往是研究者凭自己的印象做出的大致判断。研究者对汉语史的语料越是熟悉，对汉语史的研究越是深入，这种判断的可靠性就越高。这样的判断是很有价值的，可以作为研究工作的起点，我们可以用这些语料来研究汉语史。但开头提出的其他问题，就不能光凭印象，而要经过深入的研究来回答。

第二，接近哪一个时代的口语？口语是随着时代不断发展的，唐代有唐代的口语，宋代有宋代的口语，初唐和晚唐的口语又不一样。《燕子赋》文言成分少，白话成分多，是接近口语的。但接近哪个时代的口语？从其中"了"和"着"的用法来看，"了"还是"完毕"义动词，"着"用作表动作持续的也仅1例（占着），和已有的对"了""着"语法化过程的研究成果比较，可以看出《燕子赋》反映的是晚唐五代的口语。

第三，接近口语的程度如何？从上表中的统计数据看，同是变文作品，显然《燕子赋》中的白话成分多于《伍子胥变文》《韩擒虎话本》，其接近口语的程度要比后者高。但《燕子赋》的白话成分又不及《宋四公大闹禁魂张》《碾玉观音》多，那么能不能说它接近口语的程度不如后者高？这就不能这样比较了。《燕子赋》是晚唐五代的作品，后者可能是宋代的作品，不能要求晚唐五代的语料接近宋代的口语，只能说两者相比，宋代的口语是晚唐五代口语的进一步发展，一些语法成分语法化的程度更高。

第四，怎样判断是否接近口语？要准确判断语料是否接近口语，就不能光凭印象。像雅洪托夫（1969/1986）那样，用一些已确定的语言成分来对语料进行考察，就是一个可行的办法。胡敕瑞（2013）对中古汉语口语语料的鉴定，也是在对比汉译《道行般若经》和《大明度经》的基础上,列出了 15 项文白的差异作为鉴定标准。魏培泉(2003)列举了上古汉语和中古汉语的 36 项差别,可以参考。当然,用这些语言成分进行考察后,还需要对有关问题做一些分析。

东汉时期有两部大书:《汉书》和《论衡》。有学者认为,"《汉书》可以视为文言风格的真正起点",《史记》中很多口语痕迹"到《汉书》中则被更具'古典'特征的文言代替"。(梅思,2013)而《论衡》"能够反映或至少接近当时通行的口语",因为在《论衡·自纪》中说:"文字与言同趋,何为犹当隐闭指意?"而且王充曾作《讥俗》《节义》,其书"直露其文,集(杂)以俗言",《论衡》亦当如此。(徐正考,2004)但认为《论衡》接近当时口语,并未做过具体论证。

如果用一些新旧语言成分对《论衡》进行考察,就可以看到,《论衡》的语言是新旧并存的。旧的语言成分最明显的是否定句中代词宾语置于动词之前。《论衡》中"未之 V"共 9 例,其中"未之有"5 例;没有"未有之"。"何……之有"11 例。这都是上古汉语的句式。《论衡》中句末的"也""矣""与""耶(邪)"也很常用。新的语言成分也有一些。最突出的是系词"是"。冯胜利(2003)统计《论衡》中用"是"的有 10 例,其中 7 例前面有副词,并指出:"完成变化的例子开始在《论衡》中出现。"可以看出"是"的性质发生了变化。另外,用"……未?"表疑问也是新的句式,《论衡》有 3 例:

(1)此时《易》具足未?(《论衡·谢短》)

(2)武王已得文王之年未?(《论衡·感类》)

(3)颂诗乐声,可以作未?(《论衡·须颂》)

此外,《论衡》中有些疑问词是新的,如"何等""何许":

(1)实黄帝者,何等也?号乎,谥也?(《论衡·道虚》)

(2)击壤者曰:"吾日出而作,日入而息,凿井而饮,耕田而食,尧何等力!"此言荡荡无能名之效也。(《论衡·艺增》)

(3)人皆以为不治产业饶给,又不知其何许人,愈争事之。(《论衡·道虚》)

《论衡》的实词中新的成分更多些。一类是替换旧词的新词。如:

(1)菜果甘甜。(《论衡·超奇》)

(2)夫政犹火,寒温犹热冷也。(《论衡·谴告》)

(3)荒忽则愚痴矣。(《论衡·论死》)

(4)痴愚之人,尚知怪之。(《论衡·道虚》)

(5)不则北方之地低下而不平也。(《论衡·说日》)[①]

另一类是在复音化进程中出现的新的复音词。如:

(1)人之温病而死也,先有凶色见于面部。(《论衡·治期》)

(2)行事比类,书籍所载,亡命捐身,众多非一。(《论衡·齐世》)

(3)虫之种类,众多非一。(《论衡·商虫》)

这些句式和词语都是《汉书》中没有或较少的成分。限于篇幅,这种比较在本文中就不说了。

总起来说,《论衡》是新旧成分掺杂的,旧的成分较多,新的成分较少。和东汉汉译佛经相比,接近口语的程度不如后者。汪维辉(2017a)说:"跟佛经相比,中土文献在反映口语方面总要慢一个

[①] "甘—甜""寒—冷""愚—痴"的替换可参见汪维辉(2017a)。上古汉语"低"表示低头,不表示"低下"。

节拍。"(汪维辉,2017a:154)形成这种情况的原因,我想有两点:第一,东汉是"言""文"开始分离的时期,语言中新的成分首先在下层民众的口中出现,而在上层文人的口中新的成分会少些。这就是前面所说的"两种说话方式"。《论衡》和东汉汉译佛经的差异,正如同《朱子语类》和《祖堂集》(或《景德传灯录》)的差异。第二,写文章和说话有所不同,写文章除了根据作者当时所使用的语言来书写外,还会参照已有的文献。张中行曾说过:"执笔的人,总是通文的人。通文,旧时代的,脑子里装满《庄》《骚》《史》《汉》,新时代的,脑子里装满鲁迅、巴金,自己拿起笔,自然就不知不觉,甚至心摹手追,也就《庄》《骚》《史》《汉》,或者鲁迅、巴金。"(张中行,1955:167)王充所读到的,像《论语》《孟子》《左传》《史记》之类,都是用上古汉语写的,所以他写《论衡》时,自然受此影响,也是旧成分多于新成分。而东汉时佛经的译者,大多是不曾接触中土文献的,他们就根据当时的口语来翻译佛经。后来有些译者,如支谦,接触汉文化多了,他的有些译经文言化的程度就很高。

综上,研究东汉时期的汉语,首选是用汉译佛典;但《论衡》也有一些口语成分,也有研究的价值;而且,把东汉的汉译佛典和中土文献(如《论衡》)结合起来研究,可能更好。所以,《论衡》还是研究东汉时期汉语的不可缺少的材料。

(二)汉语史研究中怎样选择和使用语料

历史上的汉语,是一个有多种维度的综合体系,有时代的不同、文白的不同、地域的不同、语体的不同。只有全面考虑到这几个维度,才能比较全面地展现汉语历史发展的真实面貌。以往的汉语史研究,在使用语料的时候,对时代问题比较注意,在太田辰夫提出"同时资料""后时资料"之后，对语料中有无后人的改动考虑得比较充分。在文白问题上，主要是提出了"接近口语"的要求，对文白混杂的复杂情况注意得不够。地域和语体问题，近年来得到了较多的关注，这是汉语史研究的一大进展。地域问题本文没有涉及。下面只谈语料的文白问题。

上古汉语时期的语料问题不大，主要是古书的真伪需要辨别。东汉到清代的语料，全是文言的和全是白话的都不少。研究汉语史，当然会选用后一类语料。但问题在于：有很多语料是文白混杂的，而且混杂的情况有几种不同的类型。我们先看几种类型，再讨论这些语料如何使用。这几种类型是：

第一类，在同一种语料中，一部分是文的，一部分是白的。对这种语料，一般都会用分割的办法，选取其中的白话部分。如在《文选》中选取《奏弹刘整》，在《三朝北盟汇编》中选取谈判的记录，在《皇明诏令》中选取白话成分较多的几篇。又如，如果用《训世评话》做语料，当然是选取其白话部分，而不会用文言部分。用这种办法还可以发现一些有用的语料。如吕叔湘(1944/1992)选的12段语料中，第一段选自《汉书·外戚传下》，记录了汉成帝的宫女在牛官令舍里产下一子，朝廷派人查问的经过。因为类似法律的供状，有些话必须如实记录，所以有些口语，如："宫(宫女名)曰：'善臧我儿胞，丞知是何等儿也。'""客持诏记与武，问：'儿死未？'"上面说过，《论衡》中有些口语成分如"何等""VP 未"，《汉书》中也有，但这并不是班固用口语撰写《汉书》，而是在这些地方，班固必须如实记录当时的口语。

第二类，在一篇文章中，整体以白话为主，但有一部分是文言。如《清平山堂话本·简帖和尚》是很纯粹的白话，但其中和尚所写

汉语史的研究和汉语史的语料

的简帖却是文言:

> 某皇恐再拜,上启小娘子妆前:即日孟春谨时,恭惟懿候起居万福。某外日荷蒙持杯之款,深切仰思,未尝少替。某偶以薄干,不及亲诣,聊有小词,名《诉衷情》,以代面禀,伏乞懿览。

又如《奏弹刘整》,记录刘寅妻范氏述说刘整如何欺负自己的话语是接近口语的,而文章开头和结尾部分作者任昉奏弹刘整的文辞是文言。这种语料在汉语史研究时可以只用其中的白话或古白话部分。

第三类,在同一种语料中,叙事部分是文言,对话部分是白话。这种情况在各种笔记中颇为多见,如《朝野佥载》中关于李日知的一段就是如此:

> 刑部尚书李日知自为畿赤,不曾打杖行罚,其事亦济。及为刑部尚书,有令史受敕三日,忘不行者。尚书索杖剥衣,唤令史总集,欲决之。责曰:"我欲笞汝一顿,恐天下人称你云:撩得李日知嗔,吃李日知杖。你亦不是人,妻子亦不礼汝。"①遂放之。自是令史无敢犯者,设有稽失,众共谪之。(《朝野佥载》卷五)(又见《太平广记》卷一七六,文字略有出入。)

史书中这种情况也较多。历代史书大都用文言,但记录某些人说的话有时用白话。上面说过,《晋书》把谢安的话改了,但《晋书》有些话还保留了当时的口语。如:

---

① 李日知的话中,有两次用"你",两次用"汝"。是李日知说话原本就如此,还是有《朝野佥载》作者张鹜所做的改动,现在无法考查。从上面所引东坡之语"当时阿谁教汝鬼擘口"来看,也许唐宋时口语中称"你"或称"汝"均可。

93

>衍,字夷甫。神情明秀,风姿详雅。总角尝造山涛,涛嗟叹良久,既去,目而送之曰:"何物老妪,生宁馨儿!然误天下苍生者,未必非此人也。"(《晋书·王衍传》)

又如《宋史》,全用文言,"你""这""那"全不用,用"食"不用"吃"("吃"仅1例,《洪咨夔传》:"吾能吃茄子饭,汝无忧。"),但记载秦桧的"莫须有"仍是口语:

>狱之将上也,韩世忠不平,诣桧诘其实。桧曰:"飞子云与张宪书虽不明,其事体莫须有。"世忠曰:"莫须有三字,何以服天下?"(《宋史·岳飞传》)

但这不是《宋史》作者的文字,而是抄录了李心传《建炎以来系年要录》的材料:

>初狱之成也,太傅醴泉观使韩世忠不能平,以问秦桧。桧曰:"飞子云与张宪书虽不明,其事体莫须有。"世忠怫然曰:"相公,莫须有三字何以服天下乎?"(《建炎以来系年要录》卷一四三)

第四类,在同一种语料中,文白错杂。如《朱子语类》中下列几条,加横线的是文言,不加的是白话:

>杨氏自是个退步爱身,不理会事底人。墨氏兼爱,又弄得没合杀。使天下伥伥然,必至于大乱而后已,非"率兽食人"而何?(《朱子语类》卷五五)

>今公才看着便妄生去取,肆以己意,是发明得个甚么道理?公且说,人之读书,是要将作甚么用?所贵乎读书者,是要理会这个道理,以反之于身,为我之益而已。(《朱子语类》卷八〇)

>若更加以读书穷理底工夫,则去那般不正当底思虑,何难

汉语史的研究和汉语史的语料

<u>之有</u>!(《朱子语类》卷一一三)

　　每日开眼,便见这四个字在面前,仁义礼智只趯着脚指头便是。这四个字若看得熟,<u>于世间道理,沛然若决江河而下,莫之能御矣</u>。(《朱子语类》卷一二一)

　　这就是东汉以后古代文人的一种"说话方式",在用白话表达时,随时可加入文言的语句,文白是相互错杂的。

　　这几类语料在用作汉语史研究时处理的办法不同。第一类语料是很容易分割开的,只选用接近口语的部分作为研究资料即可,如《近代汉语语法研究资料汇编》就是这样做的。有的学者打算继续做类似的资料汇编工作,这对于汉语史研究是很有价值的。第二类语料也比较容易处理,如《简帖和尚》《奏弹刘整》都可以把文言部分去掉。第三类语料叙述和对话是容易分开的,但不可能只选对话加以汇编,只能是研究者在读书时注意积累和使用对话部分的白话资料。第四类语料无法像前三类那样加以分割,只能用剔除的方法把文言部分去掉。

　　选择不同时期有代表性的接近口语的语料,利用语料库进行检索,针对某个问题进行统计,用统计出来的数据说明汉语的历史发展,这是近年来汉语史研究经常采用的一种方法。这种方法如果运用得当,是有价值的;但其前提是语料的选择必须得当,而且,对语料的时代、文白、地域、语体等问题要有比较清楚的认识和处理。就文白问题而言,对上面所说的文白混杂的几种不同的类型,要采取不同的处理办法。第一、第二类语料可以用分割的办法,把文言的部分去掉,只对白话部分做分析统计。第三类语料无法用来分析统计。第四类语料,只能先做统计,再剔除文言部分,即在统计结果中把文言语句的频次去掉。这是一项很细致的工作,而且,研究的具体问题不同(比如,是研究某种句式还是研究某类词汇),其分析统计和剔除的具体方法也会不同,这里就不细说了。

参考文献

刁晏斌　2016　《传统汉语史的反思与新汉语史的建构》,《吉林大学社会科学学报》第 2 期。

刁晏斌　2018　《再论传统汉语史的反思与新汉语史的建构——兼复汪维辉先生》,《辽宁师范大学学报》第 6 期。

冯　青　2015　《陈淳、黄义刚所录朱熹词汇比较研究》,《中国典籍与文化》第 1 期。

冯胜利　2003　《古汉语判断句中的系词》,汪维辉译,《古汉语研究》第 1 期。

冯胜利　2010　《论语体的机制及其语法属性》,《中国语文》第 5 期。

顾颉刚、刘起釪　2005　《尚书校释译论》,中华书局。

郭锡良　2013　《汉语史的分期问题》,《语文研究》第 4 期。

何乐士　1998/2007　《〈世说新语〉语法特点研究——从〈史记〉和〈世说新语〉的比较看〈世说新语〉的若干语法特点》,《汉语语法史断代专书比较研究》,河南大学出版社。

胡敕瑞　2013　《汉译佛典所反映的汉魏时期的文言与白话——兼论中古汉语口语语料的鉴定》,冯胜利主编《汉语书面语的历史与现状研究》,北京大学出版社。

蒋绍愚　2019　《也谈文言和白话》,《清华大学学报》第 2 期。

利玛窦、金尼阁　1615/2010　《利玛窦中国札记》,何高济等译,中华书局。

柳士镇　1988　《〈世说新语〉、〈晋书〉异文语言比较研究》,《中州学刊》第 6 期。

吕叔湘　1944/1992　《文言和白话》,《吕叔湘文集》(第四卷),商务印书馆。

梅　思　2013　《汉朝汉语文言中的口语成分——〈史记〉与〈汉书〉对应卷的语言学比较研究》,冯胜利主编《汉语书面语的历史与现状研究》,北京大学出版社。

梅维恒　1994　《佛教与东亚白话文的兴起:国语的产生》,《亚洲研究杂志》第 3 期。

太田辰夫　1965/1991　《〈红楼梦〉的语言》,《汉语史通考》,江蓝生、白维国译,重庆出版社。

太田辰夫　1988/1991　《关于汉儿言语——试论白话发展史》,《汉语史通考》,江蓝生、白维国译,重庆出版社。

唐松波　1961　《谈现代汉语的语体》,《中国语文》第5期。

瓦　罗　1703/2003　《华语官话语法》,姚小平、马又清译,外语教学与研究出版社。

汪维辉、胡波　2013　《汉语史研究中的语料使用问题——兼论系词"是"发展成熟的时代》,《中国语文》第4期。

汪维辉　2014　《现代汉语"语体词汇"刍论》,《长江学术》第1期。

汪维辉　2017a　《东汉—隋常用词演变研究》(修订本),商务印书馆。

汪维辉　2017b　《汉语史研究的对象和材料问题——兼与刁晏斌先生商榷》,《吉林大学社会科学学报》第4期。

王　力　2004　《汉语史稿》,中华书局。

魏培泉　2003　《上古汉语到中古汉语语法的重要发展》,何大安主编《古今通塞:汉语的历史与发展》,"中研院"语言学研究所筹备处。

徐时仪　2015　《汉语白话史》(第二版),北京大学出版社。

徐正考　2004　《〈论衡〉同义词研究》,中国社会科学出版社。

许嘉璐　1983　《关于"唯……是"式句》,《中国语文》第2期。

雅洪托夫　1969/1986　《七至十三世纪的汉语书面语和口语》,唐作藩、胡双宝选编《汉语史论集》,北京大学出版社。

张永言　1992　《世说新语辞典》,四川人民出版社。

张中行　1995　《文言和白话》,黑龙江人民出版社。

(原载《语文研究》2019年第3期)

两 次 分 类

——再谈词汇系统及其变化

怎样认识一种语言的词汇系统？一种语言的词汇系统和另一种语言的词汇系统的不同表现在什么地方？同一种语言的词汇系统的历史发展表现在什么地方？这是研究词汇和词汇史必须要解决的一个大问题。在拙著《汉语的词汇系统及其发展变化》(《中国语文》1989-1)中谈了一点想法,现在进一步谈一谈。

各种语言的词汇系统有什么不同？最直观的看法是:词是音义结合的语言单位,词所表示的义(概念)是各种语言共同的,不同的是词的音。

另一种相当普遍的看法是:各民族的社会和文化情况不同,同一个民族在不同历史时期的社会和文化情况也不相同,所以不同民族的语言的词汇以及同一种语言在不同时期的词汇构成都不相同。比如:生活在寒带的民族,其语言中有很多反映冰雪的词,古代民族语言中有很多关于祭祀的词,现代民族语言中有很多关于现代科技的词等等。

还可以从构词法的角度看:不同民族、不同历史时期的语言,构词法不同,所以词汇的面貌也不相同。

这些看法都有一定的道理。但词汇的核心是词义,考虑词汇系统的问题主要还应从词义着眼。而词义是和人们对世界的认知紧密联系着的,所以,这个问题要从人们对世界的认知谈起。这就

两次分类——再谈词汇系统及其变化

是本文所说的"两次分类"的问题。

一

1.1 人们对客观世界认知的过程不是机械的、照相式的反映,而是能动地认识世界。世界上的事物、动作、性状极其纷繁复杂,人们不可能逐个地加以指称,而总是要加以概括、抽象,舍弃一些非本质特征,把具有某些本质特征的归为一类。把哪些事物、动作、性状分为一类,把哪些事物、动作、性状分为另一类,这在不同民族以及同一民族在不同历史时期都有所不同。与此相应,在不同的语言中以及同一种语言在不同历史时期中,把哪些事物、动作、性状概括为一个义位,也有所不同。这是我们所说的"第一次分类"。

例如,把帽子、衣服、鞋子套在身上的动作,英语中统称为"wear",如:"wear cap""wear clothes""wear shoes"。不仅如此,英语中"wear"这个义位还可以表示把钻石等挂在身上,甚至留着头发等动作,可以说"wear a diamond""She worn her hair in a knob behind."①等。而在汉语中,上古这三个动作分别用"冠"

---

① *Oxford English Dictionary*(second edition):
WEAR:(1)1. To carry appendant to the body. (J.)
  1. a. To carry or bear on one's body or on some number of it, for covering, warmth, ornament etc.; to be dressed in, to be covered or decked with, to have on.
  3. To allow (one's hair, beard) to grow in a specified fashion, or as opposed to shaving or to the use of a wag.
 (2)To waste, damage, or destroy by use.
  12. To form or produce by attrition.
本文英语词语的释义多引用 *Oxford English Dictionary*,以下不再一一注明。

"衣""履"三个义位来表示,中古用"著"一个义位来表示,现代用"戴""穿"两个义位来表示。这就是第一次分类的不同。拿这些义位相比较,可以看出,英语中"wear"这个义位的义域最宽,汉语(不论是上古汉语、中古汉语还是现代汉语)中上述义位的义域都不能完全覆盖英语"wear"的义域。①

又如,"摇头""摇树""摇旗(呐喊)""摇扇子""摇摇篮""摇辘轳""摇尾巴"的"摇",虽然动作的方式不一样,但是在说现代汉语的人看来,这些"摇"的词义并无不同,也就是说,把这些动作归为一类。但是在英语中,这些动作就要分别用不同的词表示,如:"shake head""shake the tree""wave a flag""wave a fan""rock the cradle""turn windlass""wag tail"等,也就是说,在说英语的人看来,这些动作要根据其方式(包括动作的主体、方向、频率等)的不同分为几类。

动作是如此,事物也是如此。《论语·雍也》:"智者乐水,仁者乐山。"这个"水"是江河湖海的统称或任指。"水"的这个义位现代汉语中还保留着,如"水上居民"。这个义位要翻译成英语就很困难,因为英语中没有一个义位和它相当。(汉语中的"水陆运输"英语说成"transportation by land and water",但这是因为英语中"by water"表示"movement by river or sea",这并不表示英语中"water"一词有"river or sea"这个义位。② 汉语中的"水上居民",英语中称为"boat dwellers"。这是对同一种事物从不同的角度命

---

① "义域"的概念请参见拙作《关于义域》,《蒋绍愚自选集》。
② *Oxford English Dictionary*:
by water:by ship or boat on the sea or a lake or river or canal"
sea,lake,river,canal 并列,可见英语中没有江河湖海的统称。

名,这个问题这里不讨论。)也就是说,说汉语的人可以把"江""河""湖""海"归为一类(当然也可以分开),而说英语的人不把它们归为一类。

又如"笔"。中国最早使用的是毛笔。后来有了铅笔、钢笔、粉笔、圆珠笔等,人们把它们都归为一类,在汉语中统称为"笔"。但是,在英语中,"pen"的定义是:"an instrument for writing or drawing with ink. esp. a. a thin short piece of wood, with a thin pointed piece of metal (NIB) at one end which is dipped into ink. b. = FOUNTAIN PEN. c. = BALLPOINT. d. = QUILL."(*LONGMAN ENGLISH DICTIONARY*)即:只包括蘸水笔、自来水笔、圆珠笔、鹅毛笔。铅笔和粉笔都是另一类,分别称为"pencil"和"chalk";毛笔更是另一类,称为"writing brush",竟然和刷子归为一类了。这也是分类不同的一个有趣的例子。

再举一个表性状的例子。英语的"male""female"表示性别,既可以指动物,也可以指人。在汉语(不论是古汉语还是现代汉语)中,表动物的性别和表人的性别必须分开,表动物的性别说"牝牡""公母""雌雄",表人的性别说"男女"。这也是分类的不同。说英语的人把动物的性别和人的性别归为一类,而说汉语的人要把两者分开。

在各种语言中(或同一种语言的不同历史时期中),把一些事物、动作、性状归为一类,成为一个义位,把另一些归为另一类,成为另一个义位,这就是我们所说的"第一次分类"。由于第一次分类的不同,使得两种不同的语言(或不同时期的语言)中的义位形成十分错综的状态:在甲语言中用一个 A 义位来表达的,在乙语言中可能要分别用两个(a,b)或三个(a,b,c)义位来表达;甲语言

101

中有 A 义位,乙语言中未必有相应的义位;或者乙语言中虽然有大体相应的 a 义位,但 a 义位的义域和 A 义位的义域有大小的不同,等等。

义位是词义结构的第一层,在这一层上,各种语言的词汇结构有所不同。

1.2 但义位是必须通过词来显现的。单义词一个词就是一个义位,多义词一个词有几个义位。也就是说,在多数情况下,总是几个义位结合在一起,组成一个词。哪些义位结合在一起组成一个词,这又是一次分类。这是我们所说的"第二次分类"。这种分类,也是各种语言(或各个不同时期的语言)有所不同的。

还用上面举过的例子。在汉语中,上古的表示戴帽的"冠",和表示行冠礼的"冠"、表示位居第一的"冠"结合在一起,组成一个词。表示穿衣的"衣",和表示覆盖的"衣"(《周易·系辞下》:"古之葬者,厚衣之以薪")结合在一起,组成一个词。表示穿鞋的"履",和表示践履的"履"结合在一起,组成一个词。中古表示穿戴的"著",和表示附着的"著"结合在一起,组成一个词。现代表示戴帽的"戴",和表示拥戴的"戴"结合在一起,组成一个词。表示穿衣的"穿",和表示穿透的"穿"结合在一起,组成一个词。在英语中,表示穿戴的"wear"和别的义位,如"to form or produce by attrition"(如:A steep and rugged path, worn by the boors' cattle.),[①]结合在一起,组成一个词。

又如:现代汉语中的"水",除"H_2O"和"江河湖海的统称"以外,还有另一个义位:洗的次数(洗几水)。英语中的"water",除了

---

① 见 99 页注①。

常见的 H_2O 以外,还有另一个义位:"state or level of the tide (潮)"(如:at high water)。

同一个词的几个义位之间意义总是有联系的,从历史发展来看,一个词的意义由少变多,由本义产生出若干个引申义,形成一个词包含若干义位,这应该说是一种联想的过程,为什么把一个词包含几个义位说成是"第二次分类"的结果呢?这是因为有联系的意义可以有很多,把哪些意义归在一起组成一个词,把哪些意义另归在一起组成另一个词,这在不同语言(或不同时期的语言)又是有所不同的。如"水(water)""H_2O"和"洗的次数"以及"tide(潮)"意义上都有联系,但这三个意义哪些用同一个词表达(即归为一类),在汉语中和英语中就不一样。汉语中把"水"和"洗的次数"分为一类,用同一个词表达;而英语中把"water"和"tide"分为一类,用同一个词表达。又如:汉语中同是表示"戴帽"的"冠"(上古)和"戴"(现代),意义上与"位居第一"以及"拥戴"都有联系,但上古"冠(戴帽)"和"位居第一"用一个词表达,现代"戴(戴帽)"与"拥戴"用同一个词表达。人们把几个意义有联系的义位归在一起,用同一个词表达,这也是分类。我们称之为"第二次分类"。这种分类的不同也形成各种语言(或不同时期的语言)的词汇结构的差别。

词是词义结构的第二层。在这一层上,各种语言的词汇结构也有所不同。

二

"两次分类"的观点对词汇研究有什么用处呢?

首先,有助于两种语言词汇的对比。

语言年代学的创始人 W. 斯瓦迪士编制了一百词的"修正表",考察这一百个基本词根语素(basic-root-morphemes)在古英语和现代英语以及民间拉丁语和西班牙语中意义的异同,以此来考察语言的年代。后来别的学者也用这个"修正表"来考察其他语言的年代。我们的兴趣不在于语言的年代,但可以利用这个"修正表"来比较两种语言的词汇结构。

已经有学者指出,用这个"修正表"来研究其他语言的年代的时候,首先遇到的一个问题是:两种语言很难找到意义、用法等各方面都等价的词。H. Hoijer 在用此表研究印第安语的 Navaho 语时就发现,Navaho 语和英语的很多词对不上。例如:cin 的意义比 tree 宽,包括棍子、木材、柱头以及各种木块。-naa? 既表示 seed,又表示 eye。-cii 表示 head 和 hair(人的头发),而动物的毛(hair)则用另一个词来表达。英语的"know"在 Navaho 语中用三个词表达。[①] 这种现象,用我们的观点来看,就是"两次分类"的不同。cin 和 tree 的不同是由于第一次分类的不同:两个大致相应的义位,义域的宽窄不同。-naa? 和 seed、eye 的区别则可能是由于第二次分类的不同:英语中 seed 和 eye 两个不同的义位分别用两个词来表达,Navaho 语中两个相应的义位结合成一个词-naa?。

拿这一百个英语的"基本词根语素"和汉语中大致相应的词做比较,也可以看出很多差别。为了讨论的方便,下面只就一些词的最主要的义位进行比较,举出一些较为显著的差别。

(1) I, WE 英语中是两个词,古汉语中都用"我"表示。

[①] Harry Hoijer: Lexicostatistics: A Critique, *Language* Vol. 32, No. 1, 1956. 转引自徐通锵《历史语言学》。

（2）NOT　古汉语中在谓词性词语前面用"不"，在体词性词语前面用"非"。

（3）MANY　英语中还有 MUCH，用以说明不可数名词，而 MANY 用于说明可数名词。汉语中只有一个"多"。

（4）BIRD　古汉语中有两个词和它相应："禽"和"鸟"。"禽"包括鸟和兽，义域比 BIRD 宽。

（5）TREE　古汉语中相应的词是"木"。"木"既指树，也指木头、木质的，义域比 TREE 宽。

（6）BARK，SKIN　BARK 是树皮，SKIN 是人和动物的皮。在古汉语中，人皮叫"肤"，树皮和动物的皮都叫"皮"。在现代汉语中，三者统统叫"皮"。这是分类不同的一个好例子。

（7）FLESH　FLESH 主要指长在人和动物身上的肉，另有 MEAT 主要指吃的肉（但不包括鱼肉和鸡肉）。古汉语中"肌"指人身上的肉，"肉"指动物的肉（不分身上的和吃的）。现代汉语中统统叫"肉"。这也是分类不同的一个好例子。不但分出来的类不同，而且英语和古汉语分类的标准也不同。

（8）EGG　古汉语中相应的词是"卵"。但"卵"的义域比 EGG 宽，还可以指鱼子，这在英语中叫 SPAWN。

（9）FEATHER，HAIR　古汉语中相对应的有三个词：鸟的毛叫"羽"，人的头发叫"发"，人的其他毛和动物的毛叫"毛"。现代汉语中相对应的有两个词：头发叫"发"，其他都叫"毛"（鸟的毛也可以叫"羽毛"）。但分类和英语不同。

（10）KILL　汉语中相应的义位是"杀"。但 KILL 的义域比"杀"宽："He was killed by an accident."，"They were killed with famine."中的 KILLED 不能翻译为"杀"或"杀死"，只能翻译为

"死"。

(11) SAY　汉语中相应的义位是"说"。但 SAY 的义域比"说"宽:"He said his prayers"中的 SAID 不能翻译成"说",而只能翻译成"念"。

(12) STONE　汉语中大致相应的义位是"石"(古汉语)或"石头"(现代汉语)。但"石"或"石头"可以指小石子也可以指巨石,而 STONE 的意义是"a piece of rock, esp. not very large",巨石要说"ROCK",所以 STONE 的义域比"石"或"石头"窄。

(13) FIRE　汉语中大致相应的义位是"火"。英语中还有一个 FLAME,和 FIRE 有区别,意义是"red or yellow burning gas"(火焰),但 FLAME 有时也相当于汉语的"火"。如"a great fire""a great flame"都是"大火","The whole house was in flames.",汉语通常不说成"在火焰中",而说"在大火中"。可见 FIRE 的义域比"火"窄。

(14) PATH　PATH 和 ROAD 相对,就如同古汉语中的"径"和"路(道)"相对。在现代汉语中,不论大小都叫作"路"。英语 PATH 的义域比现代汉语"路"的义域窄。

(15) MOUNTAIN　MOUNTAIN 和 HILL 相对,如同古汉语中的"山"和"丘"相对。在现代汉语中,不论大小都叫作"山"。英语 MOUNTAIN 的义域比现代汉语"山"的义域窄。

以上比较的是"第一次分类"的不同,表现为义位的参差和义域的宽窄。至于第二次分类的不同,即一个词包含哪些义位的不同,在两种不同语言的词汇中就更加普遍,可以说几乎找不到两个相对应的英语和汉语的多义词其义位是一一对应的。比如最简单的 ONE 和"一",英语中的 ONE 除了表示"一"以外,还有一个义位:(the) only necessary and desirable（唯一的）。如:"She is the one person for this job."。汉语的"一"没有这个义位。(古汉语可以说"一人而已",但"唯一"的意思是由"而已"表达的。)反过来说,汉语的"一"除了表示 ONE 以外,还有一个义位:另一个。如:泰山一名岱宗。英语的 ONE 没有这个义位。

了解了这种情况,不但可以深入比较两种语言词汇结构的不同,而且有助于学习外语。中国人学英语,往往把 many 和 much 用混,把 flesh 和 meat 用错,把"小山"说成"small mountain",其原因就是用汉语的词汇结构模式来使用英语。上面说的仅仅是一百个"基本词根语素"中的英语词和汉语词的差别,如果再扩大一点,比较一下几百个常用词,其差别会更多。如果把这种差别整理出来,告诉初学者,这对他们的外语学习肯定是大有裨益的。

三

"两次分类"的观点还有助于汉语词汇发展史的研究。这是我们更加感兴趣的一个方面。

上面说过,斯瓦迪士用一百词的"修正表"来考察语言的年代,但他只是看一种语言中表达同一概念的词从古到今是否变了,或者改变以后是否与原来的词同源。按照"两次分类"的观点,研究词汇系统的历史发展演变,不仅仅要考察是否以新词替换了旧词,还要进一步考察,即使古今还是同一个词,它的内部结构是否有变化,即:(1) 这个词的主要义位的义域古今是否有变化。(2) 这个词的各个义位古今是否有变化。

我们以斯瓦迪士的"修正表"中的一百词为依据,考察了和这一百个词相应的汉语的词,发现其中有不少词虽然从古到今没有新旧替换,但是其内部结构发生了变化。

3.1 一个词的主要义位的义域发生了变化①

(1) 长 "长短"的"长"从古到今主要意义没有变,但义域有变化。《墨子·公输》:"荆有长松文梓。"《史记·孔子世家》:"孔子长九尺有六寸,人皆谓之'长人'而异之。"这些"长"在现代汉语普通话中要说"高"。也就是说,古代的"长"义域比现代的"长"宽。②

(2) 大 先秦"大"表示"年龄大"很少见。《诗经·小雅·楚茨》:"小大稽首。"郑笺:"小大犹长幼也。"这种例子很少。《管子·海王》有"大男""大女",指成年男女,但《管子》一书未必是先秦的作品。西汉已有"大小毛公""大戴""小戴"之称,可见"大"已指年龄大。"大"作为动词表示"长大"就更晚。《释名·释姿容》:"匍匐,小儿之时。……人虽长大,及其求事尽力之勤犹亦称之。"大约是东汉之后。这已经不止是义域的扩大,而是增加一个新的义位了。

(3) 小 先秦"年纪小"一般说"少",不说"小"。《诗经》例已见上引。大约西汉出现"少小",如刘向《说苑·谈丛》:"仁慈少小,恭敬耆老。"但汉代一般仍说"老少"和"幼少",如《史记·货殖列传》:"不择老少。"《汉书·王莽传》:"周成王幼少。"说"老小"和"幼小"是较晚的事,如《孟子·梁惠王上》"反其旄倪"赵岐注:"乞还其老小。"《后汉书·李固传》:"帝尚幼小。"可见"小"的义域是逐渐扩大的。

(4) 木 在先秦两汉"木"既指树,又指木头。"树"也可以指

---

① 一个词产生了新的意义(如"大"表示年龄大),究竟应该看作义域的扩大,还是义位的增加,有时难以确定。本文对此不做详细讨论。

② 有些例句转引自《汉语大词典》,不一一注明。

树木，但用得不如"木"多。后来"木"的义域逐渐缩小，只表示"木头"的意义，"树木"的意义通常用"树"表示。可以把下面的例子加以对比：《楚辞·九歌·湘夫人》："洞庭波兮木叶下。"《汉书·珪弘传》："有虫食树叶成文字。"《汉书·晁错传》："木皮三寸。"《南齐书·陈显达传》："噉死人肉及树皮。"当然，后代用"木"表示"树"也还不少，但这是仿古的现象。

（5）皮　先秦时"皮"和"肤"分为两类。"皮"只指兽皮和树皮，人皮叫"肤"。有人举出《庄子·山木》："吾愿君刳形去皮，洒心去欲。"认为先秦"皮"已可指人皮，这是误解。《庄子》原文是："夫丰狐文豹，……其皮为之灾也。……今鲁国非独君之皮耶？吾愿君刳形去皮，洒心去欲。""皮"是比喻的用法。《论语·颜渊》："肤受之愬。"皇疏："肤者，人肉皮上之薄皱也。"这时才把兽皮和人皮归为一类，统称为"皮"。"皮"的义域扩大了。

（6）肉　先秦时"肉"和"肌"分为两类。"肉"指兽肉，"肌"指人身上的肉，一般不混。《说文》："肌，肉也。""肉，胾肉也。"段注："人曰肌，鸟兽曰肉，此其分别也。"段注说的是先秦的情况，《说文》反映的是汉代的情况，到汉代，已把人身上的肉和鸟兽的肉合为一类，统称为"肉"。"肉"的义域扩大了。

（7）毛　先秦时"毛"和"羽"分为两类。"毛"指兽毛，有时也指人的头发（如"二毛"），鸟的毛称"羽"。后来鸟毛也可以叫"毛"，如《战国策·楚策四》："是以国权轻于鸿毛。""鸿毛"也见于司马迁《报任安书》，可见西汉已经通用。"毛"指人的头发的用法后代也还能见到，如"白毛"。"毛"的义域扩大了。

（8）路　先秦"路"和"径"分为两类。"路"是大路，"径"是小路。《十三经》和《史记》均无"小路"的说法，《吴子》："险道狭路，可击。"但《吴子》不是先秦作品。《汉书·韩信传》:"从间路绝其辎重。"《史记·淮阴侯列传》作"从间道绝其辎重"。可见"间路"出现得比较晚。后来"大路""小路"都叫"路","路"的义域扩大了。

（9）山　先秦"山"和"丘"分为两类。"山"是大山,"丘"是小土丘。《尔雅》中《释丘》《释山》分为两章,《释山》中的"小山"仍然是"山"而不是"丘"。如"小山别大山,鲜。""鲜"仍是山。《诗经·大雅·皇矣》:"度其鲜原,居岐之阳。"度过的是一座山,而不是一个小土丘。反之,柳宗元《钴鉧潭西小丘记》中的"小丘"不能说成"小山"。到后来,小土丘也可以称为"小山","山"的义域扩大了。

（10）二　先秦时"二"只用于事物的数量,表动作的数量用"再",如《庄子·山木》:"一呼而不闻,再呼而不闻,于是三呼邪?"不能说"二呼"。到汉代,表动作数量也用"二",如班昭《女诫》:"夫有再娶之义,妇无二适之文。""二"的用法同"再"。"二"的义域扩大了。（后来"两"又代替了"二",也是兼表事物和动作。）

3.2　一个词的义位有了增加或减少

（1）男　古代"男"有"男子"和"儿子"两个义位。直到《红楼梦》中还有"镇国公诰命生了个长男"（14回）。在现代普通话中,一般说"长子",不说"长男"。"男"的"儿子"这个义位消失了。

（2）口　"口"的"出入的通道"的义位是先秦没有的。大约魏晋时新增加了这个义位,如陶渊明《桃花源记》:"山有小口。"

（3）心　"心"的"中央部位"的意思先秦很少见。《礼记·少仪》:"牛羊之肺,离而不提心。"郑玄注:"刲离之不绝中央少者。"从汉朝开始,这个意义用得多起来,如《诗经·小雅·大田》"去其螟螣"孔颖达疏引汉李巡:"食禾心为螟。"《颜氏家训·勉学》:"帝握拳代痛,爪入掌心,血流满手。"皇甫嵩《浪淘沙》词:"宿鹭眠鸥非旧浦,去年沙觜是江心。"《游仙窟》:"兰草灯心,并烧鱼脑。"等等。这个义位是后来增加的。

(4) 死 "死"的"呆板、不灵活"的义位产生得很晚,大约是唐代。张彦远《历代名画记》:"夫用界笔直尺,是死画也。"叶梦得《石林诗话》卷中:"偃蹇狭陋,尽成死法。"

(5) 日 古代"日"除了有"日月星辰"的"日"的义位外,还有一个义位"三百六十六日"的"日"。在现代普通话中,前一个意义单说时说成"太阳",但作为语素时仍说"日",如"日食""日出"。后一个意义一般说成"天"。表示"一昼夜"的概念,原先用"日"表示,和表示"太阳"的"日"构成同一个词的两个义位;后来用"天"表示,和表示"天空"的"天"构成同一个词的两个义位:这也是分类的不同。在汉语发展的历史上,这种变化是逐渐产生的。大概从南北朝开始,"天"可以表示某一段时间,尤其是某个季节,如《世说新语·夙惠》:"晋孝武年十二,时冬天,冬日不著複衣,但著单练衫五六重。"《晋书·天文志》:"冬天阴气多,阳气少,……故冬日短也。"王建《昭应官舍书事》:"腊月近汤泉不冻,夏天临渭屋多凉。"这里的"冬天""夏天"可以用"冬日""夏日"替换("冬日""夏日"在先秦就有,如《孟子·告子上》"冬日则饮汤,夏日则饮水"),但《晋书》中"故冬日短也"中的"冬日"(冬天的白昼)在当时还不能换成"冬天"。再进一步发展,"天"所指的时间可以缩短,如罗隐《湖上岁暮感怀有寄友人》:"雪天萤席几辛勤,同志当时四五人。"指下雪的那几天。至于"今天""明天""白天""黑天""一天""两天"等说法,在《红楼梦》里还没有,大概是在现代汉语中才出现。①

---

① 今按:应是在清代。见 228 页《汉语"天"的意义的演变》。

（6）**火** "火"的"怒气"（名词）的义位产生得较晚，"发怒"（动词）的义位产生得更晚。唐李群玉《自澧浦东游江表》诗："中夜恨火来，焚烧九回肠。"还有很明显的比喻色彩。元朱震亨《丹溪心法·火六》："阴虚火动难治，火郁当发。"这个"火"是中医的术语。《快嘴李翠莲》："恼得心头火气冲。"高文秀《黑旋风》杂剧："恼犯黑旋风，登时火性发。""火气""火性"指怒气、暴躁的脾气。《孽海花》二十七回："臣从没见过老佛爷这样的发火。""火了"的"火"大概是"发火"的省缩，用例更晚。

（7）**黑** "黑"的"夜晚"的义位大约产生在唐代。王建《和门下武相公春晓闻莺》诗："侵黑行飞一二声，春寒啭小未分明。"

（8）**白** "白"在先秦时有"彰明"的义位，如《荀子·天论》："礼仪不加于国家，则功名不白。"这个义位在现代汉语中已不复存在。"白"在现代汉语中有"徒然"的义位，这个义位大概在唐代已经产生。如李白《越女词五首》之四："相看月未堕，白地断肝肠。"

（9）**热** "热"在先秦没有"发烧"的义位，这个义位汉代才产生。《汉书·西域传》："令人身热无色，头痛呕吐。"这个义位在现代普通话中已经不常用，在方言中仍然使用。

（10）**烟** "烟"的主要意义是燃烧产生的烟，这个义位先秦就有。到明末清初，"烟"又有了一个新的义位："香烟"的"烟"。俞正燮《癸巳存稿》："崇祯末，嘉兴遍处栽种，三尺童子莫不食烟。"这个新义位的产生，显然和"烟"原有的义位有密切的关系。"烟"是由"烟草"制成的，"烟草"原产于吕宋，明末传入中国，最初的译名为"淡巴姑"（见方以智《物理小识》）。后来称为"烟草"（也可以叫"烟"，如"种烟"），显然是由于其用途是点燃后吸食其烟。当一种新事物产生或传入时，需要语言中有一个新的名称。这个新的名

两次分类——再谈词汇系统及其变化

称或者是一个新的义位,或者是一个新的词,而这个新的义位或词往往和原有的义位或词相联系。从人的认知方面来看,这也是一个分类问题。汉语把"淡巴姑"和"香烟"都称为"烟",就是因为汉人把这两种东西和"烟火"的"烟"联系在一起。而英语中,把"淡巴姑"音译为"tobacco",把"香烟"称为"cigarette",都和"smoke"(烟)没有关系;但"抽烟"称为**smoke**,却和动词的"smoke"(冒烟)同属一个词的两个义位。"smoke:1. Give off smoke or other visible vapour. 2. Draw in smoke from burning tobacco or other substances through the mouth and let it out again."也就是说,汉语中把名词的"烟"(香烟)和"烟"(烟气)联系在一起,而英语中把动词的"smoke2"(抽烟)和"smoke1"(冒烟)联系在一起。这就是不同的分类。而且,同一种动作,汉语称为"食烟""吃烟""吸烟"或"抽烟",是从"吸入"方面着眼的,而英语称为"smoke",是从"吐出"方面着眼的。这也反映语言中认知的差别。这种分类的不同在方言中也有。如:tomato 中国南方叫"番茄",即归为"茄子"一类;北方叫"西红柿",归为"柿子"一类。potato 粤语叫"薯仔",吴语叫"洋番芋",北京话叫"土豆",也反映分类的不同。

以上仅仅是以斯瓦迪士的一百个基本词根语素为范围所做的一些观察。在这一百词以外,这种词的主要意义不变而义域或义位发生变化的情形就更多了,需要我们用"两次分类"的观点一一加以考察,并且根据历史资料确定其变化的时代。(本文所说的义域和义位变化的时代都是很粗略的,要确定准确的时代需要进行深入的研究。)这是一项极其浩大的工程,是需要几代人的持续努力才能完成的。但只有把这项工作做好了,汉语词汇的历史发展的面貌才可以说大体上搞清楚了。

联系人的认知,从词义结构的内部来研究词汇系统及其发展变化,是一种初步的尝试,不当之处,敬请方家指正。

参考文献

王 力 1990 《汉语词汇史》,《王力文集》第十一卷,山东教育出版社。
徐通锵 1991 《历史语言学》,商务印书馆。
《汉语大字典》 1986—1990 四川辞书出版社,湖北辞书出版社。
《汉语大词典》 1986—1993 汉语大词典出版社。
Oxford English Dictionary (*second edition*),Oxford University Press.

(原载《中国语文》1999 年第 5 期)

词义和概念化、词化

什么是词义？这是研究词汇的一个基本问题。

按照传统的说法,"词义是对象、现象或者关系在意识中的一定反映",这个说法不算错。问题在于:是机械的照相式的反映,还是能动的反映,即人们对客观事物的认知？如果是机械的、照相式的反映,那么在不同语言中反映同一事物的词,其词义理应全都相同。确实,有这样一种较普遍的看法:在不同语言中,反映同一事物的词,词义都是相同的,只是词的读音不同;就像各种糖果,里面的糖是一样的,只是包裹的纸不同。比如,汉语的"书(shū)",英语的"book",日语的"本(ほん)",所指的对象相同,因此词义也都相同,不同的只是读音而已。

这种看法对不对？这是本文所要讨论的问题。

1 两次分类

先从"两次分类"说起。"两次分类"关系到什么是词义。我在《两次分类——再谈词汇系统及其变化》(1999)一文中,谈到了这个问题。现在更换一些更清楚的例子,简单地谈谈这个问题。

是不是反映同一事物的词,词义都相同？我们来看一些实际的例子。

先看汉语的"书",英语的"book",日语的"ほん"。它们的词义是否相同呢?

汉语"书"的意思大家明白。英语"book"的意义是:"a collection of sheets of paper fastened together as a thing to be read, or to be written in."包括汉语所说的"本子",如:exercise book, note book。日语的"本"包括杂志。这都和汉语的"书"不同。这是词义的不同,而绝不仅仅是语音的不同。

可见,如果拿糖果做比喻,就像各种糖果,不仅仅是包裹的纸不同,里面的糖也有不同。

实际上,所谓"反映"应该是能动的反映,里面包含着人的主观因素。世界上万事万物极其繁多,人们认识世界,给事物命名,不可能一个一个地给予名称,而只能是一类一类地给予名称。这种"类"怎么分?当然有客观事物的依据,只有性质相同或相近的,至少是有某些共同点的,才能成为一类。但分类和人的主观认识也有关系,在很多情况下,事物的类别,不是事物自己分好了,然后反映到人的意识中的,而是人们根据客观事物的性质加以分类的。人们的认识不同,分类就有可能不同。比如上面所举的例子,一本装订好的供人阅读的单行本,一个装订好的供人阅读的连续出版物,一个装订好的供人书写的本册,究竟是分为几类?这不是这些东西自己分好的,而是人们加以分类的,而且,使用不同语言的人分类会有所不同。说汉语的把它们分为三类:书,杂志,本子。说英语的人把它们分为两类:book, magazine。说日语的也分为两类,但和英语的分类不同:本,ノート(参见下页表1)。分类的不同,就形成了词义的不同。

分类有两次,下面依次讨论。

1.1 第一次分类

第一次分类：在各种语言中（或同一种语言的不同历史时期中），把一些事物、动作、性状归为一类，成为一个义元（semantic unit），把另一些归为另一类，成为另一个义元。这种分类，在不同语言中，或同一种语言的不同历史时期中，可以是不同的。

(1) 上面所说的例子，可以列表如下，其分类的不同可以看得很清楚：

表1

	书	本子	杂志
汉语　书	√		
英语　book	√	√	
日语　本（ほん）	√		√

(2) 颜色词也是分类的一个好例子。阳光透过三棱镜，呈现一个光谱，这个光谱里的各种颜色，其实是有连续性的，它本身没有分类，分类是人为的，而且人们的分类并不相同。古代汉语分为五色，现代汉语一般分为七色，英语一般分为六色，而菲律宾的Hanunóo语分为二色：在"赤—橙"区域的是(ma)rara?，在"黄—绿"区域的是(ma)latuy。如表2所示。

表2

汉语	赤	橙	黄	绿	青	蓝	紫
英语	red	orange	yellow	green	blue		purple
Hanunóo	(ma)rara?		(ma)latuy				

(3) 其他表事物的词语也有分类问题。如：在上古汉语中，生物表层的东西分为两类，人身上的是"肤"，兽和树身上的是"皮"。

在英语中也分为两类,但分类不同:人和兽身上都是"skin",树上是"bark"。而现代汉语中分为一类,人、兽和树都是"皮"(但在某些场合仍用"肤",如"润肤露")。如表3所示:

表3

	人皮	兽皮	树皮
古代汉语	肤	皮	
现代汉语	皮①		
英语	skin	bark	

(4)表动作的词也有分类问题。如:人们往身上穿戴衣物的动作,上古汉语中分为三类,往头上套叫"冠"(去声)、往身上套叫"衣"(去声),往脚上套叫"履"②。中古汉语中合为一类,都叫"著/着"。现代汉语又分为两类:头上叫"戴",身上脚上叫"穿"。

表4

	冠	衣	履
上古			
中古	著/着		
近现代	戴	穿	

(5)表性状的形容词也有分类的不同:古代汉语中横向的距离用"长—短",纵向的距离用"高—下/卑",人的身体和横向的同一类,也用"长—短"。现代汉语中横向的距离用"长—短",纵向的距

---

① 用"皮"表示人的皮,有一个历史演变的过程。大约从西汉末到东汉,"皮"可以与"肤"连用,以"皮肤"表示人的皮。如刘向《列女传》卷六:"(无盐)皮肤若漆。"《论衡·雷虚》:"射中人身,则皮肤灼剥。"到晋代,单用"皮"也可以表示人的皮。《抱朴子·登涉》:"沙虱,……初著人,便入其皮里。"

② 上古汉语中用"履"表示"穿鞋"义的不多,举数例如下:"儒者冠圜冠者,知天时;履句履者,知地势。"(《庄子·田子方》)"履为履之也,而越人跣行;缟为冠之也,而越人被发。"(《韩非子·说林上》)"此其称功,犹嬴胜而履跻。"(《韩非子·外储说左下》)

离用"高—低/矮"(这是词汇替换),人的身体和纵向的同一类,用"高—矮"。英语横向的距离用"long—short",纵向的距离用"high—low",人的身体矮的和横向的同一类,也用"short",高的另成一类,用"tall"。

表5

	横向的距离	纵向的距离	人的身高
古代汉语	长—短	高—下/卑	长—短
现代汉语	长—短	高—低/矮	高—矮
英语	long—short	high—low	tall—short

1.2 第二次分类

第一次分类的结果,形成一个一个的义元(semantic unit)。义元有的可以单独成词,或是原生词,如上述"皮""肤""高""卑"等,或是派生词,如上述动词"冠"和"衣"。有的要和别的义元结合而成一个词(多义词),如上述"着"和"穿"。如果是派生词和多义词,在第一次分类之后就要有第二次分类:和原有的哪个词,和哪些别的义元联系在一起?这种联系也源于人们认知中的分类:第一次分类所形成的各个小类(义元),哪些和哪些联系得比较紧密,可以合为一类?事物、动作、性状之间的联系,人们可以从不同的角度去认识,所以第二次分类的结果也是在各种语言中(或同一种语言的不同历史时期中)有所不同的。

(1) 上古汉语中的"冠 v""衣 v"是"冠 n""衣 n"的派生词,说明在当时人们的意识中这些有关穿着的动作和动作的对象密切相关。中古汉语中的表穿着的"著/着"和"附着"义的"著/着"结合成一个多音词,说明在当时人们的意识中把这个穿着动作和"附着"

义联系在一起,认为穿着就是把衣帽鞋等附着于身体。在近代、现代汉语中,表穿着的"穿"和"穿过"义的"穿"结合成一个多音词,说明在当时人们的意识中把这个穿着动作和"穿过"义联系在一起,认为穿着就是把胳膊和腿穿过衣袖和裤腿,或把脚穿到鞋里。人们是从不同角度来看待动作/事物之间的联系的,这就形成了第二次分类;而第二次分类的不同,就形成了词汇系统的不同。穿着义动作第二次分类的不同图示如下:

上古汉语:

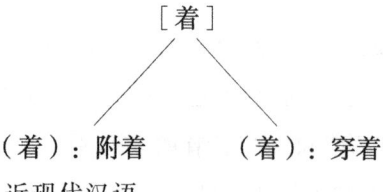

〔衣 n〕——〔衣 v〕　　〔冠 n〕——〔冠 v〕

中古汉语:

〔着〕

(着):附着　　(着):穿着

近现代汉语:

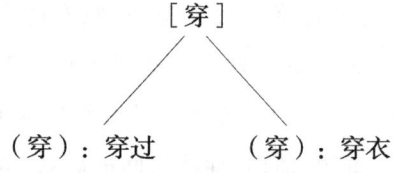

〔穿〕

(穿):穿过　　(穿):穿衣

(2)古代汉语一昼夜叫"一日",现代汉语一昼夜叫"一天"。同样是一昼夜的时间单位,在古代汉语中和"日"(太阳)归为一类,在现代汉语中和"天"(天空/天气)归为一类,图示如下:

〔日〕　　　　　　〔天〕

(日):太阳　(日):一昼夜　(天):天空　(天):一昼夜

词义和概念化、词化

（3）15分钟是一刻。这个时间单位，在汉语中和"刀刻"的"刻"结合成一个多音词，在英语中和表示"四分之一"的"quarter"结合成一个多音词。这是因为，中国古代是用有刻度的日晷或有刻度的漏壶来计时的，所以人们用刻度的"刻"来表示这个时间单位。英语中一刻是一小时的四分之一，所以用表示四分之一的"quarter"来表示这个时间单位。（中国古代一天分为十二时辰，一天是一百刻，所以，古代的"刻"不等于15分钟，和时辰没有很清楚的分数关系。）

[刻]　　　　　　　　　[quarter]

（刻）：刻画　（刻）：十五分　（quarter）：one-forth　（quarter）：15 minutes

（4）建造房屋，在不同时期的汉语中用不同的词。最早用"筑（室）"，秦汉以后用"盖（屋）"，用"起（屋）"，用"造（房）"。这是从不同的角度为这一过程命名。"筑"是用杵把土夯实，这是古代黄河流域建造房屋的基础工作。"盖"是着眼于建造房屋的最后一道工序：把屋顶盖上。"起"是着眼于从平地起屋。"造"本是一个泛义动词，很多器物的制作都叫"造"，很晚才用于建造房屋，而且开始是"筑造""建造"连用。英语建造房屋叫"build"，其解释为："make or construct sth by putting parts or material together."可以是build a house, build a ship。正因为这些词的词义在理据上就有差别，所以它们的第二次分类也有不同。"筑室"的"筑"和"用杵夯土"的"筑"构成一个词的两个义位，"盖房"的"盖"和"覆盖"的"盖"构成一个词的两个义位，"起屋"的"起"和"兴起"的"起"构成一个词的两个义位，"build a house, build a ship"的"build"和"build a

121

business，build a new society"的"build"（创建）构成一个词的两个义位。

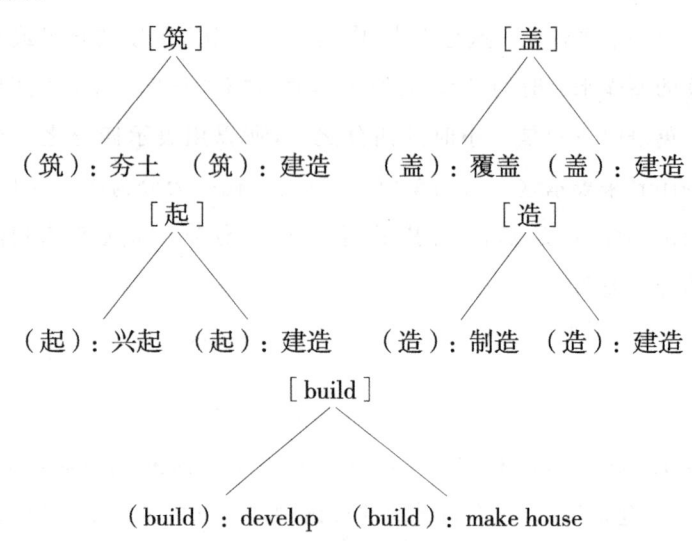

```
       ［筑］                    ［盖］
      ／    ＼                  ／    ＼
  （筑）：夯土 （筑）：建造   （盖）：覆盖 （盖）：建造
       ［起］                    ［造］
      ／    ＼                  ／    ＼
  （起）：兴起 （起）：建造   （造）：制造 （造）：建造
                   ［build］
                  ／      ＼
          （build）：develop （build）：make house
```

（5）Cruse，A. D. 的 *Lexical Semantics*（1986/2009：85）一书比较了英语和法语中与感觉（视觉、听觉、味觉、嗅觉、触觉）有关的一些词，讲述了这些词的关系的异同。这也是一个两次分类的例子。为了看得更清楚，我们可以为之列表如下：

表 6

have experience	pay attention to	have experience	pay attention to
英语		法语	
see	look at，watch	voir	regarder
hear	listen to	entendre	écouter
taste$_1$	taste$_2$		goûter
smell$_1$	smell$_2$	sentir$_1$	sentir$_2$
feel$_1$	feel$_2$		toucher

人们在认知过程中，每种感官都有向外界发出的动作（pay attention to）和从外界得到的感觉（have experience）。但在英语

和法语中,这些方面的词汇分布却有所不同。在视觉领域里,英语发出的动作有"look at"和"watch"2类,法语只有"regarder"1类。在味觉、嗅觉、触觉领域里,英语的感觉分为"taste""smell""feel"3类,法语只有"sentir"1类,即尝到、嗅到、触到都叫"sentir"。这是第一次分类的不同。英语的"taste""smell""feel"三个词都兼表动作(尝、嗅、触)和感觉(尝到、嗅到、触到),即"taste""smell""feel"三个词都有2个义项。而法语表示"嗅"这个动作的sentir和兼包"尝到""嗅到""触到"3种感觉的"sentir"是同一个词,即"sentir"有2个义项,一个是表示"嗅"这个动作,一个是表示兼包"尝到""嗅到""触到"的感觉。这是第二次分类的不同。

第一次分类后,总会给事物一个名称,这种命名有的是音义的任意结合,有的是有理据的。有理据的命名就和第二次分类有关。穿着的动作,着眼于衣物附在身上而称之为"著/着",由此就产生表穿着的"著/着"和表穿过的"著/着"在第二次分类中同属一类;着眼于手足穿过衣袖、裤腿而称之为"穿",由此就产生表穿着的"穿"和表穿过的"穿"在第二次分类中同属一类。表建造房屋的动作,着眼于夯土而称之为"筑",由此就产生表建造房屋的"筑"和表夯土的"筑"在第二次分类中同属一类;着眼于覆盖屋顶而称之为"盖",由此就产生表建造房屋的"盖"和表覆盖的"盖"在第二次分类中同属一类。

两次分类,第一次分类形成了不同语言中各个所指大体相同而又有差异的义元(表现为词的义位的差异),第二次分类形成了各个词的义位结合关系的差异。这两个方面,都构成了各种语言(或同一种语言的不同历史时期)的不同的词汇系统。研究汉语历史词汇学,就是要研究汉语不同历史时期词汇系统的不同。

1.3 语言学家的有关论述

"两次分类"的说法是我提出的,但这种思想,却不是我的首创,有不少语言学家已经说过。

索绪尔《普通语言学教程》:"思想离开了词的表达,只是一团没有定形的、模糊不清的浑然之物。"(157页)"如果词的任务是在表现预先规定的概念,那么,不管在哪种语言里,每个词都会有完全相对等的意义;可是情况并不是这样。法语对'租入'和'租出'都说 louer,没有什么分别,而德语却用 mieten'租入'和 vermieten'租出'两个要素,可见它们没有完全对等的价值。"(162—163页)

洪堡特《论人类语言结构的差异及其对人类精神发展的影响》:"词不是事物本身的模印(abdruck),而是事物在心灵中造成的图像的反映。"(166页)

布龙菲尔德《语言论》:"不同语言的信号的最小单位,也就是语素,实际价值可以有很大的悬殊,这是很明显的事实。即使在系属上很亲近的语言也是如此。德国人用 reiten 表示骑在动物上,而用 fahren 表示骑在其他东西上,如乘车。而英语只用一个词 ride 来表示。……甚至很容易确定和分类的事物在不同语言里也会有十分不同的处理。"(如称谓词,数词)。(350—351页)

"虽然所有语言都有转义,但是具体的意义的转移,在具体语言里决不可以随便乱套。无论在法语或德语里都不能说 the eye of a needle 或者 an ear of grain。所谓 the foot of a mountain 在任何欧洲语言里都很自然,可是在美诺米尼语里,而且无疑在其他许多语言里,却是荒谬的。"(180页)

艾奇逊《现代语言学入门》:"每种语言都以不同的方式对世界

万物进行分类,这是显而易见的。"(118页)

2 概念化

概念化(conceptualization),指的是客观世界的万事万物及其关系在人的意识中形成一个一个的概念。概念的形成过程是人们能动地认知客观世界的过程,词义是反映概念的,所以 R. W. Langacker 说:"Meaning is equated with conceptualization."(意义等于概念化。)*The MIT Encyclopedia of Cognitive Sciences* 说:"Meaning is characterized as conceptualization: The meaning of an expression is the concepts that are activated in the speaker or hearer's mind."(意义可以被描述为概念化:词所表达的意义是被激活了的存在于说话者或听话者心中的概念。)这里所说的"意义"指的是语段、句子、词组和词语的意义,但主要是词语的意义。可见,概念化和词义的关系十分密切。

关于"概念化",一个首先要讨论的问题是:概念化形成的结果——概念是不是全人类共同的?

有一种较普遍的看法,认为概念是全人类共同的,只是人们用语言反映概念的方式不同。这种看法对不对呢?

戴浩一(2002)说:"每一个语言有不同的概念化。"我基本上同意他的看法。不过,我认为这样说会更准确一点:"每一个语言的概念化是不完全相同的。"这样的表述,意思是:作为概念化的结果,人们在意识中形成了一个一个的概念,这些概念又属于若干不同的概念范畴(或概念场)。其中一些重要的概念和重要的概念范畴(概念场)确实是全人类共同的。但是:(1)有一些概念是只有某个民族或某个时代才有的。(2)不同民族、不同时代,概念的形成方式和形成的概念可能是不同的,一些概念在概念场中的分布也可能不同。(3)一些概念的层级结构,也不是全人类完全一样的。下面对这三点分别加以说明。

2.1 有些概念只有某个民族或某个时代才有

有些概念不是人类共同的。概念是人们在能动地认知客观世界(包括人的主观心理和感情,对于认知活动来说,这些也是认知的客体)的过程中形成的,如果在某个民族的生存环境或某个时代里,某种事物不存在,那么,该民族或该时代的人们的意识中就不会有相应的概念。这个道理是很清楚的。

古代中国的生活中有某种打击动作,因此就有相应的概念[①],表现为相应的词。如:

笞 《说文》:"击也。"《新唐书·刑法志》:"汉用竹。"

挟 《说文》:"挟,以车鞅击也。"

在现代生活中没有这种动作了,当然也就没有这些概念和词。我们还可以想象,在那些没有见过竹子、没有见过车鞅的民族的意识中,也不会有这些概念。

有一些打击动作从古到今都存在,但存在某种动作,却不一定有相应的概念。如:

挨 《说文》:"挨,击背也。"

在古代汉语中有"挨"这个词表达这种"击背"的动作,说明古

[①] 严格地说,概念是存在于人们的意识中的,而不是存在于语言中的。但在某个语言社团成员的意识中有某个概念,在这个语言社团成员所使用的语言中就会有相应的词。为了表达的方便,我们在行文中有时会说"某某语言中有/没有这个概念"。

人意识中有这个概念。而在现代,尽管这个动作还存在,但它和"打后脑勺""打肩膀""打膝盖""打眼睛""打鼻子"一样,只是一种动作,而没有成为一个概念。概念都是概括的,不可能每一个具体的打击动作都成为一个概念。也许有人会说:"'打后脑勺'已经有了一定程度的概括(指打击的对象是所有人的后脑勺),为什么不是一个概念?要概括到什么程度才能成为一个概念?"这个问题不能一概而论,同一种动作,在某个时代的某个语言社团中可以是一个概念,而在另一个时代或另一个语言社团中就可能不是一个概念。大体上说,如果一种动作在某个时代的某个语言社团中比较常见,引起了人们的注意,因而用一个词或一个固定词组(如"打屁股")来表达它,那么,这就是一个概念;反之,就不是一个概念。

反过来说,在现代汉语中的一些概念,在古代也可能没有。如:

　　现代汉语:掴,抽,捅。

这都是对人体某种特定部位或用某种特定方式的打击动作。这种打击动作,古代也是有的,但很晚才成为一种概念。(比如,"掴"始见于唐代,稍后有"批颊"的说法,更早没有。)道理和上面所说的现代没有"击背"的概念一样。

英语中一些打击概念,在说汉语的人的意识中没有。如:

　　birch(用桦树条打)

　　truncheon(用警棍打)

　　conk(打头)

　　spank(用手掌打屁股)

说汉语的人群的生活环境中也有桦树条,也可能有用桦树条打人的事发生,但那是很少见的,"用桦树条打"不是一个概念。警察用警棍打人的动作会有,但没有形成一个概念。"打头"也一样。"打屁股"在汉语中是一个概念,但那是作为一种刑罚,是用棍棒打,和 spank 的概念不同;"用手掌打屁股"的动作有,但没有形成一个概念。

2.2 不同民族、不同时代的概念及其形成方式和在概念场中的分布可能不同

上面说的一些动作有些可能比较特殊,所以在不同民族或不同时代,有的形成概念,有的不成为概念。那么,一些相当普遍的事物、动作、性状,在不同民族、不同时代是否会形成同样的概念呢?

应该说,这些事物、动作、性状形成的概念,有不少确实是全人类共同的;但也有不少是不同民族、不同时代所不同的。上面"两次分类"中所说的就是很好的例证,它们不是概念的有无问题,而是概念的异同问题。

为什么这些很常见的事物、动作、性状,在不同民族、不同时代会形成不同的概念,从而有不同的词义呢?这是因为:即使面对同一对象,但人们认知的角度不同,概念形成的方式不同,所以形成的概念也会有所不同。

前面我们说,词义是客观世界在人们意识中的反映,但这种反映不是机械的、照相式的反映。用"照相式"一词,是强调没有人的主观意识在起作用。但是,严格地说,照相也是有人的主观意识的,同样是给某一个人拍半身照,因为照相师选择的角度不同,摄影的技术不同,拍出来的照片也可能很不一样。概念的形成也是这个道理:人们认知的角度不同,概念形成的方式不同,所以形成

的概念也会有所不同。

R. W. Langacker 说得好：

"概念化的过程可以理解为一个搭积木的过程：选择不同的积木，有次序的分步搭建在一起，形成一个整体。选择的积木不同或者搭建的顺序不同，最后的整体外观自然不同。"(Langacker R. W. 2001,*Dynamicity in Grammar*,译文转引自李福印 2008：348)

概念形成有哪些不同的方式？这个问题是需要深入研究的。就我们现在所看到的，有如下两种不同的方式。下面先从具体事例的分析出发，然后再加以概括。

2.2.1 先看在"打击物体使之发声"这个概念场中,现代汉语、上古汉语、英语有哪些概念,它们在概念场中怎样分布：

表 7

现代汉语	敲[门/窗/钟/鼓]				
古代汉语	考/敂(叩) [门/关/钟/金石]			击/伐 [鼓]	
英语	tap [door/window]	knock [door/window]	bang [door/window]	strike [bell]	beat [drum]

从上表可以看出，在"打击物体使之发声"这个概念场中，现代汉语、上古汉语、英语的概念不同，它们在概念场中的分布也不同。

上古汉语表达这种动作不用"敲"这个词，《说文》："敲，横擿也。""毃，击头也。"上古汉语用来表达"打击物体使之发声"这种动作的是"敂"(常写作"叩"或"扣")或"考(攷)"。《说文》："考，敂也。""敂，击也。"如"叩门""叩关""叩钟""考钟""考金石"等。

上古汉语中绝不说"叩鼓"或"考鼓"，而只说"击鼓""伐鼓"，或者单说一个"鼓"。(《诗经·唐风·山有枢》："子有钟鼓,弗鼓弗考。"这应当理解为"弗鼓鼓,弗考钟"。)

英语中,如果对象是门窗等,一般的敲击是"knock",轻叩是"tap",重击是"bang":

He knocked the window.

He tapped the window with a stick.

He banged on the door until it was open.

如果对象是钟,所用的词是"strike";如果对象是鼓,所用的词是"beat"。

To strike the bell.

To beat the drum.

在现代汉语中,上述古代汉语和英语中表达各种不同的敲击的概念都不存在,只有一个统一的概念"敲"。上述各种不同的敲,要用"敲"这个词加上不同的修饰语或宾语来表达。

这些词(概念)实际上只涉及了"打击"和"力度""对象""结果(发声)"四个要素,打击动作的其他要素(如:工具、方式、速度等)并没有涉及。如果把其他的各个要素都考虑在内,"打击物体使之发声"还可以分成很多小类,在客观世界中其发出的声音都不会相同,如果人们把每一个发出不同声音的打击动作都看作独立的一类,每一类都形成一个独立的概念,那么,仅就"打击物体使之发声"这一大类而言,其中就会包含多得数不清的概念,也就需要用多得数不清的词来表达,这么庞大的一个概念系统和词汇系统,这对于人类的思维和语言交际会是一个不堪负荷的沉重负担。只能分得粗一点,分成两类、三类或一类;在这种比较粗的分类过程(或者说"认知过程")中,就只能考虑某些维度,而其他的维度就必须忽略不计。但是,究竟哪些维度应该考虑,哪些维度应该忽略不计，这却没有一定之规，而是各个语言社团约定俗成的。上古汉语中考虑的是打击的对象这个维度，英语中考虑的是打击对象和力度这两个维度，现代汉语中对象和力度都不考虑。正因为如此，所以，在上古汉语、现代汉语和英语中表示“打击物体使之发声”的概念各不相同，它们在概念场中的分布也不相同。

这种概念的形成方式是：把同一个范畴中的相近或相关的事物/动作/性状放在一起，分为一类，从而形成一个概念；把另一些相近或相关的事物、动作、性状放在一起，分为另一类，从而形成另一个概念。在不同的语言中，或在同一语言的不同历史时期中，其分类可能是不同的，因而形成的概念也就不同。我们称之为概念形成方式(A)。

上面说的“第一次分类”，从概念形成的方式来看，属于这一类。

2.2.2 下面是另一种概念形成的方式。

古代汉语中有这样一些词：

犣，駹。

《说文》：“犣，牛之白也。”“駹，一曰马白额。”这一组词的概念形成方式都是把“物(牛/马)”和“色(白色)”两个对象的构成因素结合在一起，形成一个概念。到现代，这些白色的牛、白额的马依然存在，但犣、駹这些概念不存在了，人们在指称这些鸟兽时都用“白的牛”“白额的马”这样的方式，也就是说，把“物(牛/马)”和“色(白色)”两个对象的构成因素分开，分别作为不同的概念，然后放在一起说。这是古今概念形成方式的不同，以此形成的概念也不同。

羔，驹，狗，豿，犊。

《说文》：“羔，羊子也。”“驹，马二岁曰驹。”《尔雅》：“未成豪,狗。"《玉篇》:"豿,熊虎之子也。"《尔雅》:"牛,其子犊。"郭璞注:"今青州呼犊为物。"

这一组的概念形成方式和上一组相同,是把"物(羊/马/犬/熊虎/牛)"和"性状(幼小)"这两个构成因素结合在一起,形成一个概念。其中"豿"现代不用了,"狗"的词义改变了,古代的"豿"要说成"小熊/小虎",古代的"狗"要说成"小狗"。"羔""驹"和"犊"保留到了现代,但一般不单说,而说成"羊羔""马驹""牛犊"。这说明在现代人的意识里,已经习惯于把物和性状分开,作为不同的概念。在指称这些幼小的动物时,尽管"羔/驹/犊"已经包含了物,但还要把"羊/马/牛"作为单独的概念,加在前面重复地说。这也很好地说明了古今概念形成方式的不同。

这两组词还牵涉到音义关系,此处不赘。

古代汉语中像这样把"物"和"形"结合在一起形成一个概念的情况很多。《尔雅·释畜》:"膝上皆白,惟馵。四骹皆白,驓。前足皆白,騱。后足皆白,翑。前右足白,啟。左白,踦。后右足白,驤。左白,馵。"这一段话是人们常引的,说明古代命名的特点,实际上也是概念形成的特点。把马的名称分得这样细,有人认为和古人游牧的生活方式有关。但是,像这样的概念形成方式,在《尔雅》的其他部分也常见到。

《尔雅·释山》:"山大而高,崧。山小而高,岑。锐而高,峤。卑而大,扈。小而众,岿。……大山宫小山,霍。小山别大山,鲜。……多小石,磝。多大石,礐。多草木,岵。无草木,峐。……石戴土谓之崔嵬,土戴石为砠。"

如果像现代那样,把"物"和"形"分开,作为两个概念,然后用"形"+"山"来指称各种各样的山,就不会有这么多的山的名称(或者用《荀子》的术语,称为山的"小别名")。但古代的概念形成方式就是把"形"和"物(山)"结合在一起,形成一个一个的概念,那样,山的名称(小别名)就必然很多。这是由古代概念形成的方式决定的。

这是另一种概念形成的方式:在两个不同的范畴中,把两个不同而又有关联的认知因素(事物和性状,或动作和对象)或是放在一起,形成一个概念;或是拆成两份,形成两个概念。我们称之为概念形成方式(B)。

前面说过,R. W. Langacker 把概念化(概念形成)的过程比喻为搭积木,"选择的积木不同或者搭建的顺序不同,最后的整体外观自然不同"。上述两种不同的概念形成方式,是两种不同的"搭积木"的方法:方式(A)是把同一范畴的"积木"分成不同的类加以集合,因分类的不同而形成不同的概念。方式(B)是把不同范畴的"积木"或分或合,因分合的不同而形成不同的概念。除此以外还有没有别的概念形成方式?这是需要深入研究的。下一节将会看到,L. Talmy 所说的"词化",实际上是又一种不同的概念形成方式。

概念形成的过程和方式,是概念化研究的核心。认知语言学的"conceptualization",谈的主要是这个问题。

2.3 不同语言概念系统的层级结构不完全相同

戴浩一(2002)说:"英语要用全然不同的词语来表达基本词汇,如 bicycle, bus, car, truck; trout(鳟鱼), salmon(鲑鱼), flounder(比目鱼), eel(鳗鱼)。而中文的基本层次词汇如'汽车''鲑鱼',是以高层次词汇(车、鱼)为中心(head)创造出来的复合

词。"但他说的是现代汉语。"车"类和"鱼"类,古代汉语和英语基本一样:

表8

古代汉语		英语	
车	鱼	vehicle	fish
轩、轺、辇、辎	鳜、鲂、鲤、鲔	bicycle,bus,car,truck	trout,salmon,flounder,eel

不过,有一点不同:古代汉语中"轩、轺、辇、辎"可以单说,也可以加上个"车"字;"鳜、鲂、鲤、鲔"可以单说,也可以加上个"鱼"字。而英语是只能单说,不能加类名的。

汉语和英语概念结构层次的不同有更好的例子:

表"书写工具(笔)"的概念场,汉语分为两层:上位是"笔",下位是"毛笔、铅笔、钢笔、圆珠笔、粉笔"等。英语分为三层,上位缺项,中间一层是"writing brush,pen,pencil,chalk"等,最下一层pen 又分为 fountain pen、ballpoint、quill 等。

表9

汉语	英语
笔	∅
毛笔、铅笔、钢笔、圆珠笔、粉笔	writing brush,pen,pencil,chalk
	fountain pen,ballpoint,quill

表"桌子"的概念场,汉语和英语都分为两层。但相当于汉语"桌子"的一层,英语缺项。汉语可以说:"屋子里有两张桌子,一张是书桌,一张是餐桌。"这句话要翻译成英语就无法表达:"There are two ____ in the room,one is a desk,the other is a table."在 ____ 处填不上一个词。

表 10

汉语	英语
桌子	ø
书桌,餐桌	desk,table

在上面两个表中,英语用"ø"表示的地方,叫作"lexical gap",我把它译成"缺项"。"缺项"是各种语言里都存在的,但不同语言缺项的情况不一样。这反映了不同语言的概念系统层级结构的不同。

3 词化

词化是"lexicalization"。Lexicalization 有两个意思:(1)某种语言形式其理据消失,结构凝固,最后变成一个词的过程。(2)由不同的语义要素(semantic elements)构成不同的词。前者习惯上把它译为"词汇化",为了与之区别,我们把后者叫作"词化"。后者是本节要讨论的内容。

3.1 词化理论简介

提出"词化"理论的是美国语言学家 L. Talmy。他在(1985,2000a,2000b)的论著中都谈到这个问题。下面做一简单的介绍。

L. Talmy(1985:57)说:

This chapter addresses the systematic relations in language between meaning and surface expression. Our approach to this has several aspects. First, we assume we can isolate elements separately within the domain of meaning and within the domain of surface expression. These are semantic elements like 'Motion', 'Path', 'Figure', 'Ground', 'Manner', and 'Cause', and surface elements like 'verb', 'adposition', 'sub-ordinate clause' and what we will characterize as 'satellite'. Second, we examine which semantic elements are expressed by which surface elements. This relationship is largely not one-to-one. A combination of semantic elements can be expressed by a single surface element, or a single semantic element by a combination of surface elements. Or again, semantic elements of different types can be expressed by same type of surface element, as well as the same type by several different ones. We find here a range of typological patterns and universal principles.

L. Talmy把"位移事件(motion event)"分解为6种"语义要素(semantic elements)"："位移(Motion)""路径(Path)""物体(Figure)""背景(Ground)""方式(Manner)""动因(Cause)"。几个语义要素可以融合(conflate)到一个语言形式(词)里。

他根据各种语言主要动词所融合(conflate)的语义要素的不同，归纳出位移动词三种不同的"词化模式(lexicalization patterns)"。主要的两种是：

(1)"位移+方式"或"位移+动因"模式，"位移"和"方式/动因"要素融合在一个动词之中。如英语的"The bottle floated into the cave."[float: moved(Motion)+floating(Manner)]

(2)"位移+路径"模式，"位移"和"路径"的要素融合在一个动词之中。如西班牙语"La botella entró a la cueva flotando."[entró: moved(Motion)+into(Path)]

他用大量的例证说明了印欧语中的罗曼语(特别是西班牙语)是后一种模式,除此以外的印欧语(如英语)是前一种模式。

可以对比西班牙语和英语的下列例句:

Spanish	English
La botella salió de la cueva flotando.	The bottle floated out of the cave.
La botella se fué de la orilla flotando.	The bottle floated away from the bank.
La botella cruzó el canal flotando.	The bottle floated across the canal.
El hombro entró a la sotano corriendo.	The man ran into the cellar.
El hombro volvió a la sotano corriendo.	The man ran back to the cellar.
El hombro bajó a la sotano corriendo.	The man ran down to the cellar.

(flotando:floating.　corriendo:running.)

英语也有一些位移动词包含"位移＋路径",如 enter, exit, pass, return, cross 等,但这些动词都是借自罗曼语的。

3.2　位移路径编码方式的两大类型

L. Talmy 认为语言可以根据位移事件(motion event)的核心特征即位移的路径的编码方式分为两大类型:

Verb-framed languages:PATH is expressed by the main verb(MOTION conflate PATH). 如罗曼语。

Satellite-framed languages:PATH is expressed by an element(various particles, prefixes or prepositions) associated with the verb. 如英语。

他认为上古汉语是 Verb-framed language,现代汉语普通话是 Satellite-framed language。

L. Talmy 的这种语言类型的理论影响很大,很多语言学家赞同他的理论,也有很多语言学家对他的理论提出补充或修正。汉语究竟属于哪一种类型？这个问题也引起了广泛的讨论。因为这不属于本文的研究范围，所以在这里不谈。

3.3 词化理论的意义

L. Talmy 的词化理论对于词义的研究乃至整个语言研究都有很重要的意义。下面谈几点看法。

3.3.1 把词义分解为若干语义要素（semantic elements），这不是 L. Talmy 的首创，"义素分析法"早就有了。

义素分析法把词义分解为若干义素，而且把词放到语义场中，力图通过对这些词的分析比较，找到一些共同的义素，用这些义素的不同组合可以构成这个语义场中所有的词。在词义分析的深入、精细和系统性方面，确实比传统的词义研究大大进了一步。但义素分析法着眼的主要还是一个一个的词，虽然也把词放到语义场中分析，但考察的还是同一语义场中各个词的义素构成的异同。义素分析法不考察一种语言中某一类词的语义构成的共同规律，也不比较几种语言之间词的语义构成规律性的差异。L. Talmy 的词化理论虽然做的只是"位移"范畴中的动词，但通过有关位移事件的语义要素的分析，概括了印欧语中罗曼语和罗曼语以外其他语言中位移范畴的动词的语义构成的规律，比较了两类语言中位移范畴的动词的语义构成规律性的差异，提出了两种"词化模式"，即罗曼语位移动词的语义都是"位移＋路径"构成的，罗曼语以外的印欧语的位移动词的语义都是"位移＋方式/动因"构成的。正因为概括的是处于深层次的语义构成规律，而且概括的面很广，所以这两种词化模式可以用来作为语言类型区分的标志。

L. Talmy 的词化理论，有一些问题是可以进一步讨论的。如

"位移"范畴的词的语义分析,除了 L. Talmy 提出的 6 个语义要素外,还有的学者认为应该增加一个"deictic"或"direction"(指向)的语义要素。除了"位移"范畴,其他的范畴是否也能概括出别的"词化模式"? 这个问题也是可以进一步研究的。值得重视的是,L. Talmy 的词化理论提出了一种可操作的跨语言的词义分析方法,以及跨语言的词义结构、词义系统的比较方法。如果我们采用这种理论和这种思路扩大范围,继续研究,很可能会有新的收获。

3.3.2 L. Talmy 的"词化理论"表明:一个位移范畴的事件可以分解为若干语义要素,有的语义要素可以融合为一个动词,另外的语义要素可以单独作为一个词在句法层面出现。这种组配,不同的语言是不同的。英语的"The bottle floated out of the cave","位移"和"方式"两个语义要素融合为"float"一个词,而表示路径的"out"单独出现在句法层面上。西班牙语的"La botella salió de la cueva flotando","位移"和"路径"两个语义要素融合为"salió"一个词,而表示方式的"flotando"单独出现在句法层面上。这就不仅是个词义结构的问题,也关系到论元构成的问题。一种语言有什么词化模式,就有相应的论元构成。这种关系,在语言使用者的意识中是根深蒂固、"深入人心"的。英语是"位移＋方式"词化模式,法语是"位移＋路径"词化模式,第二语言习得的研究表明,这两种不同模式对以英语或法语为母语的人的语言表达(包括词义构成和句法构成)有很大影响。说英语的人既可以说"I went to park",也可以说"I walked to park",而说法语的人只说"Je suis allée au parc",不说"J'ai marché au parc";但以英语为母语的人学法语,就可能说出这样的句子:"Le chat couru à la maison."(小猫向房子跑去。)日语也是"位移＋路径"词化模式,所以在日语中只有相当于"I went to park"的表达,如果要表达"I walked to park"的意思,就只能采用类似英语"I went to park by walking"这样的形式,这就是句法结构的改变。英语的"The children jumped in the water"是有歧义的,in 既可以表示处所(在水里跳),也可以表示方向或路径(跳到水里)。以日语为母语的人学英语,看到这个句子,只会理解成前一种意思,因为在日语中,"路径"是和"位移"融合成动词的,所以在句法层面出现的 in,不能是方向或路径,只能是处所。这些实际例子,很好地说明了词义结构和句法结构的关系。(关于第二语言习得的问题,参考了沈园2007)

3.3.3 本文前面说了"概念化",这里又说了"词化"。这两者是什么关系呢?"概念化"的第(1)(3)两个问题和"词化"无关。第(2)个问题(概念的形成)和"词化"是有关系的。"概念化"关注的是从外部世界到意识层面的"概念"的问题,"词化"关注的是从意识层面的"语义要素"到词的问题。但"概念"和"词"密切相关,所以,"词化"也可以说是一种概念化,即:操不同语言的人,或是把"位移"和"路径"结合在一起,形成一个概念,表达这种概念的,就是西班牙语"entró"之类的位移动词;或是把"位移"和"方式/动因"结合在一起,形成一个概念,表达这种概念的,就是英语"float"之类的位移动词。前面我们提到两种概念形成方式,方式(A)是把同一范畴的"积木"分成不同的类加以集合,因分类的不同而形成不同的概念。方式(B)是把不同范畴的"积木"或分或合,因分合的不同而形成不同的概念。如果把"词化"也看作一种概念的形成方式,那么,"词化"这种概念形成方式看来和方式(B)类似,也是把不同范畴的"积木"(比如"位移"和"路径",或"位移"和"方式/动因")结合在一起形成概念和词。但实际上,两者还是有很大不同。因为，方式(B)的"积木"都是存在于客观世界的一般人都能清楚认知的事物、动作和性状(如"马""山"和"白色""多草木"等)，所以我们称之为"认知因素"。而"词化模式"中的"积木"，是位移事件的语义要素(如位移、路径、方式、动因等)，语义要素不是一般人凭感觉、直觉所能认识的，而是只有经过深入分析才能得出的。而且，概念形成方式(B)的"构成因素"是通过分或者合而形成不同的概念，比如 A(白色)和 B(牛)，或是结合成"A＋B"，就形成"犨"这个概念，或是 A 和 B 分开，就形成"白"和"牛"这两个概念。而"词化"是由几个语义要素的交替而形成不同的概念和词，比如，由"位移＋路径"形成西班牙语"entró"之类的词，而把"路径"替换为"方式/动因"，就形成英语"float"之类的词。所以，我们不必把"词化"纳入"概念化"的范畴之内，而是可以把"概念化"和"词化"看作和词义密切相关的两个不同的问题。

应该说，"词"比"概念"更容易把握，所以，对汉语的研究来说，讨论"词化"的问题也许更为切近实际。

3.4 词化理论和汉语历史词汇研究

L. Talmy 的词化理论主要是考察共时平面上不同语言的词的语义结构的类型特点，但这一理论也可以用于同一种语言不同历史时期的词的词义结构的类型特点。对于汉语这样一种有悠久历史的语言，这样的考察尤其有价值。下面讨论两个有关的问题。

3.4.1 在汉语词汇的发展过程中，是否有词化模式的变化？

(1)在 L. Talmy 的词化理论提出以后，关于汉语从古到今是否发生了语言类型的演变，中外学术界有很热烈的讨论。L. Talmy 认为古代汉语是 V 型语言，现代汉语是 S 型语言。贝罗贝等学者赞同这个观点。戴浩一认为现代汉语是以 V 型框架为主、S 型框架为辅的语言。Slobin 认为现代汉语是 E 型(equipollent framing Language,对等结构)语言。不过他们讨论的主要是现代汉语,特别是现代汉语的动补结构或连动结构中哪一个动词是核心,这主要是句法层面的问题,而不是词义分析问题,所以这里从略。

我在《词义变化与句法变化》(2013)一文中,分析了"走"的语义构成的演变,摘录如下:

"走"本是不及物动词,但后面可以跟一个处所名词。这样的句子,在较早的文献中没有。《周易》《论语》无"走"字。《尚书》《诗经》中的"走"字后面都不跟名词。

在《左传》中"走+处所名词"有 8 例:

百濮离居,将各走其邑。(文公 16)

赵旃弃车而走林。(宣公 12)

遇敌不能去,弃车而走林。(宣公 12)

齐侯驾,将走邮棠。(襄公 18)

奉君以走固宫,必无害也。(襄公 23)

寡君寝疾,于今三月矣,并走群望。(昭公 16)

卜筮走望,不爱牲玉。(昭公 18)

王愆于厥身,诸侯莫不并走其望,以祈王身。(昭公 26)

陆德明《经典释文》仅在襄公二十三年"奉君以走固宫"下注"走如字,一音奏",他还是倾向于"走"不改读的。在其他处均无注。

《国语》也有 2 例(例略)。

可见这种句式在战国初期已经出现了。这种句式,到汉代更加普遍,而且在注释中已有了"奏"的破读音。如:

词义和概念化、词化

渔者走渊,木者走山。(《淮南子·说林》)高诱注:"走读奏记之奏。"

在《史记》中,这样的句式更多,注释中标明"音奏"的共有8处,有的还注出词义"向也":

长史欣恐,还走其军。(《项羽本纪》)【正义】走音奏。

杀汉卒十余万人。汉卒皆南走山。(《项羽本纪》)【正义】走音奏。

射伤王。王走郧。(《楚世家》)【正义】走音奏。

沛公至咸阳,诸将皆争走金帛财物之府分之。(《萧相国世家》)【索隐】音奏。奏者,趋向之。

盗击王,王走郧。(《伍子胥列传》)【索隐】奏云二音。走,向也。

行出游会稽,并海上,北走琅邪。(《蒙恬列传》)【索隐】走音奏。走犹向也。

可遂杀楚使者,无使归,而疾走汉并力。(《黥布列传》)【索隐】走音奏,向也。

上指示慎夫人新丰道,曰:"此走邯郸道也。"(《张释之传》)【集解】如淳曰:"走音奏,趋也。"【索隐】音奏。案:走犹向也。

因王子定长沙以北,西走蜀、汉中。(《吴王濞列传》)【正义】走音奏,向也。

这说明"走"确实有了一个新的词义"向"。这个新义的产生,有两方面的原因。一方面,和构成"走"的语义要素有关,"走"原有的语义要素有【动作】【速度】【方式】等,【方向】这个要素是隐含的。后来【方向】这个要素凸显,而【速度】【方式】

要素减弱,这就成了"向"义。尤其是在"此走邯郸道也"这个例句中,"走"已经连【动作】要素也没有了,因此词义发生了变化。另一方面,也和"走"经常出现在"走＋处所名词"这种句式(构式)中有关,这种句式(构式)使"走"原先隐含的【方向】这个要素凸显,最终发生了词义的变化。这时,人们认定它是一个新词,就用改变读音的方式,使之与原来的词区别开来。

"走"的词义演变是从【位移＋方式】到【位移＋路径】的语义要素交替,是词化模式的变化。只是其【位移＋路径】的词化模式没有延续下来。

这样一种由语义要素交替而成的词化模式的历史变化,除了位移动词以外还有没有? 这个问题是值得深入研究的。

(2)汉语词汇和词义的历史演变有一个很突出的特点:很多古代汉语的词的词义,在现代汉语中都要用词组来表达。如"沐"要说成"洗头","骊"要说成"黑马"。也就是说,同样的语义,古代汉语是把"动作"和"事物"、"事物"和"性状"这两者综合在一起,用一个词表达;现代汉语是把"动作"和"事物"、"事物"和"性状"这两者分开,各自独立成词,并用它们组成词组来表达。古代汉语和现代汉语的这种差异和发展,就是通常所说的"从综合到分析"。"从综合到分析"的问题,王力《古语的死亡残留和转生》(1941)首先提到,我在《古汉语词汇纲要》(1989)里也说过,后来杨荣祥《"大叔完聚"考释》(2003)和宋亚云《汉语从综合到分析的发展趋势及其原因初探》(2006)有进一步的阐发(不过宋文所说的不全是词汇问题,有很多是语法问题)。

这种现象,如果用 L. Talmy 的词化理论可以说得更清楚:古代汉语的词,很多是由两个(或几个)语义要素融合而成的。在现代汉语中,这些语义要素分别取得了独立的表达形式(词或词组)。那些古代汉语的词所表达的语义,要用现代汉语中这些词或词组组合成一个更大的语言单位来表达。

下面,参照 L. Talmy 的理论,把一些古代汉语中"综合"的词,按照其融合的语义要素的不同,分成若干词化模式。这仅仅是举例,这些"综合"的词究竟有哪些词化模式,还需要进一步研究。

(a) 动作＋方式

瞻,《说文》:"瞻,临视也。"段注:"今人谓仰视曰瞻。"　　向上看

顾,《说文》:"顾,还视也。"　　　　　　　　　　　　　回头看

睨,《说文》:"睨,衺视也。"　　　　　　　　　　　　　斜看

睇,《说文》:"睇,小衺视也。"　　　　　　　　　　　　悄悄地斜看

窥,《说文》:"窥,小视也。"　　　　　　　　　　　　　从小孔中看

(b) 动作＋对象

沐,《说文》:"沐,濯发也。"　　　　　　　　　　　　　洗头

沫(颒),《说文》:"颒,洒面也。"　　　　　　　　　　洗脸

盥,《说文》:"盥,澡手也。"　　　　　　　　　　　　　洗手

洗,《说文》:"洗,洒足也。"　　　　　　　　　　　　　洗脚

澣(浣),《说文》:"澣,濯衣垢也。"　　　　　　　　　洗衣

(c) 动作＋主体

集,《说文》:"群鸟在木上也。"　　　　　　　　　　　一群鸟停在树上

骤,《说文》:"马疾步也。"　　　　　　　　　　　　　马快跑

霁,《说文》:"雨止也。"　　　　　　　　　　　　　　雨停

晛,《说文》:"日见也。"　　　　　　　　　　　　　　太阳出现

(d) 动作＋背景

跋,《毛传》:"草行曰跋。"　　　　　　　　　　　　　在草上走

涉,《毛传》:"水行曰涉。" 蹚着水走

(e)性状+事物

骊,《说文》:"骊,马深黑色。" 黑马
羖,《说文》:"羖,夏羊牡曰羖。" 黑公羊
畬,《说文》:"畬,三岁治田也。" 已垦种三年的田
旞,《尔雅》:"(旌旂)错革鸟曰旞。" 画着疾飞的鸟的旗帜

这种"从综合到分析"的变化,准确地说,应该和本文前面所说的"概念形成方式(B)"中所举的例子属于同一类,其古今的变化可以用这样的公式来表示:

A[x+y] → B[x] + C[y]

A、B、C 表示词或词组,[ ]表示这个词或词组的语义构成,x、y 表示语义要素。这个公式表示:古代的 A 词的语义由 x+y 这两个语义要素融合而成。到现代汉语中,古代 A 词的 x 和 y 两个语义要素表现为两个独立的表层形式 B 和 C(词或词组),由这两个表层形式组成一个更大的语言单位来表达古代 A 词的语义。

这和 L. Talmy 所说的[位移+路径]和[位移+方式]这样由语义要素交替而成的词化模式的变化是有区别的。不过,如果不把词化理论局限于这种由语义要素交替而成的词化模式,而把词化理论看作研究语义要素和表层要素之间并非一对一的关系,即 L. Talmy 所说的:"We examine which semantic elements are expressed by which surface elements. This relationship is largely not one-to-one. A combination of semantic elements can be expressed by a single surface element, or a single semantic element by a combination of surface elements." (见上文所引 L. Talmy1985:57),那么,"从综合到分析"和上文所说的概念形成方式(B),如果

词义和概念化、词化

从如何成词的角度看,也可以包括在"词化"的范围之内。在这一点上,"概念化"和"词化"是有交叉的。

3.4.2 词化理论表明,在不同语言中,一个语义要素可以和另一个语义要素融合而出现在词的语义构成中,也可以单独作为词出现在句法层面。

这种情形,在汉语发展的不同历史阶段也可以看到。

这里举"食""衣""耕""织"四个词。这四个词在我选取的10种先秦文献中的用法统计如下:

表 11

	总次数	带宾语	不带宾语	不带宾语的百分比
食	563	181	382	68%
衣	134	79	55	41%
耕	176	6	170	97%
织	38	12	26	68%

这四种动作都是有对象的,"食"的对象是"饭食","衣"的对象是"衣服","耕"的对象是"田地","织"的对象是"布"。对象是这几个动作的语义要素。但在先秦,很多情况下,这个语义要素不作为动词宾语出现。先秦汉语中,没有见过"食食/食饭""衣衣"这样的组合,"耕田""织布"也极少见。

我竭力耕田,共为子职而已矣。(《孟子·万章上》)10种文献中仅6例。

许子必织布而后衣乎?(《孟子·滕文公上》)10种文献中仅12例。

那么,在宾语不出现的情况下,对象的语义要素怎么表达呢?是和动作的语义要素融合在一起,成为动词的语义构成成分。下面

147

一些例句中的这些动词,都包含着"对象"这个语义要素:

  彼民有常性,织而衣,耕而食。(《庄子·马蹄》)
  翟虑耕而食天下之人矣,……翟虑织而衣天下之人矣。(《墨子·鲁问》)
  公食贡,大夫食邑,士食田,庶人食力,工商食官,皂隶食职,官宰食加。(《国语·晋语四》)
  问士之子长幼。长,则曰:"能耕矣。"幼,则曰:"能负薪,未能负薪。"(《礼记·少仪》)

《庄子》例,四个动词都包含对象,今天翻译要说成"织布然后穿衣,耕田然后吃饭",动作对象都要说出来。《墨子》例,"食"和"衣"后面都有宾语,但宾语是人而不是"饭食"和"衣服","饭食"和"衣服"已经作为语义要素包括在动词的构词成分之中;正因为如此,后面可以再跟表示人的宾语。《国语》例和《墨子》例相同,"食"后面的宾语不是动作的对象,而是"吃饭"的凭借。为什么这些动作的对象可以作为语义要素包括在动词的语义构成之中?一方面是因为这些对象是这些动作最常见、最固定的对象,所以可以进入动词的语义构成中。比较《礼记》例中的"能耕"和"能负薪"就可以看到,"负"的对象不固定,所以"薪"必须在句法层面表达出来,光说一个动词"负",就无法知道什么是"负"的对象。另一方面是先秦的语言结构使然,先秦有这样一种词化模式[动作+对象],允许一些语义要素作为动词的语义构成成分。到后代,语言结构改变,这种词化模式消失(或者只在少数场合使用),即使是这些对象还是动作的最常见、最固定的对象,也不能作为语义要素包括在动词的语义构成成分之中,通常要在句法层面出现。

  所以,词的语义构成会影响到句法结构,不同历史时期的词的语义构成规则会有各自相应的句法结构。词义和句法不是截然分开的,而是有联系的。这也是词化理论给我们的启发。(关于这个问题,可参见蒋绍愚 2013)

参考文献

艾奇逊　1990　《现代语言学入门》,王晓均译,北京语言学院出版社。
布龙菲尔德　1933/1985　《语言论》,袁家骅、赵世开、甘世福译,商务印书馆。
戴浩一　2002　《概念结构与非自主性语法:汉语语法概念系统初探》,《当代语言学》第 1 期,1—12 页。
洪堡特　2009　《论人类语言结构的差异及其对人类精神发展的影响》,姚小平译,商务印书馆。
蒋绍愚　1989　《古汉语词汇纲要》,北京大学出版社。
蒋绍愚　1999　《两次分类——再谈词汇系统及其变化》,《中国语文》第 5 期,323—330 页。
蒋绍愚　2011　《词汇、语法和认知的表达》,《语言教学与研究》第 4 期,20—27 页。
蒋绍愚　2013　《词义变化与句法变化》,《苏州大学学报》第 1 期,132—144 页。
李福印　2008　《认知语言学概论》,北京大学出版社。
沈　园　2007　《句法-语义界面研究》,上海教育出版社。
宋亚云　2006　《汉语从综合到分析的发展趋势及其原因初探》,《语言学论丛》第 33 辑,商务印书馆。
索绪尔　1985　《普通语言学教程》,高名凯译,商务印书馆。
王　力　1941　《古语的死亡残留和转生》,《王力文集》第十九卷,山东教育出版社。
杨荣祥　2003　《"大叔完聚"考释》,《语言学论丛》第 28 辑,商务印书馆。
Cruse, D. A.　1986/2009　*Lexical Semantics*, Cambridge University Press. 世界图书出版公司。
Jackendoff, Ray　1990　*Semantic Structures*, The MIT Press.
Talmy, L.　1985　Lexicalization Patterns: Semantic Structure in Lexical Forms,

Language Typology and Syntactic Description,Timothy shopen,ed. Vol. 3. Cambridge University Press.

Talmy,L. 2000a *Toward a Cognitive Semantics*:Vol. 1: *Concept structuring Systems*,Cambridge,MA:MIT Press.

Talmy,L. 2000b *Toward a Cognitive Semantics*:Vol. 2:*Typology and Process in Concept Structuring*,Cambridge,MA:MIT Press.

（原载《语言学论丛》第 50 辑,2014 年 12 月）

汉语词义和词汇系统的历史演变初探——以"投"为例

词义和词汇是有系统性的,这一点已经是大家的共识。但是,怎样把握词义和词汇系统?怎样描写汉语词义和词汇系统的历史发展?这些问题还没有很好地解决。本文拟以"投"为中心,来探讨这些问题。全文分两个部分,第一部分讨论词义系统,第二部分讨论词汇系统。

一

1.1 "投"是汉语中很常用的一个词,从古到今,"投"有多种意义。怎样掌握和分析"投"的词义?这些意义是否有联系?也就是说,"投"的词义是否有系统性?这是本文要讨论的第一个问题。

传统训诂学为我们的词义研究提供了宝贵的材料。古书中对"投"有大量的注解,可以作为我们研究"投"的词义的重要参考。《故训汇纂》已经把"投"的各种古注汇集在一起,这里不必再罗列。总起来看,古注都是采取同义词相释的办法,比如:《左传·昭公五年》:"受其书而投之,帅士而哭之。"杜预注:"掷也。"有时找不到同义词,就只能找一个在上下文中可以替换的词来解释,如《吕氏春秋·离俗》:"而自投于苍领之渊。"高诱注:"犹沉也。"无论采用哪一种办法,古注解释的都是"投"字的上下文意义(context meaning)。

我们要研究"投"的词义,还必须对这些众多的上下文意义进行分析和归纳,才能确定这些"投"究竟是一个词还是几个词,究竟应该分为哪几个义位(sememe)。现代编纂的词典,已经做了这种工作,例如《汉语大词典》把"投"分为19个义项:

[投]

①掷;扔。《左传·成公二年》:"齐高固入晋师,桀石以投人。"②向下跳。《汉书·扬雄传》:"乃从阁上自投下。"③掷入,投进去。韩愈《鳄鱼文》:"以羊一猪一,投恶溪之潭水。"④仆倒;跌落。《左传·昭公十三年》:"王闻群公子之死也,自投于车下。"⑤投射。巴金《家》二三:"他向克明这面投了一瞥憎恨的眼光。"⑥置放;弃置。《孙子·九地》:"投之亡地然后存,陷之死地然后生。"韩愈《平淮西碑》:"蔡之卒夫,投甲呼舞。"⑦迁置;贬徙。《礼记·乐记》:"下车而封夏后氏之后于杞,投殷之后于宋。"郑玄注:"举徙之辞也。"⑧投靠,投奔。《世说新语·赏誉下》:"卫玠避乱,从洛投敦。"⑨投宿。杜甫《石壕吏》诗:"暮投石壕村,有吏夜捉人。"⑩投赠。《诗·卫风·木瓜》:"投我以木瓜,报之以琼琚。"⑪呈交;寄。《唐语林·补遗三》:"有举子投卷。"⑫合;投合。《楚辞·大招》:"二八接舞,投诗赋只。"王逸注:"投,合也。"⑬犹靠近。王安石《送程公辟守洪州》诗:"九江右投贡与章,扬澜吹漂浩无旁。"⑭挥。参见"投袂"。⑮用。《老子》:"兕无所投其角,虎无所措其爪。"《盐铁论·世务》引此,投,作"用"。⑯投壶。《礼记·少仪》:"侍投则拥矢。"参见"投壶"。⑰骰子。《古文苑·班固〈弈旨〉》:"夫博悬于投,不专在行。"⑱介词。(1)犹到,待。《后汉书·独行传·范式》:"投其葬日,驰往赴之。"(2)犹向。《史记·淮阴侯列传》:"足下右投则汉王胜,左投则项王胜。"⑲姓。 〔为节省篇幅,每个义项一般只引一

个例句,有的例句有删节。]

但是,《汉语大词典》的释义基本上也是采用同义词相释的办法,如果找不到同义词,也是找一个在上下文中可以替换的词来解释(如⑭挥,⑮用)。这种办法有其优点:简明易懂,便于使用者掌握"投"的词义。但也有其局限,第一是把一些统一的义位分割开了,第二是看不出这些义位之间的联系。关于这两点,下面将会说到。

1.2 那么,应该怎样对"投"的词义进行分析呢?

首先,要抓住"投"的基本意义。"投"的基本意义,古今是一致的。《说文》:"投,擿也。"《现代汉语词典》:"投,向一定目标扔。"这个基本意义,是我们分析"投"的其他意义的出发点。

其次,要把"投"的各个意义放到相应的概念域(conceptual domain)中,分析它的概念要素(conceptual components)。① "概念域"是一个层级结构(hierarchical structure),比如"运动"这个上位概念域,有这样一些层级(方框表示概念域,[ ]中的是这个概念域的成员,表中所列只是举例性的)。

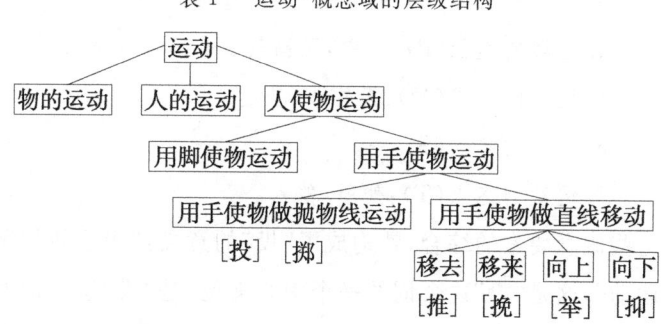

表1 "运动"概念域的层级结构

```
                    运动
        ┌───────────┼───────────┐
     物的运动    人的运动    人使物运动
                      ┌───────────┴───────────┐
                 用脚使物运动           用手使物运动
                            ┌───────────────┴───────────────┐
                    用手使物做抛物线运动         用手使物做直线移动
                         [投] [掷]          ┌────┬────┬────┬────┐
                                          移去  移来 向上  向下
                                          [推] [挽] [举] [抑]
```

---

① 关于"概念域"和"概念要素"等,笔者已有另文讨论。

153

"投"的基本意义是"用手使物做抛物线运动",属于"用手使物做抛物线运动"的概念域,在这个概念域中还有别的成员,如"掷"。其同位概念域是"用手使物做直线移动",这个概念域还有下位概念域,如"移去""移来""向上""向下"等,在这些概念域中的成员分别有"推""挽""举""抑"等。这些成员共同的上位概念域是"用手使物运动",同属于这个上位概念域中的成员(如"投、掷、推、挽、举、抑"等)都有一些共同的概念要素,即:核心要素(K),运动的主体(F),运动的驱动者(C),运动的途径(P)、运动的方式(M)、运动的起点(S),运动的终点(T)。这些成员的核心要素(K)都是"运动",运动的主体(F)都是"物",运动的驱动者(C)都是"人",运动的起点(S)都是"手",这是它们共同的;而运动的途径(P)、运动的方式(M)、运动的终点(T)这三个概念要素则各个成员各不相同,这些不同构成了各个成员之间的区别。就"投"(用手使物做抛物线运动)来说,它的概念要素是:

1. 核心要素(K):运动。

2. 运动的驱动者(C):人。

3. 运动的主体(F):物。

4. 运动的途径(P):空中,距离较长。

5. 运动的方式(M):抛物线,快速。

6. 运动的起点(S):手。

7. 运动的终点(T):处所/他人。

这些概念要素的综合,就构成了"投"的意义:"用手使物做抛物线运动",这是"投"这个词的一个中心义位,是"投"这个词的基本意义。在词义的历史演变过程中,这个基本意义会演变为其他意义,有的意义离这个基本意义近,有的意义离这个基本意义远。

汉语词义和词汇系统的历史演变初探——以"投"为例

我们可以以这个基本意义为出发点,把"投"的其他意义贯串起来。根据其他意义和这个基本意义的远近,我们把"投"分为三个词,用{投1}{投2}{投3}表示。每个词下又分若干义位,用[投1A][投1B][投2A][投2B]等表示。一个义位演变为另一个义位,其概念要素必然会发生变化。但是由[投1A]演变而来的其他义位,大都是表示空间运动或位移的,这些义位仍可以用上述概念要素来分析,只是有些概念要素改变了,有些概念要素消失或淡化了(下面表中用-表示),有的还要加上概念要素"目的"(O)。有些义位是这些表示空间运动或位移的义位的隐喻或投射,其核心要素必然要改变,其他概念要素也会有变化,但因为这些义位还是表示关系变化或时间推移的过程,和空间运动或位移的过程类似,所以大体上还是能用上述概念要素来分析。详见下面的分析和表格。

1.3 下面分析"投"的各种意义。

1.3.1 {投1}:用手使物运动以及直接由此演变出来的意义。

1.3.1.1 [投1A]:投掷。

K	C	F	P	M	S	T
运动	人	物	空中,距离较长	快速,抛物线	手	他人/处所

用手加力于物,使之离开自身在空中快速地做抛物线运动,到达某处或某人身边/身上。这是{投}的基本意义。典型的例子如《左传·昭公五年》:"投其首于宁风之棘上。"(终点是处所)《左传·成公二年》:"齐高固入晋师,桀石以投人。"(终点是人)

这就是《汉语大词典》的①。其实,《汉语大词典》的③"掷入,投进去"也应属于这个意义,"投恶溪之潭水","潭水"是运动的终点(处所),不过这个处所不是一个二维的平面,而是一个三维的立体;"掷入,投进去"的"入,进去"是"投"和"恶溪之潭水"搭配而产生的意义,不是"投"的词义。

1.3.1.2 [投1B]:扔掉。

K	C	F	P	M	S	T	O
运动	人	物	空中,距离较短	快速,直线	手	地上	舍弃

古注中有不少把"投"注为"弃也",有的词典为"投"列了一个义项"抛弃"。但仔细考察,有的句子中的"投"显然不同于"弃",如《诗经·小雅·巷伯》:"取彼谮人,投畀豺虎;豺虎不食,投畀有北;有北不受,投畀有昊。"毛传:"弃也。"这个"投"的词义如果是"弃",后面就不可能跟着"畀";还是孔颖达疏说得对:"若有北不肯受,则当掷予昊天。"这个句子中的"投"应该是"掷"义。有些句子中的"投"似乎可以解释为"弃",如《楚辞·天问》:"稷维元子,帝何竺之?投之于冰上,鸟何燠之?"王逸注:"弃也。"《吕氏春秋·贵直》:"简子投枹曰:'乌乎!'"高诱注:"弃也。"《战国策·秦策二》:"扁鹊怒而投其石:'君与知之者谋之,而与不知者败之。'"高诱注:"弃也。"但深入考察,这些句子中的"投"和"弃"仍然有区别。古代的"弃"的对象大多是抽象的东西,如《老子》:"绝圣弃智。"《孟子·滕文公上》:"尽弃其学而学焉。"有时"弃"也以具体的东西为对象,但这件东西原来不是在手中的,如《孟子·梁惠王上》:"弃甲曳兵而走。"而"投"的对象总是原来握在手中的东西,上述"投"表示将手中之物投于地,这是"投"和"弃"的区别。又如《后汉书·陈蕃传》:"以谏争不合,投传而去。"李贤注:"投,弃也。传谓符也。"《后汉书·范滂传》:"滂怀恨,投版弃官而去。""投传""投版"都表示"弃官",但是这个抽象的意义还是通过"投+具体的物"来表达的,即用"扔掉官符/手板"来表示"弃官"的意思,"投"还是包含"投地"这种动作及其目的"舍弃",而不单纯是"舍弃"之义。但古人把上述

汉语词义和词汇系统的历史演变初探——以"投"为例

句子的"投"注为"弃"也不是没有道理的,因为这种"投"的动作已和[投1A]有所不同,是将手中之物投于地(所以距离较短,运动方式是直线),而且其目的是舍弃,古人把这些"投"注为"弃",是特别强调其目的。这种"投"既包含动作投掷,又包含结果弃去,可以用"掷去"或"扔掉"来表示,我们把它另立为一个义位[投1B]。

是不是有的"投"不包含"投地"的意义而只表示"舍弃"呢?《吕氏春秋·乐成》:"孔子始用于鲁,鲁人鹥诵之曰:'麛裘而韠,投之无戾,韠而麛裘,投之无邮。'"高诱注:"弃也。"这个例句中"投"的对象是人,"投"不可能是用手把人扔到某处,所以高诱注为"弃也"。但这个例句不典型,因为句中的"投"也可以理解为"放逐"(见下)。此外,还有一些例句,都是"投命"连用,如《吴子·励士》:"是以一人投命,足惧千夫。"《后汉书·仲长统传》:"刺客死士,为之投命。"孔融《汝颍优劣论》:"虽慕忠谠,未有能投命直言者也。"《抱朴子·外篇·嘉遯》:"陈贾刎颈以证弟,仲由投命而菹醢,嬴门伏剑以丧心。"颜延年《阳给事诔》:"故宁远司马濮阳太守阳瓚,滑台之逼,厉诚固守,投命徇节,在危无挠,古之烈士无以加之。""投命"的"投"古人也有注为"弃"的。《文选·潘岳〈西征赋〉》:"临危而智勇奋,投命而高节亮。"李善注:"杜预《左氏传注》曰:'投,弃命也。'"但这些"投"也可以理解为"致"的意思。《周易·困》:"君子以致命遂志。"疏:"君子期于致命丧身,必当遂其高志。""投命"即"致命"(献出自己的生命),未必就是"舍命"之义。① 除"投命"外,

---

① 还有一些例句中"投命"的意义和上述《吴子》等例不完全相同,如《后汉书·臧洪传》:"足下徼利于境外,臧洪投命于君亲。"但仔细玩味,这种"投"和上述《吴子》等例的"投"实际上还是同一个,意义都是"致,交出"。不过上述《吴子》等例的"投命"是为某人/某事献出生命,《后汉书·臧洪传》这一类的"投命"是为人效死力。

157

"投"表示"舍弃"的例子很少。如《生经》卷四七:"为其君王,投弃躯命。"唐陆贽《翰苑集》卷一九:"临难则投弃城镇。"都是"投弃"连用。据此,我认为比较谨慎的做法是不为"投"立一"舍弃"的义位。

1.3.1.3 [投1C]:放逐。

K	C	F	P	M	S	T	O
位移	君主	臣民	—	—	朝廷	边裔	抛弃

"投"的对象如果是臣民,"投"就不可能是手的动作,而是表示君主使之从朝廷移到边裔,即放逐。例如《庄子·在宥》:"然犹有不胜也,尧于是放讙兜于崇山,投三苗于三峗,流共工于幽都,此不胜天下也。"释文:"崔本投作杀,《尚书》作窜。"这种用法后代较多,如《旧唐书·宣宗纪》:"积恶既彰,公议难抑,是宜移投荒服,以谢万邦。"柳宗元《别舍弟宗一》:"一身去国六千里,万死投荒十二年。"

[投1C]是[投1A]—[投1B]—[投1C]这样演变而来的。和[投1B]比较,[投1C]的七个概念要素都改变了,但[投1C]的F也是发生了位移,而且位移的目的是把F抛弃,这和[投1B]相似,所以[投1C]是[投1B]的隐喻。这种演变过程可以从下面的例句看出来。《左传·文公十八年》:"舜臣尧,宾于四门,流四凶族,浑敦、穷奇、梼杌、饕餮,投诸四裔,以御螭魅。"杜预注:"弃也。"孔颖达疏:"投者,掷去。"孔颖达疏是侧重于动作,看作[投1A];杜预注是侧重于目的,看作[投1B];其实它是[投1B]的隐喻,应该是一个新的义位[投1C]。

说[投1C]是[投1B]的隐喻,还有一条证据。《周礼·掌戮》:"杀其亲者焚之,杀王之亲者辜之。"郑玄注:"《易》曰:'焚如,死如,弃如。'"贾公彦疏:"弃如,流宥之刑。"可见在古人的观念里,"流放"就是被君主抛弃。

《礼记·乐记》:"下车而封夏后氏之后于杞,投殷之后于宋。"郑注:"举徙之辞也。"这种"举徙"不是惩罚,而是礼遇。这是"投"的一种特殊用法,这种用法仅此一例,不应为此立一义位。

1.3.1.4 [投1D]:放置。

K	C	F	P	M	S	T
位移	人	物/人	—	—	自身处	他处

[投1A]的 T 如果是处所,那么"投"的结果是 F 处于某地。这个结果和"置"相同,"置"的结果也是某物处于某地。"投"和"置"的不同在于 M:"投"是用手使物在空中经过快速抛物线运动而处于某地,而"置"是用手使物经过速度不太快的位移而处于某地(而且,往往是手之所及之处)。对一个事件的叙述,如果不强调 P 和 M 的不同,而着眼于手使 F 处于某地这个结果,那么,用"投"用"置"就都可以。如上引《楚辞·天问》:"稷维元子,帝何竺之?投之于冰上,鸟何燠之?"说的是稷诞生时的事。对同一个事件,《诗经·大雅·生民》的叙述是:"诞寘之寒冰,鸟覆翼之。"当然,在这两个句子中,"投"和"寘"的词义是不一样的,对同一个事件的叙述也不完全相同(《天问》说是扔到冰上,《诗经》说是放到冰上)。但位移速度的快慢是相对的,语言的使用者有时也会用"投"来表示"用手使物经过不太迅速的位移而处于某处"这种过程,这种用法逐渐积累,就会使"投"产生一种新的语义:放置。在历史资料中,"投"的语义的这种变化,在先秦文献就有例子,如《孙子·九地》:"投之无所往,死且不北,死焉不得,士人尽力。"梅尧臣曰:"置在必战之地。"张预曰:"置之危地。"《孙子·九地》:"投之亡地然后存,陷之死地然后生。"这句话在《史记·淮阴侯列传》中作"兵法不

曰'陷之死地而后生,置之亡地而后存'?"但这两个例句中的"投"都不是用手使物位移,而是抽象的"放置"。"投"表示用手把物放置在某处的例子,要到《论衡》才见到。《论衡·商虫》:"藏宿麦之种,烈日干暴,投于燥器,则虫不生。"《论衡·是应》:"司南之杓,投之于地,其柢指南。"至于在实际语言中,"投"是先产生抽象的[放置]义,还是先产生具体的[放置]义,由于历史资料的不完备,就不好确定了。

古书中还有把"投"注为"下"的,如《战国策·赵策三》:"鲁人投其籥,不果纳。"鲍彪注:"投者,下其牡。""下其牡"指把锁簧插入锁中。还有一些句子虽然没有注解,但"投"也可以用"下"来替换。如《汉书·外戚传》:"今皇后当免身,可因投毒药去也。"《论衡·顺鼓》:"投一寸之针,布一丸之艾于血脉之蹊,笃病有瘳。"这种"投"其实也是[投1A]的变体。[投1A]的P变为"距离较短",M变为"直线向下,一般速度",就变成了这些"投"。不过,这种"投"只出现在"投其籥""投药""投针"等组合中,而不能自由组合,所以不必单列一个义位。

1.3.1.5 [投1E]:致送。

K	C	F	P	M	S	T	O
关系改变	人	物	—	—	自身	他人	赠予

[投1A]这种动作的目的,除了把某物抛弃以外,还可以把某物致送某人,尤其是当[投1A]的T是人的时候。最典型的例子是《诗经·卫风·木瓜》:"投我以木瓜,报之以琼琚。"《汉语大词典》把这个例句列在"投赠"义项下。其实,这个"投"还是[投1A],即表示"投掷"的动作,只是其目的是赠送。为了说明这一点,我们可以分析几个类似的例句。1.《诗经·大雅·抑》:"投我以桃,报

汉语词义和词汇系统的历史演变初探——以"投"为例

之以李。"郑笺:"犹掷也。"这说明在古人的语感里,这种"投"仍是[投1A]。2.《淮南子·说山》:"和氏之璧,夏后之璜,揖让而进之,以合欢;夜以投人,则为怨。"这个"投"也是动作为投掷,目的是赠送。如果"投"的词义是单纯的"赠送",那即使是夜间"投(赠)人",也不会"为怨"。3.《世说新语·容止》注引《语林》:"安仁至美,每行,老妪以果投之,满车。张孟阳至丑,每行,小儿以瓦石投之,亦满车。""以果投之"和"以瓦石投之"的"投",尽管目的不同,但不能说是两个不同的"投",而都是[投1A]。《礼记·曲礼》:"毋抟饭,毋放饭,毋流歠,毋咤食,毋啮骨,毋反鱼肉,毋投与狗骨。"孔颖达疏:"投,致也。"其实这个"投"也是动作是投掷,目的是给予。

但这种目的是"致送"的[投1A]用得多了,也会使"投"的语义发生变化。等到"投"的"投掷"义消失,仅仅表示"致送"义时,就成了[投1E]。

[投1E]在不同的上下文中可以有不同的意义。有时表示给予,如《大戴礼记·千乘》:"以财投长曰贷。"王聘珍解诂:"致也。"孔广森补注:"与也。"有时表示"送交",较早的例子是《三国志·魏书·国渊传》:"时有投书诽谤,太祖疾之。"①《洛阳伽蓝记·景宁寺》:"或有人慕其高义,投刺在门。"有时表示"赠送",如《史记·鲁仲连邹阳列传》:"苏秦相燕,燕人恶之于燕王,燕王按剑而怒,食之以䭾騄;白圭显于中山,中山人恶之于魏文侯,文侯投以夜光之璧。"《汉书·邹阳传》作"文侯赐以夜光之璧"。表"赠送"的意义常"投赠"连用,例子见于唐代,如李白《赠易秀才》:"少年解长剑,投

---

① 《史记·贾谊传》:"过湘水,投书以吊屈原。"《汉书·赵广汉传》:"又教吏为缿筒,及得投书,削其主名,而托以为豪桀大姓子弟所言。"这两个"投"是"投掷"之义。

赠即分离。"①"给予""送交""赠送"的意思略有区别,但都是把自己的东西给他人,可以归并为一个义位。

[投1E]是[投1A]的隐喻。[投1A]是 C 使 F 从自己手里经过位移到达 T 那里,[投1E]是 C 使 F 从自己所有经过致送到达 T 那里成为 T 所有,两者有相似之处。不过[投1A]表达的是物的位移,[投1E]表达的是占有关系的转移,前者是物理现象,后者是社会现象。

1.3.2 {投2}:身体的运动以及由此演变出来的意义。

1.3.2.1 [投2A]:人使自己的身体在空中快速运动到达某处。

K	C	F	P	M	S	T
运动	人	自身	空中	快速	原处	他处

构成[投1A]的六个概念要素中,F 由"物"变成"驱动者本身的身体",S 由"手"变为"身体原来的所在处",P 和 M 略有改变(距离长短和曲线直线淡化,方向向下),T 只能是处所,不能是人,这就成了[投2A]。

[投2A]在古书中很常见,如《吕氏春秋·离俗》:"而自投于苍领之渊。"高诱注:"犹沉也。"《左传·昭公十三年》:"王闻群公子之死也,自投于车下。"《汉书·扬雄传》:"惟寂寞,自投阁。"《汉书·外戚传》:"从床上自投地,啼泣不肯食。"这些句子中的"投",诸家的注释相当分歧。高诱注为"沉",《汉语大词典》归到"仆倒;跌落"的义项下,《王力古汉语字典》归到"以身投入"下。但这些解释都只适合于某些句子,而不适合于其他句子。这是不奇怪的,因为古

---

① 有的"投赠"是"投诗而赠之"之义,如杜甫《投赠哥舒开府翰二十韵》。

人的注释和现代的词典都是采用以词释词的方法,而[投2A]在古汉语中没有同义词,在现代汉语中也没有词来表达这个意义,所以只能随文解释了。如果采用概念要素分析法,就可以很清楚地看到,这些"投"都有同样的概念要素,都是[投2A]。

《诗经·小雅·小弁》:"相彼投兔,尚或先之;行有死人,尚或墐之。"郑笺:"掩也。"朱熹注:"投,奔。……相彼被逐而投人之兔。"郑笺和朱注不一样。我赞同朱注。这个"投"的意思是:兔的身体急速向前运动,结果入人之怀(T)。它是[投2A]的变体,其概念要素基本和上述"投"一样,只是P不是经过空中而是在地上,M不是向下而是向前。①

如果把[投2A]的概念要素K改为"位移",P改为"地面",M改为"慢速,向前",而且位移的结果不是到达T而是趋近T,其意义就变成了"趋向,靠近",如孟郊《题林校书花严寺书窗》:"拟古投松坐,就明开纸疏。"再进一步演变,就从动态的"趋向,靠近"成为静态的"靠近,邻近",如王安石《送程公辟守洪州》:"九江右投贡与章,扬澜吹漂浩无旁。"这就是《汉语大词典》的⑬"犹靠近"。不过这个意义的"投"用得不多,似不必单列一个义项。

1.3.2.2 [投2B]:投奔,投靠。

K	C	F	P	M	S	T
关系改变	人	自身	—	—	原来的依附者	新的依附者

这是由[投2A]通过隐喻而形成的。[投2A]是自身经过位移

---

① "投兔"的"投"不是人的动作,而是兔的动作;但这是[投2A]的灵活用法,不妨碍我们对[投2A]的词义分析。下面{投3}也是一样,"兕无所投其角"是兕的动作,但我们仍把{投3}归入"人体运动"概念域下。

从原处位移到达他处,是身体位置的转移,[投 2B]是自身经过关系的变化从原有的依附某人变为依附另外的人(但 T 只能是人,不能是处所),是依附关系的转移。[投 2B]的例子始见于《史记》。《史记·淮阴侯列传》:"足下右投则汉王胜,左投则项王胜。"《世说新语》中这种用法很多,如《世说新语·识鉴》:"王大将军既亡,王应欲投世儒,世儒为江州。王含欲投王舒,舒为荆州。"

到《西游记》中,"投"演变为介词,义同"往"。"投西而去"之类的话很常见。

1.3.2.3 [投 2C]:投宿。

K	C	F	P	M	S	T	O
位移后停留	—	人	地面	—	原处	他处	留宿

[投 2A]的概念要素中,P 变为地面,C 和 M 淡化,加上 O"留宿",这就成了[投 2C]。目前见到的最早的例句是《汉书·东方朔传》:"投宿诸宫。"稍后有《后汉书·方术列传》:"使者二人当到益部,投郃候舍。"《世说新语·雅量》:"公东出,乘估客船,送故吏数人投钱唐亭住。"在唐诗中很多,如杜甫《石壕吏》:"暮投石壕村。"

1.3.2.4 [投 2D]:到(某时)。

K	C	F	P	M	S	T
时间推移	—	时间	时段	—	原来的时点	新的时点

[投 2C]的 F 换成"时间",P 换成"时段",S 换成"原来的时点",T 换成"新的时点",去掉 O,表示时间经过一个时段到了某个新的时刻,就成了[投 2D]。这是从空间到时间的投射(projection)。目前见到的最早的例句是《汉书·游侠传》:"投暮,入其里宅,因自匿不见人。"《后汉书》中也有,如《仇览传》:"母守寡养孤,苦身投老,奈何肆忿于一朝,欲致子以不义乎?"《范式传》:"式便服朋友之

服,投其葬日,驰往赴之。"

这个"投"开始时是动词,后来逐渐虚化为介词。到《元刊杂剧》中,出现了"投至"这个复合介词,用得很多。如《拜月亭》三折:"碧荧荧投至那灯儿灭。"在《西游记》中改为"投到",如《西游记》三九回:"投到回来,好天明了。"到《红楼梦》中,又都不见了。这些词的兴衰,可能与方言有关。

1.3.3 {投3}:肢体或头向下或向前快速运动。

K	C	F	P	M	S	T
运动	人	肢体或头	空中,距离较短	快速,直线	原处	下方/前方

{投3}仅一个义位。[投1A]的F换成人身体的一部分(臂/袂、足、角等),P为空中,距离较短,M为快速,直线,S为原处,T为下方/前方,就成了{投3}。{投3}包括"投袂""投足""投角"的"投"。这些"投"在古注中释义很不一致,词典也分成几个不同的义项,如《左传·宣公十四年》:"楚子闻之,投袂而起。"杜预注:"振也。"《文选·江淹〈杂体诗〉》:"投袂既愤懑。"刘良注:"投袂,犹奋袂也。"《吕氏春秋·古乐》:"昔葛天氏之乐,三人操牛尾投足以歌八阕。"高诱注:"投足,犹蹀足。"《老子》第五十章:"兕无所投其角,虎无所措其爪,兵无所容其刃。"《汉语大词典》把"投袂"的"投"解释为"挥",把"投其角"的"投"解释为"用",有的字典解释为"触"。这些都是随文解释,而且把一个统一的义位拆开了。根据概念要素的分析,这些"投"只是一个,都是{投3}。

除此以外,还有几个《汉语大词典》所列的"投"的意义没有说到,这里附带说一下。《汉语大词典》的⑤"投射"是现代的意义,显然是从"投掷"演变来的;"投掷"的对象从物体变成光线,就成了"投射"。《汉语大词典》的⑯用"投"表示"投壶"是语用现象而不是

"投"的词义,不应列为义项。⑰"骰子"是名词,显然与"投掷"义有关联。⑫"合;投合"义与[投1A]的关系较远,但还是有联系的。《吕氏春秋·精谕》:"白公曰:'若以石投水奚若?'孔子曰:'没人能取之。'白公曰:'若以水投水奚若?'孔子曰:'淄、渑之合者,易牙尝而知之。'"以一物投于相同的物中,两者就相合了。

这样,我们通过概念要素分析的方法,可以把"投"所有的意义一一加以说明、归纳和联系。

1.4 下面,我们把"投"的各个义位列一总表。

表2 "投"的各个义位总表

义位	意义	概念域	K	C	F	P	M	S	T	O	时代
[投1A]	投掷	用手使物运动	运动	人	物	空中,距离较长	快速,抛物线	手	他人/处所	—	先秦
[投1B]	扔掉	用手使物运动/所有关系改变	运动	人	物	空中,距离较短	快速,直线	手	地上	舍弃	先秦
[投1C]	放逐	对人的惩处	位移	君主	臣民	—	—	朝廷	边裔	抛弃	先秦
[投1D]	放置	用手使物移到某处	位移	人	物/人	—	—	自身处	他处	—	先秦
[投1E]	致送	所有关系改变	关系改变	人	物	—	—	自身	他人	赠予	汉代
[投2A]	身体向下运动	人体运动	运动	人	自身	空中	快速	原处	他处	—	先秦
[投2B]	投奔,投靠	人际关系改变	关系改变	人	自身	—	—	原来的依附者	新的依附者	—	汉代

汉语词义和词汇系统的历史演变初探——以"投"为例

(续表)

[投2C]	投宿	行旅	位移后停留	人	地面	—	原处	他处	留宿	汉代
[投2D]	到(某时)	动态的时间关系	时间推移	时间	时段	—	原来的时点	新的时点	—	汉代
[投3]	肢体或头快速运动	人体运动	运动	人	肢体或头	空中，距离较短	快速，直线	原处	下方/前方	—	先秦

1.5 上面对"投"的词义做了分析，所采用的方法可以称之为"概念要素分析法"。和传统的用同义词相释以及用替换法来分析归纳词义的做法相比，"概念要素分析法"的好处是很明显的。（1）用同义词相释和替换法来分析词义，都是凭借相应的词来分析词义，如果一个多义词的某个意义可以用同义词 A 解释，另一个意义可以用同义词 B 解释，再一个意义可以用同义词 C 解释，就把这个多义词分为三个义位，并用 A，B，C 来说明其意义。这种方法的好处是简单明了，容易掌握。但是，如果找不到同义词，就只能用替换法，即在某种组合关系中，这个词可以用另一个词替换而意义大致不变。比如说，把"投袂"中的"投"解释为"振""奋""挥"，把"自投于河"的"投"解释为"沉"或"跳"。其实"投"和"振""奋""挥"并不是同义词，"投"和"沉""跳"也不是同义词，它们的替换只限于某种固定的上下文中，超出了这种语言环境，就不能互相替换；用替换法解释词义已经不准确，据此而确定为一个义位就更加不妥。（2）词汇系统反映人们对客观世界的能动的认识，在不同的历史阶段，人们对客观世界的"两次分类"的结果不同，形成词汇系

167

统的不同。① 比如，先秦时期人们把"足""袂""角"的向下或向前快速移动归为一类，都用"投"表示，是一个义位。后来，人们不再把这些动作归成一类，当然也就不会用同一个词表示，所以，后代的人不会认为"投足""投袂""投角"的"投"是一个义位，而会把它们分成三个义位，分别找一个可以替换的词来解释，把"投足"的"投"解释为"蹀"，把"投袂"的"投"解释为"振"，而"投角"的"投"实在找不到可替换词，就只能根据异文说它的意思是"用"。这不仅是释义不准确，而且是把一个义位拆成三个了。(3)采用这种分析法，对词义的分析只到义位这一级，对于义位构成的进一步分析就无能为力了。这些用同义词相释和替换法来分析词义所无法解决的问题，概念要素分析法都能解决。(1)因为它不是用相应的词来分析词义，而是用概念要素来分析词义。一个词或一个义位，可能找不到同义的或可以替换的词或义位，但从原则上讲，任何一个词或义位都能分析为概念要素，所以，即使一些义位没有同义词或替换词，也能运用概念要素加以分析。(2)原来是一个义位，后来不再构成同一义位的，也可以通过概念要素的分析，认定它当初是一个义位。(3)这种分析，能达到义位构成这一级，把义位再分解。

当然，概念要素分析法对一些有比较实在的意义的词的分析比较有效。至于一些比较抽象的词，如"思""忆""爱""欲""有""无"等，如何确定其概念要素，还需要进一步研究。

1.6 "投"的词义演变，实际上在上面也已经谈到了，即："投"中心意义是[投1A](投掷：用手使物做抛物线运动)，其他意义(除

---

① 见蒋绍愚 1999：《两次分类——再谈词汇系统及其变化》，《中国语文》第5期。

[投1A]之外的{投1}{投2}{投3}的各个义位)都是从[投1A]演变而来的。不过,这主要根据概念要素的变化而推断的,未必都能由历史资料来证明其演变过程。布龙菲尔德《语言论》说过:"我们遇见一种形式在某个时候用于意义A而后来在另一个时候用于意义B,我们看到的显然至少是两度转移的结果,就是说,该形式从A类环境的应用扩展到A—B类较大环境的应用,最后是该形式不再用于接近老式A类环境以至于部分地废弃,终于是只用于B类环境……斯培尔伯(H. Sperber)指出意义的引申决不能认为是理所当然的事,如果想要了解,第一步就非得找出新意义首次出现的上下文……在大多数情况下,这种企图注定是要失败的,因为文献记载并不包含那些关键性的话语……文献记载只给我们提供了说过的话语的极微小的一部分,而这微小的部分所包括的几乎总是很讲究的雅语,避免了带有新奇成分的说法。"(中译本531—545页)确实,语言历史演变的情况应该是A—A/B—B(不过,要补充一点:很多词的词义演变是A—A/B—B,但B出现后A还继续存在),而且必然是先出现A,然后出现A/B,最后出现B。但从历史文献上,有时不容易看到这种理想的记载。上面我们看到,从[投1A](投掷)到[投1B](扔掉)和[投1E](致送),大致能看到A—A/B—B按时代的先后出现的历史记载,但[投1A](投掷)和[投1C](放逐)、[投1D](放置)及其过渡形式基本上都出现在同一时代的文献中。至于从[投1A]到{投2}和{投3},就连过渡形式也找不到了。正如布龙菲尔德所说,很多词义演变过程没有在文献中记载下来,这是研究历史词汇学的一个几乎是难以克服的困难。但尽管如此,从词义之间的关系来看,我们还是可以说,{投2}和{投3}都是从[投1A]演变来的。

那么,这种词义演变有没有什么规律呢?因为本文只是对"投"的词义演变做了研究,并没有涉及更多的词义演变,所以无法概括出词义演变的规律。但仅从"投"这一个案例就可以看到,传统所说的"扩大,缩小,转移"已经远远不够用了;通常所说的"从工具到动作""从性状到事物"等引申途径也还不足以解释从[投1A](投掷)到[投1B](其中有的"投"表示"舍弃")和从[投1A](投掷)到[投1E](致送)的演变;这种演变,应该说是"从动作到目的",而且,是"隐喻"在词义演变中起了较显著的作用。另外,我们看到,有时概念要素的改变会导致词义的变化,比如[投1A](投掷)有P(空中,距离较长)和M(快速,抛物线)两个概念要素,如果不强调这两个概念要素,只是人用手使物处于某地,那就成了"放置"。又如[投1A](投掷)的F由"物"变成"人(自身)",P和M也稍做一些改变,由"空中距离较长"变为"空中(距离长短淡化)",由"快速抛物线"变为"快速(直线曲线淡化)",这就变成[投2A](身体向下运动)。但概念要素的改变有哪些不同的类型?有没有规律可循?什么是变化的动因?这些问题都还有待于进一步研究。

既然"投"的各种意义都是从它的基本意义演变而来的,各种意义之间有紧密的联系,我们可以说"投"的词义是一个系统。那么,是不是每一个词的词义都是有系统性的呢?从总体上说,回答应该是肯定的。但是,由于词义发展的历史情况非常复杂,有些词(字)的各种意义之间的联系我们无法弄清。比如,"策"的本义是"马鞭",它还有一个意义是"策谋",这两个意义是否有历史联系?会不会是毫无关系的两个词?段玉裁《说文解字注》说:"计谋曰筹策者,策犹筹,筹犹筭,筭所以计历数,谋而得之犹用筭而得之。"

汉语词义和词汇系统的历史演变初探——以"投"为例

认为这是引申义。朱骏声《说文通训定声》："假借为荽。"认为这是假借义。由于历史资料的缺乏,这个问题不好回答,就只好存疑了。①

二

上面讨论了"投"的词义的历史演变。下面以"投"为中心讨论词汇系统的历史演变。

本文考察汉语词汇系统历史演变的基本方法是:把汉语不同时代的词汇放到概念场中进行比较。早在 1931 年,德国语言学家 J. Trier 就说过:一个时代的一个词汇场(lexical field)之所以能和另一个时代的词汇场进行比较,是因为它们覆盖着同一个概念场 (conceptual field)。② 概念场是基本稳定的,特别是一些基本的概念域和概念要素是很稳定的,而词汇是随着时代而变化的。以概念域为背景,把汉语的发展分为若干个历史时期,把各个时代平面的词放到概念场中,比较它们的异同,就可以了解汉语词汇系统的历史演变。

不过,J. Trier 在 20 世纪 30 年代提出的这个说法比较粗略,有必要加以细化。实际上,概念场是一个由各级概念域构成的层级结构;多数词不止一个义位,处于各个概念域中的不是词,而是义位。(当然,如果是单义词,那么一个词就是一个义位。)上位义

---

① 上面的内容,基本上在拙作《"投"的词义分析与词义演变》(将刊于《山高水长:丁邦新先生七秩寿庆论文集》)中已经说过。但因为和下面的问题关系密切,所以仍写在本文中。

② 转引自 J. Lyons *Semantics*,Cambridge University Press,1981,p. 253。

位/词处于较高的概念域,下位义位/词处于较低的概念域。要考察汉语词汇系统的历史演变,应该把汉语的各个历史时期的词汇各自分解为义位,分别放到不同的概念域中作为其中的成员,然后,以某一个较高的概念域为背景,把这个概念域中各个层级的下位概念域中的成员一一列出并加以考察,一方面分析成员的历史变化,另一方面还要分析其分布的历史变化。成员的变化就是通常所说的词汇替换,但以往所说的词汇替换往往只着眼于单个词语的一对一的替换,而实际上没有那么简单,这将在下面2.9中进一步说明。分布的变化指的是:在同一时代平面上,各个成员在概念域中所占的位置是不完全相同的,各个成员作为基本同义的语义单位,相互之间还有一些区别(包括语义的区别和组合关系的区别),因而并非在任何场合下都可以互相替换;发展到另一个历史时期,不但概念域中的成员发生了变化,而且这些成员在同一个概念域中所占的位置也会发生变化。这就是分布的变化。分析某一个较高的概念域中的全体成员及其分布在不同历史时期的变化,就可以对这一部分词汇的历史演变做出比较清晰的描写和比较深入的解释。如果能把几十个主要的概念域的词汇的历史演变研究清楚,那么,汉语词汇系统的历史演变也就有了一个大致的轮廓。至于选择哪一个较高的概念域,要根据研究的目标而定。如果要研究关于"运动"的动词的系统性的历史变化,就要选择"运动"概念域。如果像本文那样只研究与"投"有关的词汇的系统性的历史变化,就要选择与"投"的各个义位有关的几个概念域。

用这样一种构想可以对汉语整个词汇系统的历史发展做出分析,但这个任务不是一个人可以完成的。本文只能选择几个与"投"有关的概念域,做一个局部的尝试。

汉语词义和词汇系统的历史演变初探——以"投"为例

上面说过,[投1A]是属于"用手使物运动"这个概念域的。当[投1A]演变出其他的义位或其他的词时,有的还属于同一概念域,有的属于不同的概念域。从1.4的表2可以看到,与"投"有关的共有八个概念域。下面就对这八个概念域做一个大致的描写,看看这八个概念域中,在不同的历史时期的有代表性的文献中究竟有哪些成员以及它们如何分布,由此来考察有关这一部分词汇的系统的历史演变。

这八个概念域都包含若干个层级的下位概念域,而"投"的各个义位都处于这八个概念域的最低概念域中。为了有一个系统观念,本文把这八个概念域的各个层级的下位概念域全都用图表列出,如果要详细研究这些概念域中的词汇的系统性演变,应该对这八个概念域的各级下位概念域中的成员及其分布都进行分析。但限于篇幅,本文只对"投"所在的最低概念域做详细分析,其他的概念域从略。

本文检索的文献有:1.先秦文献:包括《十三经》、先秦诸子、《国语》、《战国策》、《楚辞》中屈宋的作品。2.《史记》。3.《论衡》。4.《世说新语》。5.佛典:包括《六度集经》《生经》《贤愚经》《杂宝藏经》《百喻经》。6.敦煌变文。7.《朱子语类》。8.《元刊杂剧三十种》。9.《西游记》。10.《红楼梦》。这些作品不足以全面反映一个时代的词汇面貌,但本文意在词汇系统历史演变的示例,姑且只用这些文献为代表。

概念域中成员的变化用列表的方式来显示。"投"分解为义位,用"投1A""投1B"等表示,但以"投"为语素构成的复音词和带宾语的"投"不标"1A""1B"等。其他的成员按理也应以义位为单位,但为了方便起见,除了"掷""抛"等在两个概念域出现的表明

173

"掷1""掷2""抛1""抛2"外,其他的不再说明是这个词的哪一个义位。表中所列的成员不可能穷尽,而只能列举主要的。加/表示异体字,加*表示常见,加—表示少见,加()表示在该文献中没有此成员,但此成员在该时代已经出现,[ ]中的词表示此成员常带此宾语,空格表示该文献中此成员尚未出现,0表示该文献中无成员(无此字,或有此字而无此意义)。列表只能显示成员的变化,不能反映分布的变化,分布的变化等有关词汇系统历史演变的问题,用表后的[说明]来补充。

下面就对八个概念域逐个讨论。

2.1 "用手使物运动"概念域

从上面1.2的表1可以看到,"用手使物运动"概念域下面有两个下位概念域:"用手使物做抛物线运动"和"用手使物做直线移动"。下面分别讨论。

2.1.1 "用手使物做抛物线运动"概念域

先秦	投1A*	擿—					投1B
史记	投1A*	擿—					投1B
论衡	投1A	0①					投1B
世说新语	投1A	掷1*					投1B
佛典	投1A	掷1*	抛1				投1B,投弃[躯命]
敦煌变文	投1A—	掷1	抛1*				投1B—
朱子语类	投1A—	掷1*	0				
元刊杂剧	0	0	抛1*	摔			
西游记	0	掷1	抛1*	摔—	丢1—		
红楼梦	0	掷1*	抛1	摔	丢1—	扔1—	

① 《论衡·程材》:"儒生擿经,穷竟圣意。文吏摇笔,考迹民事。""擿"为"擉"之误。

汉语词义和词汇系统的历史演变初探——以"投"为例

[说明]

(1)在这个概念域中的"投"有两个义位:[投1A]和[投1B],[投1B]包含"投掷"的动作和"舍弃"的目的,所以兼跨两个概念域(除此外又属"舍弃"概念域,见下 2.2.1)。"掷""抛""丢""扔"都分为两个义位,一个属此概念域,一个属"舍弃"概念域(均见下 2.2.1)。

(2)这个概念域中词汇的历史演变,我们首先看到的是成员的替换。[投1A]从《论衡》开始,就用得不如"掷"多,在敦煌变文中就很少,在《朱子语类》中只有两例"投白豆一粒于器中"(另一例也是"投白豆");从《元刊杂剧》开始就无"抛掷"义。《红楼梦》无[投1A]。《红楼梦》六三回:"宝玉回房,写了帖子,上面只写'槛内人宝玉熏沐谨拜'几字。亲自拿了到栊翠庵,只隔门缝儿投进去,便回来了。"似乎是"抛掷"义,但一二〇回:"贾政打发众人上岸投帖辞谢朋友。"两相比较,"投进去"的"投"仍是"投帖"的"投"([投1E])。可见到唐代以后,"投"的[投1A]义位就逐渐消失了,代之而起的是"抛"。然后,到元明清时又出现了"摔""丢""扔"。

(3)但是,只说到成员的变化是不够的,还必须考察其分布的变化。处于同一概念域的若干个词,如果是等义词,那就处于同一位置上,分布并无不同。如果意义有差别或组合关系不同,那么它们的分布就有所不同。

"掷/擿"和"投"在《说文》中互训,但两者的意义还是有区别的。"掷"的对象不是大的东西,而用力较猛,物在空中经过的距离较短,路径不是抛物线而是直线,或者终点是确定的人,目的是击中其人,或是终点是较低的处所(多为地或河),目的是丢弃其物。所以,它们在这个概念场中的分布并不完全相同,在某些场合也不

175

能互换。如《左传·成公二年》:"桀石以投人。"不能换成"掷",因为句中的"石"较大(所以要"桀"),"投"的距离较远,而且投的是不确定的人。《晋书·吕光载记》:"以革索为𦊰,策马掷人,多有中者。""掷"不能换成"投",因为革索所为之𦊰不大,掷的距离较近,而且掷的是确定的人。当然,"投"和"掷"有时也可以互换,如"投鼠忌器"亦作"掷鼠忌器","投笔"亦作"掷笔",毕竟两者还有相同的地方。

《玉篇》:"抛,掷也。"但实际上"抛"和"投""掷"也不完全相同。在本文的文献中最早出现"抛"的是《六度集经》卷八四:"沙门食竟,抛钵虚空。"句中的"抛"是向上抛,不能换成"投/掷"。而且,上引《左传》《晋书》中的"投人""掷人"都不能换成"抛",可见要表达"用手使物在空中运动以击中人"的意思,只用"投/掷",不用"抛"。《西游记》中"抛"比"掷"多,但《红楼梦》中"掷"比"抛"多(不过《红楼梦》中"掷"多次用于"掷骰子")。

《字汇》:"摔挞,弃于地也。"《西游记》四四回:"那大圣径至沙滩上,使个神通,将车儿拽过两关,穿过夹脊,提起来,摔得粉碎。"《红楼梦》八回:"宝玉听了,将手中茶杯顺手往地下一摔,豁琅一声打了个粉碎。"据《字汇》的解释和例句来看,"摔"的终点是地,目的是使物破碎,因此用力必然是很猛的。所以它和"投/掷/抛"都有所不同。当然也有这样的例句,《红楼梦》六〇回:"便将粉照芳官脸上摔来。"这是着眼于用力之猛,其意义和"掷"差不多了。

"丢"是明代出现的一个词。《字汇》:"丢,一去不还也。"翟灏《通俗编》:"舍去曰丢,见李氏《俗呼小录》。"按照这种解释,"丢"是"丢失"之义,典型的例子如《红楼梦》九五回:"今日听见荣府里丢了什么哥儿的玉了。"《红楼梦》一一九回:"贾兰也不及请安,便哭道:'二叔丢了!'"这和本概念域无关。但除此以外还有别的例子,

汉语词义和词汇系统的历史演变初探——以"投"为例

如《西游记》五〇回:"行者忍不住焦躁,把金箍棒丢将起去,喝声'变!'"《西游记》二四回:"他欠起身来,把一个金击子,瞒窗眼儿,丢进他道房里。"这些"丢"大致相当于"抛/掷",这就处在本概念域中了。从词义演变的一般趋向来看,"丢"可能是从"抛掷"义演变为"舍弃"义,如《西游记》五一回:"唬得那几个小妖,丢了枪棒,跑入洞里。"(动作为扔下,目的为舍弃)《西游记》八四回:"那贼见官军势大,不敢抵敌,放下大柜,丢了白马,各自落草逃走。"(没有扔下的动作,只有舍弃的意义)再从"舍弃"义演变为"丢失"义。"舍弃"是有意地使某物不属自己,"丢失"是无意中使某物不属自己,其演变的轨迹是不难看到的,如《西游记》一四回:"这猴子跌倒在地,丢了铁棒,不能举手。""丢了铁棒"和上例"丢了枪棒"非常相近,只不过后者是有意的,前者是无意的;如果无意中丢掉了铁棒,而又不知现在何处,那就是丢失了。但是,本文调查的文献有限,无法用历史文献来证实这种演变的途径。

"扔"产生得更晚。从《红楼梦》的例句看,"扔"的动作和"抛"相近,但或者带有"舍弃"的目的,或者对对方有轻蔑之义。如《红楼梦》六一回:"凡箱柜所有的菜蔬,只管扔出去喂狗,大家赚不成!"《红楼梦》九一回:"便从靴掖儿里头拿出那个揭帖来,扔与他瞧。"这是和"抛"不同的地方。

(4)如果截取这个概念域中"先秦文献"和《红楼梦》两个层面的词来比较,我们可以看到,从先秦到清代,不但其成员发生了变化,从[投1A]变为"掷1""抛1""摔""丢1""扔1",而且它们的分布也发生了变化。这不是仅仅用"词汇替换"所能解释得了的。从某一个概念域中成员及其分布的变化来考察词汇系统的历史演变,这是更全面也更有效的方法。

177

2.1.2 "用手使物做直线移动"概念域又包含四个下位概念域,下面的表只列这四个最低的概念域。

2.1.2.1 "用手使物移去"概念域

先秦	推*	排	挤	攘
史记	推*	排—	0	攘[四夷]
论衡	推*	0	0	0
世说新语	推*	排—	0	0
佛典	推*	排	0	攘
敦煌变文	推*	推排,排[山]	0	0
朱子语类	推	0	0	0
元刊杂剧	推	0	0	0
西游记	推	0	0	0
红楼梦	推	0	0	0

2.1.2.2 "用手使物移来"概念域

先秦	挽*	牵	引		摄	扣	掣	
史记	挽*	牵[牲畜]	引	拽—	摄[衣]	扣—	掣—	
论衡	挽*	0	引	拽	0	扣[马]	0	
世说新语	0	牵	引	0	0	0	0	
佛典	挽	牵	引	拽	牵摄—	0	0	
敦煌变文	挽—	0	0	拽—	0	0	掣拽	拖*(拉)①
朱子语类	挽—	牵	引—	拽	0	0	0	拖—
元刊杂剧	挽—	牵[衣]	0	拽	0	0	0	拖*
西游记	挽	牵[牲畜]	0	0	0	0	掣	拖* 拉
红楼梦	挽[手]	0	0	0	0	0	掣—	拖 拉*

2.1.2.3 "用手使物向上移动"概念域

先秦	举*	揭	擢	拔*	搔
史记	举*	揭	擢[发/筋]	拔*	0
论衡	举*	揭	0	拔*	0
世说新语	举*	0	0	拔*	0
佛典	举*	0	擢—	拔*	0

---

① 《说文》:"拉,摧也。""牵引"义是后起的。敦煌变文无"拉","牵引"义的"拉"较早的例子是刘禹锡《花下醉中联句》:"谁能拉花住?争得换春回?"

178

(续表)

敦煌变文	举*	0	0	拔*	0
朱子语类	举*	0	0	拔*	0
元刊杂剧	举*	0	0	拔*	0
西游记	举*	0	0	拔*	0
红楼梦	举*	0	0	拔*	0

2.1.2.4 "用手使物向下移动"概念域

先秦	抑*	按	
史记	抑*	按剑	
论衡	0	0	
世说新语	抑*	按	
佛典	抑*	按	捺一
敦煌变文	抑*	按	0
朱子语类	抑*	0	遏捺一
元刊杂剧	0	按*	按捺一
西游记	0	按*	0
红楼梦	0	按*	按捺一

[说明] 上面的四个表说明了"用手使物做直线移动"这个高层概念域下面的四个最低层概念域中的词汇的历史变化，如果把它们放在一起加以分析，就可以看到"用手使物做直线移动"的一群词的历史演变。但限于篇幅，本文对后四个表不做详细的分析，只做一些必要的说明。

(1) 首先要说明，这四个概念域是有交叉的。"移去""移来"只是着眼于用手使物运动是离人而去还是向人而来，而移动的路径既可以是平面的，也可以是向上或向下的，比如"推"和"排"既可以是推上，也可以是推下；"引"和"拽"既可以是拉上，也可以是拉下。所以"移去""移来"和"向上""向下"两个概念域交叉。这在列表时就无法显示了。

(2) 表格显示的主要是成员的历史变化。但除此之外还有分布的变化。例如,在"用手使物移来"的概念域中,先秦有"輓""掣"和"引"三个成员,到《红楼梦》中,这三个成员基本上不用了,使用的是唐代新出现的词"拉"。这是成员的变化。但除此之外还有分布的变化。"輓/挽"和"掣"意义是有区别的,"輓/挽"用力均匀,速度较慢(如"挽弓""挽舟"),"掣"用力较猛,速度较快(如"掣肘""掣笔"),也就是说,它们在这个概念域中各自占一个位置。而"拉"就兼包了"輓/挽"和"掣"的意义,在这个概念域中占据了两者的位置。这是"輓""掣"和"拉"在概念域中分布的不同。"引"是"用手使物移来",但移动的方向可以是向上或向下。比如,白居易有一首诗《井底引银瓶》,这个"引"肯定是向上移动,也就是说,"引"本身就可以兼表"移来"和"向上"。而在现代汉语中要表述这个动作,仅仅把"引"换成"拉"就不够了,在"拉"的后面还要加上趋向补语"上来"。这是因为"拉"本身通常只表示平面的移动,不能兼表"移来"和"向上"。这是"拉"和"引"在概念域中分布的不同。这些都是在研究词汇系统的历史变化时应当仔细考察的。

2.2 "所有关系的改变"概念域

"所有关系的改变"概念域的层级结构可图示如下:

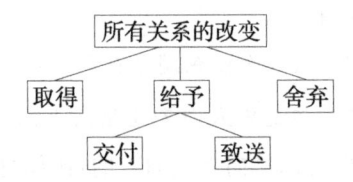

```
        所有关系的改变
       /     |      \
     取得   给予    舍弃
           /    \
         交付   致送
```

2.2.1 "舍弃"概念域

先秦	弃*	舍	捐	蠲	委	投1B			
史记	弃*	舍/捨	捐	蠲一	0	投1B			
论衡	弃*,弃捐	舍/捨	捐	0	委	投1B			

汉语词义和词汇系统的历史演变初探——以"投"为例

(续表)

世说新语	弃*	舍/捨	捐	0	委	投1B	(掷2)① 掷去		
佛典	弃	舍/捨	捐*	0	委	投1B, 投弃[躯命]	抛2		
敦煌变文	弃*	舍/捨	捐, 捐舍	0	0	投1B—	掷2, 抛掷	抛2, 抛弃	
朱子语类	弃*	舍/捨	捐弃—	0	0	0	0		
元刊杂剧	弃*, 舍弃	舍/捨 割舍	0	0	0	0	抛2, 抛弃, 抛闪		
西游记	弃*	捨	捐[躯]	0	0	0	抛2, 抛撒	丢2	
红楼梦	弃*, 嫌弃, 抛弃	捨	0	无	0	0	抛2, 抛闪	丢2	扔2

[说明]

(1)在这个概念域中,[投1B]是非典型成员。如前所述,"投"单用总是兼表动作(抛掷)和目的(舍弃),只有少数"投弃"没有"抛掷"义,只表示"舍弃"。[掷2]比[投1B]典型:[掷2]单用即有"弃"义,如陶渊明《杂诗十二首》之二:"日月掷人去。"又如敦煌变文《伍子胥变文》:"年光虚掷守空闺,谁能渡得芳菲节。"敦煌变文《李陵变文》:"君须去,努力同归,莫相抛掷。""掷去"连用屡见,仅《世说新语》就有两次,《世说新语·德行》:"管宁、华歆共园中锄菜,见地有片金,管挥锄与瓦石不异,华捉而掷去之。"《世说新语·

---

① 《世说新语》中"掷"单用无"抛弃"义,但陶渊明诗中有,例见下[说明]。

豪爽》:"桓公读高士传,至于陵仲子,便掷去。"而"投去"连用罕见,经查检仅得一例。柳宗元《乞巧文》:"投去印绶。"但表"舍弃"的[掷2]用得不多,从《朱子语类》开始就不见[掷2]了。

(2)"弃""舍"和"丢""扔"虽然都有"舍弃"义,但用法有所不同。"弃""舍"可以直接带宾语,"丢""扔"必须说"丢了""丢下","扔了""扔下",也就是说,光用"丢""扔"通常表示动作,加上"了""下"才表示结果。这也是它们分布的不同。

(3)"投""掷""抛""丢""扔"这些词的两个义位分属两个概念域("扔2"比"扔1"常见),说明从"投掷"义很容易发展出"舍弃"义。不但汉语如此,英语的"throw away(失去)""throw over(抛弃)"也是如此。可见在"投掷"和"舍弃"之间存在一种联想和隐喻关系,这是有普遍性的。但同中又有异:有的词"投掷"义常见,"舍弃"义少见(如"投");有的词则相反,"舍弃"义常见,"投掷"义少见(如"扔")。

2.2.2 "致送"概念域

先秦	与*	予	畀	授		付		致		赠*	遗	送
史记	与*	予*	畀—	授		0		致	投1E	赠*	遗	送
论衡	与	予	畀	授		付	0	0		赠*	遗	送
世说新语	与*	0	0	授		付		致	0	赠*	遗	送
佛典	与*	予	0	授		付				赠	遗	送
敦煌变文	与*	予	0	(交)付		0	投[书]	赠	遗赠—	送*
朱子语类	与*	[取]予	畀—	0	交付—	付		0	投[牒]	赠	遗—	送
元刊杂剧	与*	0	0	授—	交,交付	分付	0	0	赠	0	送
西游记	与*	0	0	0	交,交付	付		0	投[简]	赠	0	送
红楼梦	与	0	0	0	交,交付	付	给*	0	0	赠	0	送*

汉语词义和词汇系统的历史演变初探——以"投"为例

[说明]

(1)这个概念域,实际上还应细分为两个,表的左边从"与"到"给"是"给予"概念域,表的右边从"赠"到"送"是"赠送"概念域。但因"投"兼有"给予"和"赠送"两个意思,而且有时不易区分,所以合在一起。

(2)"投"是这个概念域中的非典型成员,用得不多,能够搭配的词(如"书""简""牒"等)也很少。"投赠"连用,唐诗中屡见,但有的是"投诗赠之",有的等于"赠送",例已见前1.3.1.5。

2.3 "对人的惩处"概念域

"对人的惩处"概念域的层级结构可图示如下:

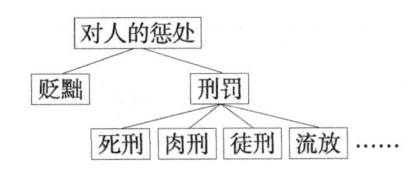

```
        对人的惩处
       /         \
    贬黜         刑罚
                /  |  |  \
             死刑 肉刑 徒刑 流放 ……
```

"流放"概念域

先秦	放1*	逐	流	窜	投1C	
史记	放1*,放逐	逐	流,流放,放流	0	0	
论衡	放1*,放流	0	0	窜	0	
世说新语	放1*	0	流	0	0	
佛典	0	逐*	0	0	0	
敦煌变文	0	0	0	0	0	
朱子语类	0	贬逐	0	贬窜	0	
元刊杂剧	放1—	逐—	流,递流,流递	0	0	递配
西游记	0	0	0	0	0	0
红楼梦	0	0	0	0	0	0

[说明]

(1)[投1C]主要在先秦使用,后代只用在固定组合(如"投荒")或仿古的句子中,在本文调查的文献中未见。

(2)"配""发配""充军"从宋代起就很常用,但在本文调查的文献中未见。

2.4 "用手使物改变位置"概念域

"用手使物改变位置"概念域的层级结构可图示如下:

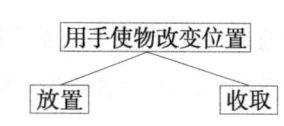

```
          用手使物改变位置
         /              \
       放置             收取
```

"放置"概念域

先秦	置*	措	安		
史记	置*	0	0		
论衡	置*	0	0		投 1D—
世说新语	置*	0	安		0
佛典	置*	0	安	放 2—	0
敦煌变文	置*	0	安	0	0
朱子语类	置*	0	安	放 2—	0
元刊杂剧	放置*	0	0	放 2	0
西游记	0	0	安	放 2*	0
红楼梦	0	0	安放	放 2*	0

[说明]

(1)[投 1D]在历代用得不多,典型用例在本文所调查的文献中只见于《论衡》(例见上 1.3.1.4)。[投 1D]是这个概念域的非典型成员,不但用得很少,而且在用法上和"置""放""搁"等有一个显著的差别:"置""放""搁"等既可以是动作,也可以是状态(某物置/放/搁在某处),"投"没有表示状态的用法。

(2)这个概念域的典型成员最初是"置",后来逐渐被"放"取代。明清以后的口语中又出现一个"搁",但"搁"一般只用于具体的动作,很少用于抽象意义,所以"搁"在概念域中的分布和"置"

"放"不同。

2.5 "人体运动"概念域

"人体运动"概念域的层级结构可图示如下：

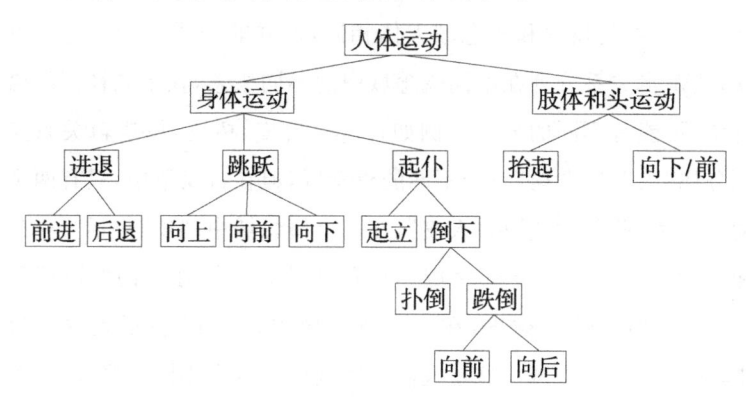

```
                        人体运动
            ┌──────────────┴──────────────┐
        身体运动                      肢体和头运动
    ┌──────┼──────┐                ┌──────┴──────┐
  进退   跳跃   起仆              抬起         向下/前
  ┌┴┐   ┌┴┐   ┌┴┐
前进 后退 向上 向前 向下 起立 倒下
                         ┌──┴──┐
                        扑倒  跌倒
                        ┌┴┐
                       向前 向后
```

2.5.1 "身体向下跳"概念域

先秦	投 2A	跳—①
史记	投 2A	0
论衡	投 2A	0
世说新语	投[水]	跳[上船]
佛典	投[岩/水/地]	跳[下车]
敦煌变文	投[崖/陷阱]	跳掷
朱子语类	投[河/火]	跳
元刊杂剧	0	跳[河/江]
西游记	投[河]	跳[河]
红楼梦	投[井/河]	跳[井/河]

[说明]

(1)首先要说明,秦汉时的[投2A]兼跨"身体运动"概念域中的两个最低概念域:"向下跳"和"扑倒"。前者如《吕氏春秋·离

---

① "跳"先秦很少,目前仅见到一例。《楚辞·九辩》:"见执辔者非其人兮,故駶跳而远之。"《史记》中的"跳"通"逃"。《论衡》无"跳"字。到六朝时"跳"才多起来。

俗》:"而自投于苍领之渊。"后者如《汉书·外戚传》:"从床上自投地,啼泣不肯食。"上面已经说过,根据概念要素的分析,这两个"投"是一个义位。为什么一个义位会兼跨两个最低概念域呢?这是因为人类的概念和概念域大体相同,但并非一成不变。有的时候,按逻辑关系分列在不同概念域中的不同概念,在不同社团的语言中,可能有不同的分合。例如,人皮、兽皮、树皮,按逻辑关系应该分属"人""兽""树"三个不同的概念域,但在古汉语中,只有两个词"皮"和"肤"。"肤"指"人皮",在一个概念域中;"皮"包括"兽皮"和"树皮",兼跨两个概念域。在英语中,也有两个词"skin"和"bark"。"bark"指树皮,在一个概念域中;"skin"包括人皮和兽皮,兼跨两个概念域。这是人们对客观世界分类不同的缘故(见蒋绍愚1999)。同样地,在现代汉语中,人们把"向下跳"和"扑倒"这两种动作分成两类,分属两个概念域。但在秦汉时期,人们把这两种动作合成一类,用同一个[投 2A]表达;因此,[投 2A]就兼跨"向下跳"和"扑倒"两个概念域。

(2)但这种兼跨两个概念域的情况难以用图表来表示,所以在上面的图表中只把[投 2A]列入"向下跳"概念域。在这个概念域中,我们列入了另一个词"跳"。从使用的频率看,[投 2A]是随着时代而递减,"跳"是随着时代而递增,而且"投河/崖/井"等后来说成"跳河/崖/井"。但对于这种变化,我们不能用"词汇替换"来表述,不能简单地说"跳"替换了"投"。因为[投 2A]和"跳"在概念域中的分布是交叉的,有相同的部分,即都可以表示"向下跳";但也有不同的部分,即[投 2A]还可以表示"扑倒",这种意义不能用"跳"代替,如"投地"不能换成"跳地",而"跳"还可以表示从低处到高处,或者往前或往后,这种意义古代并不用[投 2A]表示。表中

汉语词义和词汇系统的历史演变初探——以"投"为例

把"跳"列入,只是表示"跳"表达的概念有和[投2A]相同的一部分。如果要准确地说明[投2A]在历史上的变化,那么,应该说,古代有一个独立的概念表示"身体从高处到低处运动"这种运动,用"投"这个词表达。后来这个语言社团对客观世界的认知(概念)发生了变化,"身体从高处到低处运动"不再是一个统一的概念,而是分解为"向下跳"和"扑倒"两个概念,前者和"向上跳/向前跳/向后跳"合在一起成为一个概念,用"跳"来表达,后者用"扑倒"来表达。这也是人们对客观世界分类的变化。

(3)从"人体运动"这个较高层的概念域来看,这个概念域中的成员及其分布在历史上变化是很大的。A.在"进退"概念域中,成员没有变化,从古到今"进"和"退"一直是基本成员(只是后来出现了复合词"前进"和"后退")。但古代"进"的反义词只有一个"退",后来"进"的反义词有两个:"退"和"出",也就是说,后来的"进"增加了一个义位,这个义位在古代是用"入"来表达的(入室→进屋)。B."跳跃"概念域先秦分为三个下位概念域:"向上""向前""向下",其中的词汇分别是"踊"、"跃"、[投2A]的一部分。后来出现了新词"跳"取代了它们("跃"作为语素还保留着),并且用词语的组合"向上跳""向前跳""向下跳"来表达原来由"踊"、"跃"、[投2A]的一部分表达的动作。C.在"起仆"概念域中,古代在最低层概念域"起立"中的词有"兴"(由躺着到起立)、"作"(由坐着到起立,也可以是由躺着到起立)、"起"(泛指起立),在"扑倒"概念域中有[投2A]的一部分,在"向前跌倒"概念域中有"仆",在"向后跌倒"概念域中有"偃""僵"。到后来,"兴""作""起"的区别消失了,都用词组"站起来"表达。[投2A]的一部分由"扑倒"代替。"仆""偃""僵"的区别在词汇中也消失了,由"跌倒"来取代了它们,而它

187

们的区别用词组"向前倒""向后倒"来表达。"起仆"概念域的变化充分反映了汉语词汇在历史发展中的一种趋势:用上位词取代下位词,而原先下位词的语义差别改用词组来表达。这也可以说是从综合到分析。

2.5.2 "肢体或头向下/前"概念域

先秦	投3			
史记	0	顿[足]		
论衡	0	0		屈伸[其体]
世说新语	0	0		0
佛典	0	0	拂[袖]	伸[臂/手]
敦煌变文	0	0	拂[袖]	0
朱子语类	0	0	0	伸[手]—
元刊杂剧	0	0	拂[袖]	伸[脖项]—
西游记	0	顿[足]	0	伸[手/脚/头]
红楼梦	0	顿[足]	摔[手]—	伸[手/腿/头]

[说明]

(1)这个概念域中的四个成员应该分为两类:[投3]、顿、拂(摔)为一类,是肢体或头快速向下/前运动。"伸"为另一类,是肢体或头向下/前运动而不强调快速。

(2){投3}也是一个古代独有的概念,当时的语言社团把"足/袖/角"等向下或向前的快速运动合成一个概念,用"投"来表达。后来这个概念不存在了,人们把"足/脚快速向下运动"和"袂/袖快速向下运动"看作两个不同的动作,分别用"顿(足)"和"奋(袂)/甩(袖)"来表达。至于犀牛的角快速地向前顶这种动作,后来人们并没有把它单独看作一类,而是把它放在"顶"这个概念中,这种动作的"很快的""向前"等特性,在语言中不是用一个专门的词,而是在"顶"这个词前面加上修饰语"很快地"和"向前"来表达。这里我们又看到一个实例:概念是概括的,并不是客观世界有一种动作就有一个相应的概念,用一个概念概括几种动作是常有的事。而且,某一种动作和别的哪几种动作合在一起构成一个概念,并不都是永远不变的,如在古代,"(角)快速地向前运动"和"(足/袂)快速地向下运动"构成一个概念,用"投"表示,在现代,"(角)快速地向前运动"和"(头)用力向前运动或向前伸出坚持不动"构成一个概念,用"顶"表示。这种情况,也是"分类"的变化,而不能简单地说成"投"和"顶"的词汇替换。

2.6 "人际关系改变"概念域

"人际关系改变"概念域的层级结构可图示如下:

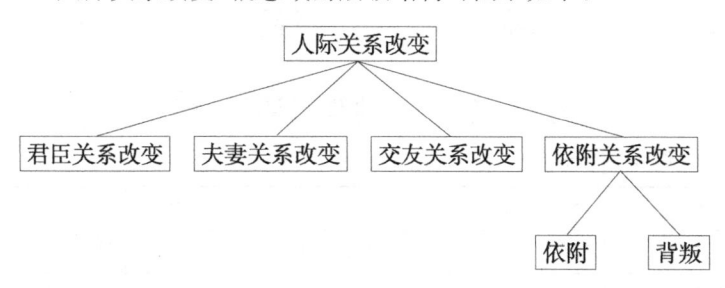

```
           人际关系改变
        ┌────┬────┬────┐
    君臣关系改变 夫妻关系改变 交友关系改变 依附关系改变
                                    ┌────┐
                                   依附  背叛
```

"依附"概念域

		依	附
先秦		依	附
史记	投2B—	依	附
论衡	0	0	附
世说新语	投2B*	依附	亲附
佛典	投2B	依附,皈依*	0
敦煌变文	投2B*	依附—	附—,阿附
朱子语类	投2B*	依归—,依倚—	0
元刊杂剧	投2B*,投奔	0	0
西游记	投2B*,投奔	皈依*,归依	0
红楼梦	投2B*,投奔,投靠*	依—	0

[说明]

(1)[投2B]在《史记》中仅一例(见前1.3.2.2),在《世说新语》中很常见。直到《红楼梦》仍是[投2B]多于"投靠""投奔"。

(2)"投"和"依""附"不完全相同。"投"是动态的,表明从不依附到依附。"依""附"是静态的,表明既成的依附关系。也就是说,它们在概念域中的分布不同。

2.7 "行旅"概念域

"行旅"概念域的层级结构可图示如下:

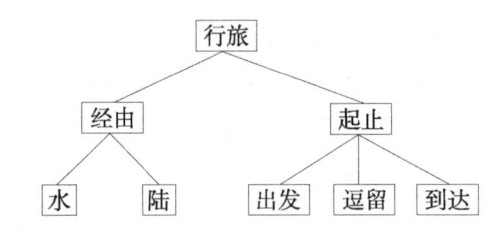

```
              行旅
          ／        ＼
        经由          起止
       ／  ＼      ／  |  ＼
      水    陆   出发 逗留 到达
```

"逗留"概念域

先秦	舍	宿		次	
史记	0	宿	(投2C)①	次	驻
论衡	0	宿	0	次	0
世说新语	0	0	投2C	次	0
佛典	0	宿	0	0	0
敦煌变文	0	宿	(投2C)	0	驻
朱子语类	0	宿一	0	0	驻
元刊杂剧	0	宿一	0	0	驻[马]
西游记	0	宿	投[旅店],投宿	0	0
红楼梦	0	宿、歇宿	投[店]	0	0

---

① [投2C]在《史记》和敦煌变文中均未见,但在《汉书》《后汉书》中和唐诗中有,例见上1.3.2.3。

汉语词义和词汇系统的历史演变初探——以"投"为例

[说明]

（1）这个概念域中，"次""驻"是军队的住宿，和"舍"、"宿"、[投 2C]有所不同。[投 2C]又和"舍""宿"不同，"舍""宿"是在某处过夜，"投"是找地方过夜。

（2）在敦煌变文以后，[投 2C]逐渐不用了，偶有使用也是结合成"投旅店""投店"等固定组合。取代[投 2C]的是复合词"投宿"。

2.8 "时间关系"概念域

"时间关系"概念域的层级结构可图示如下：

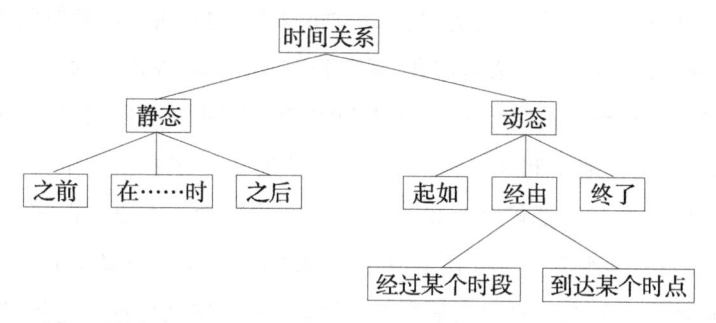

```
          时间关系
         ／      ＼
       静态        动态
      ／│＼      ／│＼
   之前 在…时 之后  起如 经由 终了
                    ／      ＼
               经过某个时段  到达某个时点
```

"到达某个时点"概念域

先秦	至 *	到	
史记	至 *	到	
论衡	至 *	到	（投 2D）①
世说新语	至 *	到	0
佛典	至 *	到	投[老]－
敦煌变文	至 *	到	0
朱子语类	至 *	到	投[明]－
元刊杂剧	至	到 *	投至 *
西游记	至	到 *	投到[回来]－
红楼梦	至	到 *	0

---

① [投 2D]在《论衡》中未见，但在《汉书》中有，例见上 1.3.2.4。

191

[说明]

(1)在这个概念域中,"至"和"到"是典型成员。"至"在先秦很常见,"到"在先秦较少,在以后的历史发展中,"到"的使用频率逐渐超过了"至"(在《祖堂集》中"到"已超过"至")。[投2D]是非典型成员,历来用得不多,而且能搭配的词语很有限。只是在《元刊杂剧》中"投至"很常用,例见上1.3.2.4。

(2)"至""到"都可以表示到达某一地点和某一时间,从认知的角度看,有关时间的观念是由有关空间的观念投射来的。从[投2C]("投郜候舍")发展为[投2D]("投老"),也是由空间到时间的投射。但[投2D]的表时间和"至""到"有所不同:在语言的使用者看来,"至/到山中"和"至/到天明"的"至/到"并没有区别,所以表示到达某一地点和某一时间的"至/到"还是应该看作一个义位。而[投2C]("投郜候舍")和[投2D]("投老")两者意义差距较大,应该看作两个义位。也就是说,"至"和"到"都是一个义位而兼跨"到达某个地点"和"到达某个时点"两个概念域,而[投2C]和[投2D]是两个义位,分别处于"行旅中逗留"和"到达某个时点"这两个概念域中。因此,"至/到"和[投2D]在概念域中的分布也是不一样的。

2.9 小结

在做了上面的分析之后,我们要简单地谈一谈对于词汇系统和如何考察词汇系统的历史演变的一些看法。

(一)以概念场为背景来考察词汇系统,是本文采取的基本方法。把词的各个义位放到概念场的各个概念域中,就可以看到,处于同一个概念域中的各个义位具有同位关系,和处于上位/下位概念域中的义位具有上位/下位关系,这样,这些义位就构成了一个

汉语词义和词汇系统的历史演变初探——以"投"为例

系统。而一个词的各个义位又是互相关联的,所以词汇也构成一个系统。这是我们对词汇系统的基本看法。

(二)考察词汇系统的历史演变,是一个非常庞大的工程。词汇系统非常复杂,而且我们现在对词汇系统及其历史演变知之甚少,所以要研究汉语整个词汇系统的历史演变,至少在目前还无从谈起。我们只能从局部做起,局部的研究做好了,对词汇系统及其历史演变的认识就会加深,而且,通过局部研究成果的积累,可以逐步向整体研究前进。局部研究可以有两种做法。(1)以词为出发点。选择若干组使用频率高、古今变化大的词,把它们各自分解为义位,放到相应的概念域中作为其中的一个成员,并且在各个概念域中找出别的成员;然后考察这些成员及其分布在不同历史时期的变化。这是本文采取的做法。(2)以概念域为出发点。选择若干重要的较高的概念域,全面考察其中成员及其分布在不同历史时期的变化。这两种做法只是出发点不同,实际上主要方法是一样的:都是以概念场为背景,考察其中成员及其分布在不同历史时期的变化。不过,本文的目的主要是通过"投"这个案例来探讨这种做法的可行性,所以采取了以词为出发点的做法。而对于词汇系统历史演变的研究来说,以概念域为出发点的做法可能更为合适。

(三)以概念场为背景,考察其中成员及其分布在不同历史时期的变化,是研究词汇系统的历史演变的一种切实可行的方法。本文用这种方法对"投"这一个案例做了考察,从中就可以看到一些有关词汇系统的历史演变的值得重视的问题。

(1)词汇系统的历史演变最明显的表现是同一概念域中成员的变化,也就是通常所说的词汇替换。按理说,既然概念域中的成员表达的是某一个概念,那么,只要这个概念继续存在,如果某个成员消失了,在语言中总会有别的成分来代替它,用以表达这个概念。不过,这种替换并不只是简单的一对一的替换。有的是一对几,如[投1A]后来换成了"抛1""摔""丢1""扔1"。有的是几对一,如"置""措""安"换成了"放"。有的是用复音词替换了单音词,如用"放逐""充军"替换了[投1C]。有的是用一个词组替换了单音词,如"站起来"替换了"兴""作""起"。有的是原来就有几个成员表达同一个概念,后来其中一个成员消失了,当然就不一定需要别的成分来替换,如表示"到某时"的原来就有"至"和"到",从东汉开始[投2D]也可以表达这个意思,到明清时[投2D]又消失了,而且没有别的语言成分替换它。

(2)词汇系统历史演变的另一个重要方面是分布的变化。以往研究词汇系统的历史演变时侧重于成员的变化,对分布的变化注意得不够,这是今后应当加强的。成员的变化是显性的,研究时要立足于准确的描写。分布的变化是隐形的,研究时要立足于深入的分析;而这种深入的分析能告诉我们一些对历史词汇学非常重要的东西。比如,从[投1A]到"抛1""摔""丢1""扔1",不仅仅是成员的变化,更重要的是分布的变化,可以说,和[投1A]相比,"抛1""摔""丢1""扔1"对动作的方式表达得更加细致(见2.1.1)。又如,从"挽""掣""引"到"拉"也是如此,和"挽""掣"相比,"拉"不强调动作的方式,而和"引"相比,"拉"更强调动作的方向(平移)(见2.1.2.2)。这些都是很值得注意的问题。在汉语词汇的历史演变中,分布的变化有没有一些共同的趋势和规律?这个问题本文研究得不够,今后还有待于深入。

(3)成员和分布的变化,都是在一个概念域里观察到的词汇演变。除此之外,词汇系统还会由于人们对客观世界的"分类"不同而产生变化。例如,秦汉时的[投2A]是把"人使自己的身体在空中快速运动到达某处"的动作看作一类,后来把这类动作分成"向下跳"和"扑倒"两类(见2.5.1)。秦汉时的[投3]把"肢体或头向下或向前快速运动"的动作看作一类,后来用"顿"和"拂"(摔)分别表示脚和袖的动作,把"角向前快速运动"合并到"顶"这一类中(见2.5.2)。这种"分类"的变化不但引起了词汇替换,而且造成了跨概念域的变化。这也是词汇历史演变的一个重要内容。

(4)处于同一个概念域中的成员是互相关联的,概念域也是互相关联的。不但处于上下位关系的概念域互相关联,就是不属于同一层级关系的概念域,有的也会互相关联。例如本文中观察到的"投掷"概念域和"舍弃"概念域就互相关联。而且,其关联在历史上有变化:上古是[投1A]一个义位兼跨两个概念域,后来是"抛""丢""扔"各分两个义位分别处于两个概念域(见2.1.1)。如果把研究的范围再扩大一点,我们可以期待发现更多的概念域之间的联系。这对词汇系统及其历史演变的研究也是很重要的。

(5)汉语词汇从古到今有一种"从综合到分析"的演变趋势(见蒋绍愚《古汉语词汇纲要》,北京大学出版社,1989),这在本文的研究中也有反映:在"起立"概念域中,古代有"兴""作""起"三个成员,这三个动词自身就包含着"身体向上"的概念要素;后来都用"站起来"表达,不但词换成了词组,而且"身体向上"的概念要素从动词内部分离出来,用补语"起来"表达(见2.5.1)。不过,"从综合到分析"说的是一种演变的总趋势,而不是说从古代汉语到现代汉语,词汇全都由综合式变成了分析式。比如,和古代的[投1A]相比,现代的"抛1""摔""丢1""扔1"还多了一点综合,分别把"向上""使之破碎""对对方轻蔑"等要素也包括在动词自身之内。汉语词汇系统在历史演变中有哪些趋势和规律,也是我们应当密切注意的一个问题。

总之,本文所做的只是一个案例的研究,意在探讨一种研究词义系统、词汇系统及其历史演变的方法。文中难免有考虑得不全面、不周密之处,希望得到专家和读者的指正,更希望能引起大家的讨论。

引书目录

1. 《十三经注疏》,中华书局,2000。
2. 《诸子集成》,上海书店,1986。
3. 《国语》,上海古籍出版社,1988。
4. 《战国策》,上海古籍出版社,1985。
5. 《楚辞补注》,中华书局,1983。
6. 《二十四史》(标点本),中华书局,1963。
7. 《论衡校释》,中华书局,1990。
8. 《大正新修大藏经》,台北财团法人佛陀教育基金会,1990。
9. 《世说新语笺疏》,中华书局,1983。
10. 《全唐诗》,中华书局,1960。
11. 《敦煌变文校注》,中华书局,1997。
12. 《朱子语类》,中华书局,1986。
13. 《新校元刊杂剧三十种》,中华书局,1980。
14. 《西游记》,人民文学出版社,1955。
15. 《红楼梦》,人民文学出版社,1982。

[原载《北京大学学报》(哲学社会科学版)第43卷第4期,2006年3月]

打击义动词的词义分析[*]

本文的意图是通过上古汉语、现代汉语和英语中的"打击"义动词的词义分析,来探讨词汇和词义方面的一些重要问题。分两个部分讨论。

第 一 部 分

"打击"包括用手打击,用脚打击,用头打击,用身体打击。为了使讨论集中,本文只涉及用手的打击。

下面把上古汉语、现代汉语和英语中的用手的"打击"义动词列成三个表。"上古"指先秦到西汉,收的词主要据《说文》。《说文》虽成书于东汉,但其反映的词汇面貌基本是上古的,《说文》对词的解释以及该词例句都列在表 1 后面。词后面的解释如果不特别注明,就是《说文》的释义。例句尽量找先秦和西汉的,实在找不到,只好用魏晋以后的。当然,《说文》的释义都比较简单,不足以反映一个词的实际用法和复杂的语义。但本文的目的不在于对上古的打击义动词的语义做深入分析,所以仍以《说文》为依据来列表。英语所收的词根据 *Webster's New Dictionary of Synonyms*

---

[*] 作者 2005 年在瑞典高等社会科学院访问时完成了本文的初稿,并和挪威的何莫邪先生、法国的贝罗贝先生进行过讨论,得到他们很多启发和帮助,谨在此一并致谢。

(1978)和 *The Oxford Large Print Thesaurus*(1997),并参考了 Hong Gao,Chin Chuan Cheng(2003)。中英文都有一些词是一词多义的,本表只列一个主要意义,其他意义不列。

在列出三个表之后,再就一些有关问题进行讨论。

一 上古汉语中手的打击义动词

表1

		上位义:击、打			
A 工具	手	摽、挌、殴、搏、扑			
	鞭	鞭			
	竹	笞、箠、挟、搒			
	杖	捶			
	刀斧	斫、劘、斮、斯、析、劈、伐、斩、刜、刺			
	棍状物	筑、捣			
	椎	椓、毄、豛			
	车軏	抉			
B 方式	旁击	搚			
	侧击	抵			
	横擿	敲			
	敲击	榷			
	拘击	撵			
	反手击	批			
	两手分击	捭			
	蹋击	毁			
	从上击下	毃			
	下击上	煅			
	过击	拂			
C 部位	背	挨、扑	C 对象	衣	捼
		挞(目的:罚)		悬衣	敷
	头	挃(方式:捣)		金鼓	摐
		毃			

(续表)

D 力度	深	扰
	小	支
	轻	拍、拊
	强	攻
E 速度	快	扚
F 目的/结果	击中	撽、毃
	击伤	擘、疻、痏
	发声	攷(考)、敂(叩/扣)(对象:门、钟),鼓(对象:鼓)

上位义:击、打。

击,支也。段注:"支训小击,击则兼大小言之。"例多不举。

打,《说文新附》:"打,击也。"王延寿《梦赋》:"撞纵目,打三颅。"

A. 工具

1. 徒手:

摽,击也。《左传·哀公十二年》:"长木之毙,无不摽也。"

挌,击也。凡今用格斗字当作此。《后汉书·陈宠传》:"断狱者急于筹挌剧烈之痛。"

殴,捶毄物也。《汉书·梁王襄传》:"后数复殴伤郎。"

搏,《广雅》:"搏,击也。"《史记·灌夫传》:"夫醉,搏甫。"

扑,《广韵》:"扑,打也。"《战国策·楚策》:"若扑一人,若捽一人。"

2. 用工具:

(1) 鞭

鞭,殴也(依段注本)。段注:"鞭所以殴人之物,以之殴人亦曰鞭。"《左传·庄公八年》:"鞭之出血。"

(2)竹

笞,击也。《汉书·刑法志》:"笞者,箠长五尺,其本大一寸,其竹也,末薄半寸,皆平其节。"《新唐书·刑法志》:"其用刑有五:一曰笞……汉用竹,后世更之以楚。"

苔,笞也。《病妇行》:"有过慎莫笪苔。"

抶,笞击也。《左传·文公十年》:"无畏抶其仆以徇。"

搒,《广韵》:"搒,笞也。"《汉书·张耳传》:"吏搒笞数千。"

(3)杖

捶,以杖击也。《荀子·正论》:"捶笞膑脚。"

(4)刀斧

斫,击也。《史记·孙子吴起列传》:"乃斫大树白而书之。"

斲,斫也。《孟子·梁惠王下》:"匠人斲而小之。"

斩,斩也。《尚书·泰誓》:"斩朝涉之胫。"

斯,析也。《诗经·陈风·墓门》:"墓有荆棘,斧以斯之。"

析,破木也。《诗经·齐风·南山》:"析薪如之何?匪斧不克。"

劈,破也。上古无例证。

伐,击也。《诗经·大雅·皇矣》:"是伐是肆。"郑笺:"伐,谓击刺之。"

斩,截也。《战国策·西周策》:"斩首二十四万。"(也可用于物,如《墨子·非攻》:"斩其树木。")

刜,击也。《左传·昭公二十六年》:"苑子刜林雍,断其足。"

刺,直伤也。《孟子·梁惠王上》:"是何异刺人而杀之?"

(5)棍状物

筑,捣也。《三国志·夏侯玄传》注引《魏氏春秋》:"使勇士以刀环筑腰杀之。"

搗,手椎也。一曰筑也。《诗经·小雅·小弁》:"怒焉如搗。"

(6)椎

椓,击也。《诗经·周南·兔罝》:"椓之丁丁。"

毇,椎毃物也。段注:"谓用椎击中物,与攴部毇、木部椓音义略同。"

毇,击也。段注:"此与木部椓音义皆同。"

(7)车鞅

抶,以车鞅击也。

B. 方式

搫,旁击也。《公羊传·宣公六年》:"公怒,以斗搫而杀之。"何休注:"搫,犹搫也。搫,谓旁击头项。"

抵,侧击也。(《广韵》引作"侧手击也"。)扬雄《解嘲》:"泾阳抵穰侯。"

摘,横摘也。段注:"横投之也。"

榷,敲击也。《汉书·五行志》:"榷其眼以为人彘。"

搊,拘击也。段注:"拘止而击之也。"

批,反手击也。《左传·庄公十二年》:"遇仇牧于门,批而杀之。"

捭,两手击也。段注:"谓左右两手横开旁击之也。"左思《吴都赋》:"拉捭摧藏。"

毇,繇击也。古文"投"如此(依段注本)。段注:"繇击者,远而击之。"《左传·襄公十年》:"知伯怒,投之以机。"

毃,从上击下也。《齐民要术·种瓠》:"着三实,以马棰毃其心,勿令蔓延。"

煅,下击上也。

拂,过击也。段注:"徐锴曰:击而过之也。刀部曰:刐,击也。

义同。"《仪礼·士昏礼》:"主人拂几授校。"

C. 部位/对象

挨,击背也。《列子·黄帝》:"既而狎侮欺绐,挡㧙挨抌,亡所不为。"

扑,挨也。华峤《后汉书》:"尚书近臣乃至捶扑牵曳。"

挞,乡饮酒罚不敬挞其背也。《尚书·益稷》:"挞以记之。"

掔,捣头也。

敼,击头也。《吕氏春秋·当务》:"下见六王五伯将敼其头矣。"

捒,衣上击也。王筠《句读》:"此谓振去衣上尘也。"

𢶏,县物𢶏击也。王筠《句读》:"暴衣物者以条振去其尘谓之𢶏,俗语正如许说。"

摐,《广雅》:"摐,撞也。"《史记·司马相如传》:"摐金鼓,吹鸣籁。"

D. 力度

抌,深击也。段注:"《刺客列传》:'左手把其袖,右手揕其匈。'揕即抌字。"

㧖,小击也。

拍,拊也。《韩非子·功名》:"一手独拍,虽疾无声。"

拊,揗也。段注:"尧典曰:'击石拊石。'拊轻击重,故分言之。"

攻,击也。段注:"《考工记》'攻木攻皮攻金'注:'攻犹治也。'引伸之义。"

E. 速度

扚,疾击也。

F. 目的/结果

撽,中击也。段注:"击而中之也。"

毃,相击中也。《周礼·考工记·庐人》:"毃兵同强。"义同"击"。

挈,伤击也。段注:"伤击者,击之而伤也。"

疻,殴伤也。朱骏声《说文通训定声》:"凡殴使皮肤起青黑而无创瘢者为疻,有创瘢者为痏。"

痏,疻痏也。

攷,敂也。也写作"考"。《诗经·唐风·山有枢》:"子有钟鼓,弗鼓弗考。"

敂,击也。段注:"自扣、叩行而敂废矣。"《周礼·司关》:"四方之宾客敂关。"

鼓,击鼓也。《诗经·小雅·伐木》:"坎坎鼓我。"

二　现代汉语中手的打击义动词

表2

C对象	上位词:打				
	人或物		人	脸	物
	B方式·D力度·E速度			F结果/目的	
A工具	拳	重击:捶	揍(力度:重)殴打(方式:连续;力度:重)	掴	出声:敲破碎:瓴去掉表层:削
	手掌	猛推:搡轻击:拍			
	刀斧	重击:砍连续重击:剁快速断开:劈			
	条状物	重击:捅轻击:戳、扎快击:抽			
	块状物	远击:拽			
	重物	重击:砸			重击,使结实:夯

203

三 英语中手的打击义动词

表3

C 对象/部位		对象:人	部位				对象:物
			头	脸	屁股	耳	
A 工具	手	buffet					
	手掌	cuff		smack	spank		
		clout					
		slap					
	拳	plug	conk			box	
	鞭	flay					
		flog					
		lash					
		paddywhack					
		tan					
		thrash					
		whip					
	鞭/杖	baste					
		belabor					
	杖	cane					
	棍棒	club					
		cosh					
		cudgel					
		drub					
	大头棒	bludgeon					
	警棍	truncheon					
	皮带	belt					
		strap					
	板子	paddle					
	桦树条	birch					
	刀	knife					
	刀/斧						chop
	锤						hammer

打击义动词的词义分析

(续表)

	不连续	连续
B 方式·D 力度·E 速度	hit 打击 bop 打击 smite 打击 sock 投物打击 swipe 挥击 swat 重拍 bash 重击 punch 用拳猛击 slug 重击 slog 重击 thump 重击 wallop 重击 whack/thwack 重击 biff 急速地打 clip 急速地打 tap 轻轻地打 rap 急速地轻打	beat 连续地打 pummel 用拳连击 clobber 粗暴地连击 pelt 粗暴地连击
F 结果/目的	结果:使对象变形 brain 打碎脑袋 batter 打得皮肤青肿或破裂 bruise 打得皮肤青肿 contuse 打得皮肤青肿 maul 打得皮肤青肿 bash 打碎 smash 打碎 pound 捣烂 tamp 砸实	结果:使对象发声 bang 发大声撞击 knock 敲击

205

四 对三个表的说明

列上述三个表的目的是要对上古汉语、现代汉语和英语的打击义动词的词义结构进行分析和比较。本文采用的方法是以概念场为参照背景的"概念要素分析法"。

对于词义结构的分析,20世纪80年代在国内通行的是"义素分析法"(componential analysis)。"义素"是由处于同一语义场中的相邻或相关的词相比较而得出的。用义素来分析词义,是词义研究的一种进展。但是它主要适用于同一个共时平面的同一种语言的词汇系统,要用于不同历史时期的语言的词汇系统的比较,或者两种不同语言的词汇系统的比较,就有相当大的局限。因为不同历史时期或者不同语言的词汇系统是不同的,语义场的划分未必相同;即使在同一语义场中,相邻或相关的词也未必相同。就像在上面看到的那样,同属于"打击"语义场的词汇,古代汉语、现代汉语和英语各不相同,因此,用这种方法分析出来的义素,有些可能只适合于某一词汇系统,而对于不同词汇系统之间的比较就可能未必适合。那么,有什么办法可以对不同的词汇系统进行比较呢?

早在1931年,德国语言学家特里尔(J. Trier)就说过:一个时代的一个词汇场(lexical field, Wortfeld)之所以能和另一个时代的词汇场进行比较,是因为它们覆盖着同一个概念场(conceptual field, Sinnfeld)。[①] 这种想法是有道理的,因为词汇表达概念,各

---

① 转引自 J. Lyons *Semantics*, pp. 251-253。

种语言的词汇系统不同,但概念场大体上是人类共同的,把不同系统的词汇放到概念场的背景上,就有了一个共同的坐标,这就可以互相比较。所以,以概念场为参照背景来分析词义,进而对不同语言或不同历史时期语言的词汇系统进行比较,是一个可行的办法。

但是,特里尔的说法比较粗略,正如莱昂斯(J. Lyons)(1977)所指出的:他没有明确给出"词汇场"和"概念场"的定义,也没有明确说出两者的区别。此外,他也没有具体说明这种比较究竟如何进行。今天,我们来进行研究,有些问题还应当进一步明确和细化。

首先,应当明确:"概念场"是一个层级结构(hierarchical structure)。包括全部概念的是总概念场,总概念场下面又分若干层级[1]。为了表述的清晰,我们把总概念场下面的各个层级称为"概念域"(conceptual domain),比如打击(Striking)、位移(Moving)、饮食(Eating and Drinking)、观看(Looking)等,都是人类共同的概念域。本文讨论的是"打击"概念域。"词汇场"也是一个层级结构,包含一个语言系统的全部词汇的是总词汇场,总词汇场下面又分若干层级,上位词在较高的层级,下位词在较低的层级。各个层级的词汇,分别覆盖在相应的概念域中。不同词汇系统的词汇面貌是不相同的,所以,同一个概念域被词汇覆盖的情况也会不同,即覆盖在这个概念域上的成员不同,各个成员的分布不同。

其次,仅仅说到"概念场上覆盖着词汇场"是不够的,还必须进一步说明这些词在概念场上是如何分布的,这些词在某个概念域

---

[1] 比如梅家驹等的《同义词词林》(上海辞书出版社,1983)分为 12 大类(人、物、时间与空间、抽象事物、特征、动作、心理活动、活动、现象与状态、关联、助语、敬语),94 个中类(如"动作"下面又分为上肢动作、下肢动作、头部动作、全身动作四类),1428 小类。这些大类、中类、小类,就是不同的层级。

中的位置是不是可以用明确的坐标来标明。我认为,在每一个概念域中,都存在一个由各种维度交叉而构成的多维网络。比如,"打击"这个概念域,除"动作:打击"这一维度之外,还有六个维度,即:a.打击的工具,b.打击的方式,c.打击的对象/部位("对象"指是人还是不同的物,"部位"指如果是人,那么打击的是什么部位),d.打击的力度,e.打击的速度,f.打击的目的/结果(未实现的是目的,已实现的是结果)。每一维度都包含若干或多或少的节点,如"力度"方面有"轻/重"两个节点。而"工具"方面就包含相当多的节点,如"鞭/棍/刀斧……"等等。几个维度的节点以不同的组合方式交会在一起,形成一个一个不同的交会点,一个概念域中的不同概念就处在这个多维网络的不同交会点上;而那些组合在一起的若干维度上的节点,就是构成某个概念的概念要素。词是表达概念的,所以,某个概念的概念要素,就是这个相应的词的词义要素,这些要素构成这个词的词义结构;这个词就处在这个概念域的多维网络中的由这些概念要素交会而成的交会点上。比如,现代汉语的"夯",其词义结构是由"[动作:打击]+[对象:物]+[工具:重物]+[方式:连续向下]+[力度:强]+[目的:使结实]"几个要素组成的。这种用"概念要素"来分析词义结构的方法,我们称之为"概念要素分析法"。①

当然,除了"动作:打击"这一要素是必需的,并不是每一个打击义动词都需要同时具备其他六个维度的要素,如"夯"就不要求

---

① 既然概念要素就是词义要素,为什么不叫"词义要素分析法"呢？这是因为:1."词义要素分析法"的名称容易和"义素分析法"混同。2.更重要的是,这些要素不是由词义分析得出的,而是把词放在某个概念域的多维网络的背景上,借助与之相应的概念的构成要素的分析而得出的。

"速度"这一维度要素,速度快或速度慢都可以是"夯"。现代汉语的"敲",除"打击"要素外只要求一个要素:"出声",其他的要素,如对象、工具、方式、力度等,在这个词的词义结构中都不要求反映,"敲"的对象可以是钟、鼓、门或头,工具可以是木棒或手,方式可以是横击或竖击,力度可以是轻击或重击,速度可以是快击或慢击。而英语的"knock"就不一样,其词义结构中要求对象维度的要素:对象只能是"door/window",而不能是"bell/drum";要求方式维度的要素:是轻敲而不是撞击,如果是"a harder blow and a louder sound",就成了另一个词"bang"。如果一个打击义的词的词义结构除了"打击"要素外不要求任何其他要素,那就是"打击"语义场中处于最上位的词,如上古汉语的"击",现代汉语的"打",英语的"strike"。

上面三个表的栏目,就是按这六个维度来设计的。应当说明的是:表格总是简单的,而词义结构是复杂的,用表格的方式无法把一些词的词义结构清楚地反映出来。一个词往往有多个词义要素,在二维的表格中只能反映其中的一个或几个。如在现代汉语打击义动词的表中,我们把"夯"放在纵坐标"C对象:物"和"F结果/目的",以及横坐标"A工具:重物"的位置上,只能表示其三个概念要素,而其他两个概念要素[方式:连续向下]和[力度:强]就无法表示出来。上古汉语的"斫""斲""斩",只能放在"A工具:刀斧"栏中,无法反映其"力度:重"的要素。"致(考)""敂(叩/扣)""鼓"只能放在"F目的/结果:发声"一栏,而其对象的不同只能用括号来说明。英语的纵坐标为"A工具",横坐标为"C对象:人"中的那些词,其方式都是"连续打",但这在表中也无法反映。所以,上面三个表只能反映一些大致的情况,而不能代替对这些词的词义结构的分析。

把这三个表加以比较,可以看到三个语言系统中的打击义动词的总体结构是不相同的。1. 在三个表中,有一些词的坐标是相同的,如上古汉语的"击"、现代汉语的"打"和英语的"strike",上古汉语的"鞭"和英语的"whip"(现代汉语没有相应的词,只有一个词组"鞭打"与之相应),现代汉语的"掴"和英语的"smack",这说明这些词的词义结构大致相同。但大部分词的坐标是不同的,这表明这三个词汇系统中的大部分词的词义结构不同。有些词,如英语中的"spank",无论在上古汉语中还是在现代汉语中,都没有对应的词;有些词虽然大致上对应,但其词义结构也并非完全相同,如现代汉语的"敲"和英语的"knock"(见下)。这从某一个局部反映出上古汉语、现代汉语和英语的词汇系统的不同。2. 三个表虽然都从上述六个维度来分析词义,但三个表的结构都不相同。这不是我们的设计有问题,而是由于上古汉语、现代汉语和英语中打击义动词的实际情况不一样。三个表的结构各有自己的特点。上古汉语的表中,表示不同方式的打击义动词很多,这些动词主要着眼于方式的不同,而对于工具、力度、速度等就不加区别。英语的表中,表示不同工具的打击义动词很多,这些动词主要着眼于工具的不同,而对于方式、力度、速度等就不加区别。而在现代汉语的表中,一个明显的特点是:很多打击义动词之间的区别,兼有工具、方式、力度、速度,以及目的/结果几个维度的不同,如"搡"是用手猛推,"劈"是用刀斧快速断开,"夯"是用重物连续地砸实。这种情况也许和我们对这些动词的了解程度有关。对现代汉语,我们有较强的语感,能够根据词在实际语言中使用的情况,了解到一个词多维度的概念要素。而对英语和上古汉语,我们就不那么熟悉,所以只能抓住一些打击义动词的主要的概念要素。尤其是上古汉语，我们主要依据《说文》，而《说文》讲的是词的本义，而且讲得很简单。所以，上古汉语、现代汉语、英语的打击义动词的词义结构究竟有什么不同，还有待于深入研究。

但是，表格给我们提供的信息毕竟是有限的，要对上古汉语、现代汉语和英语的打击义动词进行深入的分析研究，就要采用以概念场为参照背景的"概念要素分析法"，对具体词逐个地做分析和比较。用这种方法可以深入地揭示不同语言系统中意义相近的词的词义结构的差异。比如，上面提到现代汉语的"夯"，在英语中有一个词和它相近："tamp"，其意义是"to pack down tightly by a succession of blows or taps"，但使用的工具可以是捣棒，而不一定是重物。所以，"tamp"的词义结构包含"[动作：打击]+[方式：连续向下]+[力度：强]+[目的：使结实]"四个要素，但是没有包含"[工具：重物]"的要素。两相比较，可以知道，这两个不同词汇系统中的词意义相近，但它们的词义要素和词义结构并不完全相同。又如，英语的"bruise"意思是"to injure by blow that discolors skin without breaking it or any bone"，其词义要素是"[动作：打击]+[结果：皮肤青肿但没有破]"。古代汉语有一个类似的词"痕"，《说文》："痕，殴伤也。"朱骏声《说文通训定声》："凡殴使皮肤起青黑而无创瘢者为痕，有创瘢者为痏。"（见表1）其概念要素也是"[动作：打击]+[结果：皮肤青肿但没有破]"。但英语的"bruise"实际上是侧重结果，比如，可以说"She bruised her knee"，膝盖青肿可能是擦伤的结果，未必有"打击"的动作。而"痕"是动作和结果并重，如《汉书·薛宣传》："遇人不以义而见痕者，与痏（王念孙谓当作'痕'）人者罪钧。""痕"的词义结构中显然包含"打击"的动作。所以"bruise"和"疯"的词义要素和词义结构也不完全相同。

用这种方法还可以用来比较汉语发展史上两个时期词汇的变化。比如说，为了研究上古汉语到现代汉语中打击义动词的变化，可以把上述表1和表2放在上下两个平面上，这两个平面互相映照，构成一个统一的汉语历史概念域。凡是在表1和表2中有的词，都作为这个概念域中的成员，各自处在这个历史概念域的上/下平面中，处在该平面中若干维度的节点的各个交会点上。这两个历史平面的各个交会点是一一对应的，但是两个平面的各个交会点上的词汇表现有的一样，有的不一样。通过这两个平面的比较，就可以看到汉语打击义动词的历史变化。这种以概念场为参照背景的历史词汇研究也是细致而复杂的工作，这不是本文的任务，在这里只说几种最显著的变化。为了叙述的方便，上古汉语平面用 A 表示，现代汉语平面用 B 表示。

1. A 和 B 的对应的交会点上都有同一个词。如：

   A［工具：手掌］+［力度：轻］+［对象：人/物］= 拍。

   B［工具：手掌］+［力度：轻］+［对象：人/物］= 拍。

这说明古今词汇没有变化。

2. A 和 B 对应的交会点上有不同的两个词。如：

   A［工具：刀斧］+［力度：重］+［结果/目的：断］+［对象：物］= 斫。

   B［工具：刀斧］+［力度：重］+［结果/目的：断］+［对象：物］= 砍。

这说明古今有词汇替换。

3. 对应的交会点上 A 有词，B 无词。

Ａ［工具：手］＋［对象：人］＋［方式：两手分击］＝搏。
　　Ｂ［工具：手］＋［对象：人］＋［方式：两手分击］＝０。

这说明"两手击"这种动作古今都存在，但古代有词汇表现，现代没有（只能用词组表示）。

4. 对应的交会点上Ｂ有词，Ａ无词。
　　Ａ［工具：手掌］＋［对象：人］＋［部位：脸］＝０。
　　Ｂ［工具：手掌］＋［对象：人］＋［部位：脸］＝掴／打耳光。

这说明"用手掌打脸"这种动作古今都存在，但上古没有词汇表现（只能用词组"批颊"表示），现代汉语中有词汇表现（"掴"或更口语化的短语词"打耳光"）。

5. 再复杂一点的历史变化在两个平面的比较中也能看到。比如"打击物体使之发声"，Ａ有两个交会点，一个交会点上是"敂（叩／扣）"和"攷（考）"两个词，另一个交会点上是"鼓"这个词；Ｂ只有一个交会点，有"敲"一个词。其间复杂的对应关系到下面再说。

第 二 部 分

　　上面是以上古汉语、现代汉语和英语的打击义动词为案例，讨论了以概念场为参照背景的"概念要素分析法"。下面再深入一步，讨论几个相关的问题。

一　概念化（conceptualization）和词化（lexicalization）

　　上面说过，"各种语言的词汇系统不同，但概念场大体上是人类共同的",这是我们采用以概念场为参照背景的"概念要素分析法"的前提。现在我们要进一步讨论这个前提究竟对不对。

传统的看法认为,概念是人类共同的。这话说得不完全对。很多实际例子说明,有些概念并不是人类共同的。比如颜色的概念。汉民族把光谱分为"赤、橙、黄、绿、青、蓝、紫"七色,当然这就是七个概念。但这七个概念是不是人类共同的?这就很难说了。说英语的民族就分不清"青"和"蓝",不能说他们的概念和汉民族一样。菲律宾的 Hanunóo 语只有四个颜色词:"(ma)biru"(黑和其他深颜色),"(ma)lagti?"(白和其他浅颜色),"(ma)rara?"(栗色、红色和橙色),"(ma)latuy/"(浅绿、黄和浅棕),更不能说他们的关于颜色的概念和世界上其他民族一样。当然,对颜色词的深入研究表明,各种对颜色的切分并不完全是任意的,而是受生理、心理、社会文化因素的制约,但无论如何,世界上并不存在人类共同的关于颜色的概念,这是不可否认的事实。认知语言学认为,概念结构也受社会历史文化的影响,有不少例证可以支持这个看法。以与"打击"有关的概念为例,中国古代用鞭子打叫"鞭",用竹片打叫"笞",毫无疑问是两个概念。在现代汉语中,"鞭"不单说了,但仍有一个复音词"鞭打"来表达这个动作,所以"用鞭子打"仍是一个概念。"笞"到唐代也改为"用楚(荆条)打",在现代"用竹片打"更是很少见了,所以对一般人来说"用竹片打"已经不是一个概念,但读古书的人还是知道"笞"的古义是"用竹片打",对他们来说,"用竹片打"仍是一个概念。在英语中,有"whip"这个词表达"用鞭子打"这个动作,也有这个概念,但没有"用竹片打"这样一个概念(除非是有人对中国古代文化有一定的了解)。其他的民族,如果他们生活的环境根本没有竹子,或有竹子却不用来打人,他们的

打击义动词的词义分析

思想中大概也不会有"用竹片打"这样一个概念。同样,英语中有"birch"(用桦树条打)一词,这在说英语的民族中无疑是一个概念;但是,在汉民族中却不是,桦树在汉民族生活的地区不少见,但不用来打人,即使有人偶尔用桦树条打人,人们可以用"用桦树条打人"这个词组来表达这个动作,但是不会形成一个概念,因为那并不常见。至于古汉语的"抶"(以车軶击)和英语的"truncheon"(用警棍打)就更不可能是全人类共同的概念。

上面的例子是因为一些概念牵涉到"竹片""桦树条""车軶""警棍"等事物,这些事物并非人类都有,或者即使有也并非都用来打人,所以说这些概念不是人类共同的。那么,那些不牵涉这样一些特殊事物的打击动作,比如,打头、打脸、打屁股等,这些动作肯定是人类都有的,这些动作是否都能形成人类共同的概念呢?确实,英语中有"conk""smack""spank"等词,这毫无疑问是概念。现代汉语中没有相应的词,但"打头""打耳光""打屁股"这些常见的词组也可以表达概念。但我们能不能推而广之,说任何一个对人体部位的打击动作都可以形成人类共同的概念呢?比如,"打眼睛""打眉毛""打后背""打膝盖"是否都是人类共同的概念?回答应该是否定的。在古代汉语中有"挨(击背)"这个词,可以说是一个概念。而在现代汉语中,这个动作依然存在,但肯定已经不是一个概念了。

上面的事实告诉我们,概念并非全都是人类共同的。有些概念在一个民族的观念里存在,在另一个民族的观念里不存在;在同一个民族中,可能在一个时期存在,在另一个时期不存在。

所以,本文说"概念场大体上是人类共同的"是一种有分寸的说法。这意思是说:概念场中的一些主要的概念域是人类共同的,这些概念域中的各个概念要素是人类共同的。这就使得我们可以运用以概念场为参照背景的概念要素分析法来分析、比较各种不同语言的词汇和词义。至于概念,那就不能一概而论,认为全都是人类共同的。应该说,一些主要概念可能是人类共同的,但也有一些概念不是人类共同的。

既然人类面对着同一个世界,为什么有一些概念会不相同呢?这就牵涉到"概念化"(conceptualization)的问题,即概念是如何形成的。人们常常说,概念是客观世界在人们头脑中的反映。一般来说,这话不算错。但是,这是什么样的反映?是机械的、照相式的反映?还是能动的反映,或者说是人们的主观认知的结果?如果是机械的、照相式的反映,那么,作为同一个客观世界的反映,人类的概念不应该有什么不同。如果是能动的反映,或者说是人们的主观认知的结果,那么,由于社会文化的原因,或者认知的角度不同,人类的概念就未必完全相同。

这里着重说认知角度的不同而造成概念的不同。还是以有关打击的概念为例。从上面的三个表可以看到,同一种打击动作,在不同语言系统中形成的概念可能是不一样的。比如,"打击物体使之发声"这种动作无疑是各民族都具有的。这种动作,在现代汉语中用"敲"这个词来表达,可以说是一个概念。但是同是"打击物体使之发声"这种动作,在上古汉语中形成的概念及其词汇表现却和现代汉语不一样。上古汉语表达这种动作不用"敲"这个词,在《说文》中,"敲"是"横擿","毃"是"击头"(见表1),都和"打击物体使之发声"无关。上古汉语用来表达"打击物体使之发声"这种动作的是"敂"(常写作"叩"或"扣")或"攷(考)"。如"叩门""叩关""叩钟""考钟""考金石"等。这不值得奇怪,同一个概念在不同的语言系统中用不同形式的词来表达是常有的事。值得注意的是：上古汉语中绝不说"叩鼓"或"考鼓"①，而只说"击鼓""伐鼓""鸣鼓"，或者单说一个"鼓"。(《说文》："鼓，击鼓也。"文献中单用"鼓"表示"打鼓使之发声"的例证很多，不备举。)这就给我们提出一个问题："打击物体使之发声"这种动作，在上古时期的汉民族的心目中，究竟是一个概念还是两个概念？如果是一个概念，为什么在语言表达时，"打击门/钟/金石使之发声"和"打击鼓使之发声"分得那么清楚呢？再看一看别的语言。"打击物体使之发声"这种动作在说英语的民族中无疑也是存在的，但同是这个动作，如果对象是门窗，轻叩时用的词是"knock"，重击时用的词是"bang"(如"He banged on the door until it was opened")。如果对象是钟，所用的词是"strike"；如果对象是鼓，所用的词是"beat"。这也告诉我们，"打击物体使之发声"这种动作，在说英语的民族的思维中根据对象和方式、力度的不同而分成不同的类。

同一类事物或动作，在不同的语言系统中可以分成不同的小类，从而有不同的词汇表现，这一点我在《两次分类——再谈词汇系统及其变化》(参见蒋绍愚 1999)一文中已经说过。这里要对这个问题做进一步的分析。为什么"打击物体使之发声"这一动作在古代汉语、现代汉语、英语中会有不同的分类，从而有不同的词汇表现？这是因为，"打击物体使之发声"实际上只涉及了"打击"和"结果：发声"两个维度，打击动作的其他维度(如工具、方式、力度、速度、对象/部位等)并没有涉及。从道理上讲，如果把其他的各个

---

① 《诗经·唐风·山有枢》："子有钟鼓，弗鼓弗考。"这应当理解为"弗鼓鼓，弗考钟"。

维度都考虑在内,"打击物体使之发声"还可以分成很多小类,比如用手/棍棒/石头/鞭子打,打一下/连续打,轻轻地打/重重地打,快打/慢打,打钟/鼓/门/人的头部/人的腿等等,在客观世界中其发出的声音都不会相同,如果人们把每一个发出不同声音的打击动作都看作独立的一类,每一类都形成一个独立的概念,那么,仅就"打击物体使之发声"这一大类而言,其中就会包含多得数不清的概念,也就需要用多得数不清的词来表达,这么庞大的一个概念系统和词汇系统,这对于人类的思维和语言交际会是一个不堪负荷的沉重负担。所以,概念必须是抽象、概括的,"打击物体使之发声"这一动作不能分得这么细,不能分成这么多的类,只能分得粗一点,分成两类、三类或一类;在这种比较粗的分类过程(或者说"认知过程")中,就只能考虑某些维度,而其他的维度就必须忽略不计。但是,究竟哪些维度应该考虑,哪些维度应该忽略不计,这却没有一定之规,而是各个语言社团约定俗成的。比如,在说现代汉语的语言社团中,把所有"打击物体使之发声"的动作都看作一类,而对其他各个维度一律忽略不计。而在说古汉语的语言社团中,却要考虑"对象"这一维度,把"打击物体使之发声"的动作根据对象的不同来分类:对象为"鼓"的是一类,用"鼓"来表达;除此以外的是另一类,用"敂(叩/扣)"和"攷(考)"来表达。在英语中,除了考虑"对象"这一维度,还要考虑"力度"和"方式"的维度:对象为门窗的分为两类,轻的用"knock",重的用"bang"来表达;对象为钟、鼓的也分为两类,但没有专用的动词,而是用本来只表示打击不表示发声的两个动词来表达:撞击用"strike",连击用"beat"。

这种"分类"的不同不仅仅表现在各种有细微差别的打击动作上,就是人类的一些最基本的生存活动也有"分类"的不同。比如,

打击义动词的词义分析

在说现代汉语的人看来,"吃"和"喝"应该是不同的两类,"穿"和"戴"应该是两类,这种分类似乎是天经地义的。但实际上却并非如此,我们不必去寻找另一种语言来进行比较(如以英语的"wear"和现代汉语的"穿""戴"比较),就在汉语的历史上,就有过不同的分类:在中古汉语中,不论是鞋帽还是衣服,其穿戴的动作都是同一类,都用"著/着"来表达;在近代汉语中,不论是饭还是茶、酒,其摄入的动作都是同一类,都用"喫/吃"来表达。

戴浩一(2002)说:"每一个语言有不同的概念化。"如果他的意思是各种语言的概念化不会完全相同,那么,我同意他的意见。

除了概念化,还有一个"词化"(lexicalization)的问题。[①] 同一个概念可以用词表达,也可以用大于词的语言单位(词组,甚至句子)表达,但这两者是有区别的:前者是某些概念要素进入了一个词的词义结构之中,这就是"词化"。后者则不然,是某些概念要素分别用不同的词表达。哪些概念要素词化了,用一个词表达,哪些概念要素没有词化,分别用几个不同的词表达,这在不同语言可能是不一样的。而且,同样是词化,词化的方式也可能不同。这些都会使得不同语言的词汇出现不同的面貌。

词化方式的不同可参看 L. Talmy(1985)。他讨论了"词化模式(lexicalization patterns)"的问题,把"位移动词(motion verb)"分解为六种"语义要素(semantic elements)":"位移(Motion)""路径(Path)""物体(Figure)""背景(Ground)""方式(Manner)""动

[①] "Lexicalization"这个术语有两个意思:1. 由大于词的语言单位凝固成词的过程。这个意义在汉语中通常翻译为"词汇化"。2. 某些概念要素进入一个词的词义结构之中。这个意义本文翻译为"词化",以显示和第一个意义的区别。本文只讨论"词化",不讨论"词汇化"。

因(Cause)"。他认为各种语言的位移动词有两种不同的"词化模式"。一种是"位移+方式"或"位移+动因"模式,"位移"和"方式/动因"要素包含在一个动词之中。如英语的 "The bottle floated out of the cave","floated"是"moved（Motion）+ floating (Manner)"。另一种是"位移+路径"模式,"位移"和"路径"的要素包含在一个动词之中。如西班牙语的 "La botella salió de la cueva flotando","salió"是"moved(Motion) + out(Path)"。他用大量的例证说明了印欧语中的罗曼语(特别是西班牙语)是后一种模式,除此以外的印欧语(如英语)是前一种模式。

词化和非词化的例子在汉语中很容易找到。比如,古代汉语的一系列动词都是把"动作+方式"/"动作+对象"/"动作+主体"/"动作+背景"两个概念要素包含在一个词中的,而在现代汉语中把两个概念要素分别用不同的词表达:

a. 动作+方式

瞻,《说文》:"瞻,临视也。"段注:"今人谓仰视曰瞻。"　　向上看

顾,《说文》:"顾,还视也。"　　　　　　　回头看

睨,《说文》:"睨,衺视也。"　　　　　　　斜看

睇,《说文》:"睇,小衺视也。"　　　　　　悄悄地斜看

窥,《说文》:"窥,小视也。"　　　　　　　从小孔中看

b. 动作+对象

沐,《说文》:"沐,濯发也。"　　　　　　　洗头

沫(頮),《说文》:"頮,洒面也。"　　　　　洗脸

盥,《说文》:"盥,澡手也。"　　　　　　　洗手

洗,《说文》:"洗,洒足也。"　　　　　　　洗脚

澣(浣),《说文》:"澣,濯衣垢也。"　　　　洗衣

c. 动作＋主体
集,《说文》:"群鸟在木上也。"　　　一群鸟停在树上
骤,《说文》:"马疾步也。"　　　　　马快跑
d. 动作＋背景
跋,《毛传》:"草行曰跋。"　　　　　在草上走
涉,《毛传》:"水行曰涉。"　　　　　蹚着水走

这些例证说明除了概念化的不同,词化的不同也深刻地影响各种语言的词汇的面貌。我们运用以概念场为参照背景的概念要素分析法来分析、比较不同词汇系统的词和词义,一定要注意到这些问题。如果简单地认为概念都是人类共同的,而相同的概念都会有相同的词汇表现,那么,除了语音形式的不同之外,不同语言系统的词汇就没有差别性可言了。

二　义位和义元

为了以概念场为背景进行不同词汇系统的词汇和词义的比较研究,这里想提出一个术语:"义元"。

上面讲到,在"打击"概念场中,在若干维度的节点的交会点上,有的在上古汉语中有词汇表现(如"捭"),现代汉语中这个词消失了;有的相反,上古汉语没有词汇表现,到后来才有词汇表现(如"捆");有的在英语中有词汇表现(如"spank"),而在汉语中从古到今都没有词汇表现。在表述这样的语言事实的时候,似乎还缺少一个恰当的术语:那些在某一词汇系统中有词汇表现,而在另一词汇系统中没有词汇表现(只能用大于词的单位来表达)的交会点,用什么术语来表达?

蒋绍愚文集(第七卷):汉语词汇语法史论文选

我们能不能用"义位"这个术语来表述？义位确实是语义的术语,但按照汉语语言学中通常的用法,"义位"是词的一个义项,它是和"词"联系在一起的,离开词就无所谓义位。① 我们可以说:"攻"有"敲击"和"考核"两个义位,"敂"有"敲击"和"询问"两个义位,"攻"的一个义位和"敂"的一个义位意义相同;但不能说"攻"和"敂"有同一个义位,正如我们不能说"攻"和"敂"有同一个义项一样。义项是分属于两个词的,不可能两个词有同一个义项;义位

---

① 这里遇到一个术语的问题。在汉语语言学中,"义位"通常认为是"sememe"的译名,而且是这样定义的:"指一个词的一个义项。但"不自由的语素义,在字典词典里算一个义项,但不能算为义位。"(张志毅、张庆云《词汇语义学》,商务印书馆,2001,15—16页)

但是,sememe 有不同的用法。布龙菲尔德用它表示"词素意义"。布龙菲尔德《语言论》:"语言信号中有意义的最小单位;义位(glosseme);义位的意义是义素(noeme)。(a)词汇的:词素(morpheme);词素的意义是词素意义(sememe)。"(中译本,袁家骅、赵世开、甘世福译,商务印书馆,1985,332页)有些语义学著作不用这个术语,如 J. Lyons *Semantics* 把"eye"的两个义位"organ of sight"和"hole in a needle"称为"one lexeme with a number of meanings"(p. 22)。G. Leech *Semantics* [Ricgard Clay (The Chaucer Press)Lit.,1981]把"一词多义"解释为"the existence of more than one semantic specification for the same lexical item"(p. 229)。J. Saeed *Semantics* (Blackwell Publishers Lit.,外语教学与研究出版社,2000)在谈到"一词多义"时说:"polysemous senses are listed under the same lexical entry."(p. 64)。

另一方面,有的用"lexeme"来表示通常说的"义位",如张家骅等《俄罗斯当代语义学》(商务印书馆,2003):"词汇语义学……研究对象是作为义项从内容与形式统一的词中分离出来的词汇语义单位。"(3页)"词用于一个特定的义项时,称作词汇语义单位。一个词有几个义项就是几个词汇语义单位。"(28页)"词汇语义单位"是俄文"Лексема"的中文翻译。但"lexeme"一般指"词位"。如 J. Lyons *Semantics* 把"eye"称为"one lexeme",把"found"(establish)和"found"(melt and pour into a mould)称为"two distinct lexemes"。(p. 22)有的著作中"lexeme"的定义是不明确的。如 J. Saeed *Semantics* 认为"lexeme"就是"semantic word",同时又说"(left) foot","foot (of the mountain)","(a) foot(long)"这三个"foot"是"three lexemes",并且说"another way of describing this is to say that we have three senses of the word *foot*"。(p. 58)

本文按照国内通行的用法来使用"义位"这一术语。

也是如此,不可能两个词有同一个义位。

在讨论词汇的历史替换时,人们会说:"在'睡眠'语义场中,有一个表示'睡醒'的义位,这个义最初用'觉'表示,后来用'醒'表示。"其实这样说是不妥当的。怎么会有离开了词而独立存在的"义位"?

在讨论语义场的历史变化时,人们会说:"上古汉语中没有'用手掌打脸'这个义位,这种动作只能用'批颊'这个词组来表达,后来才形成一个新的义位,用'掴'这个词来表达。"这样说也是不妥当的。那就意味着"义位"可以先于词而存在。

上述表述之所以不妥当,主要是因为缺乏一个合适的术语。所以我想提出"义元"这个术语。什么叫"义元"? 就是处在某一个概念场的多维网络结构的某一个交会点上的、在某一个语言系统中可以有词汇表现的语义单位。它的分布的背景是概念场,但它本身属于语义层面。"义元"的英译可以是"semantic unit"。

所谓"处在某一个概念场的多维网络结构的某一个交会点上的语义单位",指的是这种语义单位是根据它所在的概念场中的若干维度的节点交会而确定的。比如前面说过,现代汉语的"夯",其词义结构包括"[动作:打击]+[工具:重物]+[方式:连续向下]+[力度:强]+[目的:使结实]"几个要素,也就是说,在这五个维度的节点的交会点上,在现代汉语中有一个义元,这个义元用"夯"来表达。这样来定义"义元",就是把它放在概念场的背景上。

所谓"可以有词汇表现",指的是这个语义单位可以用词或者熟语来表达。"义元"必定处在某个概念域的几个维度的节点的交会点上,但处在某个概念域的几个维度的节点的交会点上的却不一定是义元。比如在"打击"概念场中,"[动作:打击]+[工具:手

223

指]+[对象:眼睛]"这几个维度的节点的交会点是"用手指戳眼睛",这种动作在人们意识中肯定有反映,但至少在古代汉语、现代汉语、英语这几个语言系统中,这种意义都不用词来表达,所以它不是义元。在实际生活中,用任何一种东西打人都是可能的,比如"用砖头打""用松树条打""用鞋子打""用书本打""用眼镜打"……都是可能发生的动作,这些动作也都会反映在人的意识里,而且都在概念场中处在几个维度的节点的交会点上(这样的交会点可以有无数个),但它们未必有词汇表现。这说明这些动作不是经常发生的,在人们的意识里没有形成固定的语义单位,所以不是义元。只有能有词汇表现的才是固定的语义单位,比如"[动作:打击]+[工具:手掌]+[部位:屁股]"这个语义单位,在英语中用"spank"这个词表达,在现代汉语中用"打屁股"这个熟语表达①,所以在英语和现代汉语中,都是一个义元。

为什么要说"在某一个语言系统中可以有词汇表现"？因为前面说过,各种语言的概念化和词化不完全相同,所以在不同的语言中,义元也不完全相同。"以车鞅击"在英语中不是一个义元,"用警棍打"在古汉语中不是一个义元。"把饭食咽下去"和"把酒、茶等咽下去"在现代汉语中是两个不同的义元(分别用"吃"和"喝"表达),"把饭食或酒、茶等咽下去"在近代汉语中是一个义元(都用"吃"表达)。"moved + out"在西班牙语中用"salió"表达,是一个义元;在英语中不能用一个词表达,不是一个义元。"打击头部"这

---

① 这是现代汉语中的熟语,指大人用手掌打孩子的屁股。中国古代的"打屁股"是一种刑罚,是用板子打屁股,这是另一个义元。

种语义,在英语中用"conk"表达,是一个义元;在汉语中不用词或熟语表达,不是一个义元。"洗手"这种语义,在古汉语中用"盥"表达,是一个义元;在现代汉语中不用词或熟语表达,不是一个义元。

"义元"和"义位"的不同在于:"义元"是以概念场为背景,来考察处于概念场中的哪些语义单位与词有联系(有什么词汇表现),而"义位"是从词出发,来分析词的几个义项分别处在概念场的什么位置上(表达什么不同的义元)。"义元"和"义位"都是把概念场和词汇联系起来考察,但考察的角度是不同的。简单地说,前者是立足于概念场而联系到词,后者是立足于词而联系到概念场。

有了"义元"这个术语,我们可以清楚地表达用"义位"不便于表达的内容。比如,我们不能说"斫""砍""chop"有同一个义位,但可以说"斫""砍""chop"都处在"打击"概念域的下列维度的节点的交会点上,"[动作:打击]+[工具:刀斧]+[方式:重击]+[目的/结果:使对象断裂]",它们表达的是同一个义元。

在研究词汇和词义的历史发展的时候,用"义元"这个术语,也有助于我们把问题说得更清楚。比如在拙作《关于汉语词汇系统及其发展变化的几点想法》一文中,第一节是"义位的有无和结合关系",其中有这样一段话:

> 这里我们需要使用"义位"这一概念。"义位"是属于语言深层结构的,反映人们思想中对客观事物的分类。上面所举的事物、动作、性状自古到今都存在,但人们在思想中对它们的分类不同。有的是古人把它们分出来作为一个义位,如"羹""胾""酎";而在现代汉语的语义系统中却没有这些义位,在今人看来"羹"和"胾"都是肉,它们的区别可以用词组来表

达。相反，有的在上古汉语的语义系统中没有形成义位，如"泼""捆""噇"，当时人们觉得"弃水"的"弃"和"弃物"的"弃"并无区别。后来人们才把"弃水"这个动作从一般的"弃"中分出来，形成一个新的义位，而称之为"泼"。这就是义位的有无问题。

这段话中的"义位"都应该改为"义元"；"义元"要像上文那样定义。

又如，关于表示"打击物体使之发声"的动词的古今变化，可以这样来表述：

在上古汉语里，表示"打击物体使之发声"这个动作根据打击对象的不同分为两个义元：1."［动作：打击］＋［对象：门、钟］＋［结果/目的：发声］"；2."［动作：打击］＋［对象：鼓］＋［结果/目的：发声］"。前一个义元用"敂（叩/扣）"和"攷（考）"两个动词来表达，后一个义元用"鼓"这个动词来表达。在现代汉语里，表示"打击物体使之发声"这个动作的只有一个义元："［动作：打击］＋［对象：物体］＋［结果/目的：发声］"，用"敲"这个动词来表达。

这样的表述，可以把"动作""义元""词"三个不同的层面分得比较清楚。"动作"是客观世界的一部分；"义元"是客观世界在人的意识里的反映，是语义单位；"词"是语言单位，是用来表达义元的。"词"和"义元"并不都是一一对应的。

以上想法都是一些探索，是否妥当还得请诸位同行指教。

参考文献

戴浩一 2002 《概念结构与非自主性语法:汉语语法概念系统初探》,《当代语言学》第 1 期。

蒋绍愚 1989 《关于汉语词汇系统及其发展变化的几点想法》,《中国语文》第 1 期。

蒋绍愚 1999 《两次分类——再谈词汇系统及其变化》,《中国语文》第 5 期。

蒋绍愚 2006 《汉语词义和词汇系统的历史演变初探——以"投"为例》,《北京大学学报》第 4 期。

Hong Gao,Chin Chuan Cheng 2003 Verbs of Contact in English and Their Equivalents in Mandarin Chinese,《语言暨语言学》第 4 卷第 3 期.

Lyons,John 1977 *Semantics*,Cambridge Press.

Talmy, Leonard 1985 Lexicalization Patterns: Semantic Structure in Lexical Forms, in Timothy Shopen, ed., *Language Typology and Syntactic Description*, Vol. 3. Cambridge: Cambridge University Press, pp. 36-149.

(原载《中国语文》2007 年第 5 期)

汉语"天"的意义的演变

在《现代汉语词典》(第 5 版)中,"天"有这么几个意义:

天❶天空:顶～立地｜太阳一出满～红。❷位置在顶部的;凌空架设的:～棚｜～窗｜～桥。❸一昼夜二十四小时的时间,有时专指白天:今～｜过了冬至,～越来越长了。❹用于计算天数:每～｜第二～｜三～三夜｜忙了一～,晚上早点儿休息吧。❺一天里的某一段时间:五更～｜～儿还早呢。❻季节:春～｜冷～｜三伏～｜黄梅～。❼天气:阴～｜～晴｜～冷了。❽天然的;天生的:～性｜～资｜～足。❾自然界:～灾｜人定胜～。❿迷信的人指自然界的主宰;造物:～意。⓫迷信的人指神佛仙人所住的地方:～国｜～堂｜归～。⓬姓。

本文将以"天"在现代汉语中所有的这些意义为出发点,来讨论"天"的意义在历史上的演变。如果历史上的"天"是属于上述意义之一的,我们将会用"天 n"来表示。如"天空"义的"天"记作"天❶","天气"义的"天"记作"天❼"等等。

上述这些意义,有些(如❶❽❾❿)是在先秦就有的。如:

天❶(天空)。《诗经·唐风·绸缪》:"绸缪束薪,三星在天。"

天❿(万物的主宰)。《诗经·小雅·节南山》:"天方荐瘥,丧乱弘多。"

天❾(自然界)。《荀子·天论》:"天行有常,不为尧存,不为桀亡。"

天❽(天然的)。《荀子·天论》:"耳目鼻口形能各有接而不相能也,夫是之谓天官。"

这些意义孰先孰后,以及彼此之间的发展关系,本文不拟详细讨论。

有些(如❸❹❺❻❼)是后来逐渐发展出来的。本文着重考察那些后来才产生的意义是什么时代出现的,是如何发展出来的。但在考察时会涉及前面那些意义。

一

上面举了先秦时"天"表示"天❶(天空)""天❿(万物的主宰)""天❾(自然界)""天❽(天然的)"这四个意义的例子。但先秦时有些"天"究竟是上述哪一个意义,还需要讨论。

先讨论"天雨"。

先秦"天雨"出现得很多,这里仅举两例:

《墨子·非攻》:"子墨子归,过宋,天雨,庇其间中。"

《韩非子·说难》:"宋有富人,天雨墙坏。"

这些"天"是有意志的"天"(万物的主宰)呢,还是"天空"的"天"? 如果是前者,则是"天"发出"下雨"的动作;如果是后者,则是从天上掉下雨点。似乎两者都有可能。但是,结合下面的例句来看,应该是后者。

《诗经·小雅·鸱鸮》:"迨天之未阴雨,彻彼桑土,绸缪牖户。"

这里是"阴雨"连在一起说的。"天阴"的"天"显然不是有意志的

"天",而是"天空"的"天"。那么,这里的"天雨",显然也不是有意志的"天",而是"天空"的"天"。

当然,有时候"天雨 N"是一种灾异,这时的"天"是有意志的天,"天"发出"雨 N(一些特别的东西)"的动作,是对人的警告。如:

《墨子·非攻下》:"咅至乎商王纣,天不序其德,祀用失时,兼夜中十日雨土于薄,九鼎迁止,妇妖宵出,有鬼宵吟,有女为男,天雨肉,棘生乎国道。"

《战国策·齐策六》:"天雨血沾衣者,天以告也;地坼至泉者,地以告也;人有当阙而哭者,人以告也。"

但如果只是"天雨",那就是人们见到的一种自然现象:从天上掉下雨点。①

附带说到"天阴"和"天晴"。

除了上述《诗经·小雅·鸱鸮》"迨天之未阴雨,彻彼桑土,绸缪牖户"一例外,"天阴"要到《汉书》才能看到。如:

《汉书·五行志》:"贺即位,天阴,昼夜不见日月。贺欲出,光禄大夫夏侯胜当车谏曰:'天久阴而不雨,臣下有谋上者,陛下欲何之?'"

《汉书·楚元王传》:"后复视事,天阴雨雪。"

《汉书·杨恽传》:"正月以来,天阴不雨。"

显然,"天阴"的"天"是"天❶"(天空)。

"天晴"的"天"也应该是"天❶"。但"天晴"最早见于南北朝:

---

① 在甲骨文中,没有"天地"的"天","雨"字上面的一横,就表示天空。但甲骨文中常见"帝令雨"的说法,可见在殷商时期,人们认为是上帝让下雨的。但这种观念在春秋战国时期已经改变。

汉语"天"的意义的演变

庾肩吾《咏同泰寺浮图诗》:"月出琛含采,天晴幡带虹。"

张说《岳阳石门墨山二山相连有禅堂观天下绝境》:"常涉巴丘首,天晴遥可见。"

李端《古别离》:"天晴见海樯,月落闻津鼓。"

秦观《碧芙蓉》:"日暖天晴,喜秋光清绝。"

然后讨论"天寒"。"天寒"在先秦就有。如:

《庄子·让王》:"天寒既至,霜雪既降,吾是以知松柏之茂也。"

《吕氏春秋·分职》:"卫灵公天寒凿池,宛春谏曰:'天寒起役,恐伤民。'"

"天寒"的"天",无论用上述四个意义中的哪一个来解释都不适合。用现代汉语来翻译,"天寒"就是"天气寒冷"。能不能说,"天寒"的"天"是"天❼",先秦时"天"已经出现了"天气"这个意义呢?

我认为,上述例句中"天寒"的"天"还不能简单地说就是"天气"(气候)。我们可以结合《左传》中的一段话来讨论:

《左传·昭公元年》:"天有六气,降生五味,发为五色,征为五声,淫生六疾。六气曰阴、阳、风、雨、晦、明也,分为四时,序为五节,过则为灾:阴淫寒疾,阳淫热疾,风淫末疾,雨淫腹疾,晦淫惑疾,明淫心疾。"

《庄子》和《荀子》中也说:

《庄子·列御寇》:"天犹有春、秋、冬、夏、旦、暮之期。"

《荀子·天论》:"天不为人之恶寒也辍冬,地不为人之恶辽远也辍广。"

可见,在春秋战国时期人们的观念中,"四时(春、夏、秋、冬)"和

"寒""暑"都是"天"或"天"之"六气"运行的结果。"天有六气"的"气",可能和后代"天气"的"气"有一定的关系,但本身还是"元气"的"气"。"六气"是"天"的构成成分,而这个"天",既不是万物的主宰,也不是"天空",也不是整个的自然界,而是"天地"的"天"。在春秋战国时期,"天"可以指整个自然界,如《荀子·天论》中"天行有常""从天而颂之,孰与制天命而用之"的"天",但更多的场合,是"天"和"地"并称,在当时人们的观念里,整个宇宙分为"天"和"地"两大部分,"天"和"地"各有自己运行的规律;"天有六气(阴、阳、风、雨、晦、明)","六气"的变化形成"四时(春、夏、秋、冬)"和"寒""暑",这是"天"的运行。这个与"地"相对的"天",不仅仅是日、月、星、辰运行于上的天空,而且是一个充满着"六气",也包含着日、月、星、辰的实体,它有自己的运行和变化,还可以化生万物。这种"天"的概念,在现代汉语中当然是不存在了,但在古代却是一个非常重要的概念。为了叙述的方便,我们把这种"天"记作"天A"。

"寒"是"天A"的运行的一种表现,所以,可以单说"寒",也可以说"天寒",这个"天"是"天A"。

不过"天寒"的说法在先秦并不多见,而且出现得比较晚。

用"天气"来表示"气候"的,大概最早是曹丕的《燕歌行》:

　　曹丕《燕歌行》:"秋风萧瑟天气凉,草木摇落露为霜。"

既然有了"天气凉"的说法,那么,在后来的人看来,"天凉"和"天气凉"是一个意思,所以"天凉"以至于"天寒"的"天"就都是"天❼",是表示"天气"的意思了。

　　陶渊明《自祭文》:"天寒夜长,风气萧索。"
　　白居易《小曲新词》二:"好向昭阳宿,天凉玉漏迟。"

但从来源说,先秦时"天寒"的"天"是"天A",而不是表示"天气"的"天❼"。

"天热"出现在南北朝时期,"天热"的"天"已是"天❼(天气)":

《后汉书·五行志五》:"时民以天热,欲就池浴。"

二

"春天""夏天""秋天""冬天"出现在南北朝。

[春天]

晋闵鸿《亲蚕赋》:"洪恩美而周普,配春天之景福。"(《历代赋汇》补遗卷七)

[夏天]

《抱朴子·内篇·论仙》:"盛阳宜暑,而夏天未必无凉日也。极阴宜寒,而严冬未必无暂温也。"

《抱朴子·内篇·释滞》:"予从祖仙公每大醉及夏天盛热,辄入深渊之底。"

《搜神记》卷一四:"清河宋士宗母夏天于浴室里浴,遣家中大小悉出,独在室中良久。"

《艺文类聚》卷八九引《文士传》:"嵇康性绝巧,能锻。家有一柳树,乃激水以圜之,夏天甚凉,居其下遨游以锻。"

[秋天]

《艺文类聚》卷九引邓德明《南康记》:"有石雁浮在湖中,每至秋天,石雁飞鸣。"

[冬天]

《世说新语·夙慧》:"晋孝武年十二,时冬天,昼日不箸复衣,但箸单练衫五六重,夜则累茵褥。"

《世说新语·汰侈》:"石崇为客作豆粥,咄嗟便办。恒冬天得韭萍蓝。"

《齐民要术·种瓜法》:"冬天以瓜子数枚,内热牛粪中,冻即拾聚,置之阴地。"

《齐民要术·作酪法》:"冬天作者,卧时少令热于人体,降于余月,茹令极热。"

用今天的眼光看来,"春天""夏天""秋天""冬天"的"天"当然是"天❻(季节)"。但这个意义是怎样发展来的呢?

先秦时,"春""夏""秋""冬"通常是单说的,也可以说成"春日""夏日""秋日""冬日"。但《诗经》中"秋日"和"冬日"还是词组:

《诗经·小雅·四月》:"秋日凄凄,百卉具腓(疏:言严秋之日凄凄然有寒凉之风。)……冬日烈烈,飘风发发。"

到战国时就成为词了,"冬日""夏日"就等于"冬""夏":

《孟子·告子上》:"冬日则饮汤,夏日则饮水。"

《庄子·让王》:"冬日衣皮毛,夏日衣葛绨;春耕种,形足以劳动;秋收敛,身足以休食。"

《荀子·赋篇》:"冬日作寒,夏日作暑。"注:"在冬而凝寒,在夏而蒸暑也。"

为什么后来说成"春天""夏天""秋天""冬天"呢?把"春""夏""秋""冬"和"天"联系起来,这是因为,如前所述,"天有六气……分为四时。""四时"是"天"的运行。《晋书》上的一段话很值得注意:

《晋书·天文志》:"夏时阳气多,阴气少,阳气光明,与日同辉,故日出即见,无蔽之者,故夏日长也。冬天阴气多,阳气少,阴气暗冥,掩日之光,虽出犹隐不见,故冬日短也。"

从《晋书》例可以看出,这里既有"冬天",又有"冬日"。"冬天阴气多,阳气少","冬天"可以理解为"冬之天(天 A)",但"冬天"又和"夏时"对举,所以"冬天"又相当于"冬时('四时'的'时')",也就是"冬季"。也许,表示"冬季"的"冬天"("天"是"天❻")正是由"天 A"—"天❻"这样演变而来的。

魏晋南北朝的"春天""秋天"还有一个意思:"春季的天空""秋季的天空":

《三国志·吴书·周鲂传》:"乞降春天之润,哀拯其急。"

《北齐书》卷四:"恩比春天,威同夏日。"

《艺文类聚》卷三五引昭明太子《与何胤书》:"志与秋天竞高,理与春泉争溢。"

这样的"春天""秋天"("天"是"天❶")和表示"春""夏""秋""冬"的"春天""夏天""秋天""冬天"("天"是"天❻")的形成也有一定的关系。"春天❶""秋天❶"的"天❶"是"天空"的意思,"春天❻"等中的"天❻"的来源是"天 A",两者意义不同,但在当时人们的观念里,"天❶"和"天 A"是可以相通的。因此,既然有了"春天❶""秋天❶",就很容易产生上述《晋书》中的"冬天(冬之天 A)",再进一步演变,就产生了"春天❻""秋天❻"。

三

表示"一昼夜"的"天"产生得很晚。"一昼夜"原来是用"日"表示的,如"一日""今日",直到清代,"天"才开始取代"日"。

这又分两个阶段。首先是"一日"可以说成"一天"。下面举《儒林外史》和《红楼梦》的几个例子:

《儒林外史》四六回:"当日,吃了一天酒。"

《儒林外史》五五回:"他三日前就要斋戒一日,第二日磨一天的墨。"

《红楼梦》第一〇回:"但只今日拜了一天的客。"

值得注意的是:这时往往"一日"和"一天"互用,但"今日""明日"却不说"今天""明天"。

"一天"也可以表示一个白昼:

《儒林外史》三八回:"那雪下了一夜一天,积了有三尺多厚。"

《红楼梦》二五回:"一天一夜也得多少油?我也做个好事。"

那么,"今日""昨日""明日"说成"今天""昨天""明天"是从什么时候开始的呢?

在《红楼梦》中,还只说"今日""昨日""明日",不说"今天""昨天""明天"。出现"今天""昨天""明天"的,是在清魏秀仁的《花月痕》(咸丰八年,公元1858年序)中,也是"今天"和"今日"都有的:

《花月痕》一二回:"不要说今天这一天,就昨天晚上,不知要赔了多少泪,受了多少气哩。"

《花月痕》三〇回:"痴珠道:'事不凑巧,秋痕今天还备有两席呢。'……今日这一会,大家都有点心绪,所以顶闹热局,转觉十分冷淡。"

《花月痕》三〇回:"今天立春第二日。"

从"一天"发展到"今天/昨天/明天",是非常自然的。问题在于:"一天"表示"一昼夜"是怎样发展来的?

在宋金时期,"一天"表示"满天",或者表示"天大的"。如:

汉语"天"的意义的演变

  朱淑真《鹧鸪天》词:"一天飞絮东风恶,满路桃花春水香。"

  《刘知远诸宫调》:"清宵夜好难捱,一天愁闷怎安排?"

  《刘知远诸宫调》:"把一天来好事都惊散。"

这种用法,元曲中很常见,直到《醒世恒言》和《儒林外史》中都还有。如:

  《醒世恒言》卷七:"这做媒乃是冰人撮合,一天好事,除非他女儿不要嫁人便罢休;不然,少不得男媒女妁。"

  《儒林外史》七回:"学道看罢,不觉喜逐颜开,一天愁都没有了。"

但表示"一昼夜"的"一天",不可能是从这种"一天"演变来的。

那么表示"一昼夜"的"一天"究竟是怎样发展来的呢?这个问题不大好回答,因为历史数据没有给我们提供清楚的线索,我只能做一个大胆的猜测。

我设想,表示"一昼夜"的"一天"是由"天"替换了"一日"中的"日"而成的。

"一日"的"日"表示"一昼夜",这是从"日"的"太阳"的意义引申来的,这很好理解。"天"怎样从它固有的意义引申为"一昼夜"?如果"天"没有引申出"一昼夜"的意义,它怎么能替换"日"?

我想,"一天"的"天"替换"一日"的"日",不是它本身词义演变的结果,而是通过另一种途径实现的。

从历史上看,早就有"天"对"日"的替换。这就是前面说的,在魏晋南北朝时,"春/夏/秋/冬+日"换成了"春/夏/秋/冬+天"。但这里的"日"和"天"都不是"一昼夜"的意思,而是"一个时期""一个季节"的意思。"日"和"天"发展为这个意义的途径是不同的:

237

"秋日"是"秋之日子"→"秋之季节","秋天"是"秋之天 A(或'秋之天空')"→"秋之季节"。但从结果来看,是"天"替换了"日",在"秋日"和"秋天"的格式里,用"天"和用"日"没有区别。

再晚一点,到唐代,又有"晴日"和"晴天"的替换。在唐代,"晴朗的日子"说成"晴日"。这种例子较多,下面举四例:

卢纶《江北忆崔汶》:"晴日游瓜步,新年对汉阳。"

刘禹锡《牛相公见示新什谨依本韵次用以抒下情》:"雨天龙变化,晴日凤骞腾。"

白居易《霖雨苦多江湖暴涨块然独望因题北亭》:"自作浔阳客,无如苦雨何。阴昏晴日少,闲闷睡时多。"

白居易《久雨闲闷对酒偶吟》:"自夏及秋晴日少,从朝至暮闷时多。"

说成"晴天"的不多,但也有了。如:

杜甫《中丞严公雨中垂寄见忆一绝奉答二绝》:"江边老病虽无力,强拟晴天理钓丝。"

"晴日"和"晴天"是从不同途径发展来的。"晴日"本指"晴朗的太阳":

蜀太后徐氏《丹景山至德寺》:"晴日晓升金晃曜,寒泉夜落玉丁当。"

韩翃《寻胡处士不遇》:"微风吹药案,晴日照茶巾。"

"晴天"本指"晴朗的天空":

萧纲《奉和登北顾楼诗》:"雾崖开早日,晴天歇晚虹。"

褚亮《和御史韦大夫喜霁之作》:"晴天度旅雁,斜影照残虹。"

但"晴日"从"晴朗的太阳"演变为"晴朗的日子","晴天"从"晴朗的天空"也演变为"晴朗的日子","晴日"和"晴天"的所指

汉语"天"的意义的演变

就相同了。① 这样,在语言使用者看来,"日"和"天"都能指"日子"(一昼夜),所以,"一日"也可以说成"一天"。

但是,用"一天"替换"一日"为什么那么晚？为什么表示"一昼夜"的"一天"能排挤表示"满天"或"天大的"的"一天"？这些问题还有待于研究。

四

"五更天"的"天"是"天❺(一天里的某一段时间)"。"五更天"的说法在清代才出现,元明时期的说法是"五更天气",或"五更时分"。如：

《水浒传》八回："叫店小二算过酒钱,两个公人带了林冲出店,却是五更天气。"

《水浒传》八回："却好五更天明时分,把白胜押到厅前。"

到了清代,才有"五更天"的说法。如：

《儒林外史》二一回："当下卜诚、卜信吃了酒先回家去,卜老坐到五更天。"

《红楼梦》第四八回："昨夜嘟嘟哝哝直闹到五更天才睡下,没一顿饭的工夫天就亮了。"

但是在《儒林外史》中也还用"五更天气"。如：

---

① 附带说说"阴天"。"阴天"原来表示"阴暗的天空",后来演变为"阴翳的天气",时间也是在唐代。这从下面的例句可以清楚地看到：
吕温《道州观野火》："阳景当书迟,阴天半夜赤。"
白居易《初到忠州登东楼寄万州杨八使君》："林峦少平地,雾雨多阴天。"
韩偓《流年》："三月伤心仍晦日,一春多病更阴天。"
"阴天"和"晴天"有所不同：晴天"可以说成"晴日",但"阴天"不能说成"阴日"。

239

>《儒林外史》四三回:"五更天气,苗酋率领着竖眼洞的苗兵,带了苗刀,拿了标枪,悄悄渡过石柱桥。"

可见,"五更天"是由"五更天气"演变而来的。

顺便说说"天黑"和"白天"。

"天黑"本指夜间天空黑暗。如:

>杜甫《大云寺赞公房》:"天黑闭春院,地清栖暗芳。"
>
>韩愈《凤翔陇州节度使李公墓志铭》:"从幸梁州,天黑失道。"

但是,这样的用法唐代不多,在宋元明也很少见。

到清代,《儒林外史》有一例:

>《儒林外史》三〇回:"当晚,季苇萧因在城里承恩寺作寓,看天黑,赶进城去了。"

到《红楼梦》,"天黑"才用得较多,意思和现代汉语相同。

>《红楼梦》七回:"因天黑了,尤氏说:'派两个小子送了秦哥儿家去。'"
>
>《红楼梦》七五回:"到起更的时候,贾母说:'黑了,过去罢。'尤氏方告辞出来……因二府之门相隔没有一箭之路,每日家常来往不必定要周备,况天黑夜晚之间回来的遭数更多……"

而在明末凌濛初《初刻拍案惊奇》中,可以见到这样的例句:

>《初刻拍案惊奇》卷一六:"一递一句,说了一回,天色早黑将下来。婆娘又道:'天黑了,只不见来。'"

可见"天黑"是从"天色黑"发展来的。

"白天"出现得很晚。下面是一些例句:

>《花月痕》一四回:"白天你是闹过酒,如今只准清谈。"
>
>《花月痕》四八回:"忽四边人声汹汹,万马齐奔,又像白天

斗法时欢呶。"

"白天"原来用"白昼"表达。用"天"代替"昼",是因为"天"产生了"一天一夜"的用法,意义和"昼"相同了。"天"前面还要加上"白",道理和"昼"前面加上"白"是一样的,而且是为了和"一昼夜"的"天"区别开来。

五　结　语

从上面的讨论可以看到,"天"在现代汉语中的一些意义,是在不同历史时期,通过不同的途径发展出来的。这个个案可以加深我们对词义演变的认识。

参考文献

王　力　1990　《汉语词汇史》,《王力文集》第十一卷,山东教育出版社。
徐朝华　2003　《上古汉语词汇史》,商务印书馆。
于省吾主编　1996　《甲骨文字诂林》,中华书局。
赵　诚　1988　《甲骨文简明词典》,中华书局。

（原载 Studies in Chinese Language and Culture：Festschrift in Honour of Christoph Harbsmeier on the Occasion of his 60th Birthday, Hermes Academic Publishing & Bookshop A/S, 2006）

从助动词"解""会""识"的形成看语义的演变

语义演变的规律是当前语言学研究的一个热点。本文打算通过对助动词"解""会""识"形成过程的考察,来对这个问题做一点探讨。

从魏晋南北朝到唐宋,先后出现了两个助动词"解"和"会",它们都是由义为"知晓"的动词发展来的,其词义演变的途径基本上是一样的。在现代粤语中,有一个正在形成的助动词"识",它也是由义为"知晓"的动词发展来的,也经历了大致相同的词义演变的途径。为了叙述的方便,本文按照"会""解""识"的顺序分别加以描写和讨论。

一 会

(一)《朱子语类》以前的"会"

在敦煌变文、《祖堂集》和《三朝北盟会编》中,"会"主要用作动词,义为"知晓",可以带体词宾语,也可以带谓词宾语。

1.动词,知。

①低眉而便会人情,动目而早知心事。(《维摩诘经讲经文五》)

从助动词"解""会""识"的形成看语义的演变

②争知于(如)是一场梦,未会人为四毒蛇。(《维摩诘经讲经文二》)

③未会到头要已老,岂知终被死于(相)赚。(《维摩诘经讲经文二》)

④年才长大,稍会东西,不然遣学经营,或即令习文笔。(《维摩诘经讲经文一》)

⑤纵年成长,识会东西,抛却耶娘,向南向北。(《父母恩重经讲经文》)

⑥奴身虽居下贱,佛法薄会些些。(《庐山远公话》)

⑦锄禾刈麦,薄会些些。买卖交关,尽知去处。(《庐山远公话》)

⑧又问:"山人更会何业?"山人曰:"更有,实不敢对。"师曰:"纵汝总解,亦不足贵。"师却谓代宗曰:"问山不识山,问地不识地,问字不识字,问算不解算,何处引得这个朦汉来?"(《祖堂集》卷三)

⑨阿骨打一日集众酋豪出荒漠打围射猎,粘罕与某并辔,令译者相谓曰:"我闻南朝人止会文章,不会武艺,果如何?"某答以"南朝大国,文武常分两阶。然而武有兼深文墨,文有精晓兵务者,初不一概言也。"粘罕云:"闻教谕兵书及第,莫煞会弓马否?"(《三朝北盟会编·茆斋自叙》)

⑩万户笑云:"大金没恁公事。待教一个会汉语翻译人去做通事,且好坐马。"(《三朝北盟会编·甲寅通和录》)

由带谓词宾语的动词发展为助动词,但只有很少几例。

2.助动词。

⑪算应也会求财路,那个门中利最多?(《敦煌变文集·

243

双恩记》）

⑫"有何所解也？"答曰："会织绢。"（《敦煌变文集·孝子传》）

［按：可对比《搜神记》卷一"汉董永"条："主曰：'妇人何能？'永曰：'能织。'"句道兴《搜神记》："昔刘向孝子图曰：……主人问曰：'女有何伎能？'女曰：'我解织。'"］

⑬林牙又云："君为使人，何得与刘宗吉结约？"仆云："贵朝诸公深会理论，顾仆乃招纳使耳！"（《三朝北盟会编·茅斋自叙》）

⑭译者云："向时第一番到汴京，皇帝同张邦昌来军前为质，我曾亲自说与皇帝：国家不要听贼臣言语。我道有一喻：一似人家盖一房子，使椽柱瓦木盖得是好，却须是住房子底人做主，防水火盗贼，若不会照管，便倒塌了。"（《三朝北盟会编·甲寅通和录》）

（二）《朱子语类》的"会"

在《朱子语类》中，还有动词"会"，但助动词"会"已占绝大多数。

1."会 v"：动词。

⑮小人之心，只晓会得那利害；君子之心，只晓会得那义理。（27/701）①

⑯圣人事事从手头更历过来，所以都晓得。而今人事事

---

① 27/701：27 表示《朱子语类》的卷数，701 表示中华书局 1986 年版的页数。

都不会。(36/959)

⑰如今看来,终不成才会得让底道理,便与曾点气象相似!(40/1039)

⑱魂便是气之神,魄便是精之神;会思量讨度底便是魂,会记当去底便是魄。(3/41)

⑲是徒见其忠之理,而不知其恕之理也。曾子一日三省,则随事用力,而一贯之说,必待夫子告之而后知。是先于恕上得之,而忠之理则其初盖未能会也。(40/1036)

⑳先生问寿昌:"子见疏山,有何所得?"对曰:"那个且拈归一壁去。"曰:"是会了拈归一壁?是不会了拈归一壁?"寿昌欲对云:"总在里许。"然当时不曾敢应。会先生为寿昌题手中扇云:"长忆江南三月里,鹧鸪啼处百花香。"执笔视寿昌曰:"会么?会也不会?"寿昌对曰:"总在里许。"(118/2859)

动词"会"有一些语法上的表现:可以和动词"晓"组合(例⑮),可以在后面跟动态助词"得"和"了"(例⑰⑳),可以受助动词"能"修饰(例⑲),可以单独用表疑问或用肯定否定形式构成反复问(例⑳)。

2. 助动词

《朱子语类》中的助动词"会"可分为以下几类。

(1)会[1]:具有发出某类动作的能力。

S=人或生物,V=人或生物生来就能发出或学习后能做的某类动作,V是类指性的(generic)。

"会[1]"显然是由带谓词宾语的动词"会 v"发展而来。两者的区别是:动词"会 v"表示"懂得",跟在后面的可以是体词也可以是谓词,助动词"会[1]"表示"能够",跟在后面的只能是谓词。动词"会

245

v"表示具有"知"的能力,助动词"会¹"表示具有"行"的能力。有的例子究竟属于何者很难确定,但这正是词义演变中的常见现象。

"会¹"在现代汉语中仍然说"会"。

㉑而今人会说话行动,凡百皆是天之明命。(16/317)

㉒至于猕猴,形状类人,便最灵于他物,只不会说话而已。(4/58)

㉓且如狗子,会咬人底,便是禀得那健底性;不咬人底,是禀得那顺底性。(17/375)

㉔今自道己会读书,看义理,做文章,便道别人不会;自以为说得行,便谓强得人,此便是小人儒。(32/805)

㉕然而今未论人会学,吃紧自无人会教。(43/1103)

㉖侯景反时,士大夫无人会骑,此时御法尚存。今射亦有法,一学时,便要合其法度。若只是胡乱射将来,又学其法不得。某旧学琴,且乱弹,谓待会了,却依法。(55/1315)

如果S=非生物,V=非生物自然能发生的过程,也是类指性的,那么,这种"会¹"的助动词的性质就更强一些。

㉗如乌喙是杀人之药,须向他道是杀人,不得说道有毒。如火,须向他道会焚灼人,不得说道只是热。(21/484)

在《朱子语类》中,"会¹"可与"能"替换使用,这时的"能"也表示具有发出某类动作的能力。如:

㉘且如乾施物,坤不应,则不能生物。既会生物,便是动。若不是他健后,如何配乾,只是健得来顺。(69/1734)

㉙如口会说话,说话底是谁? 目能视,视底是谁? 耳能听,听底是谁? 便是这个。(126/3022)

(2)会²:善于。

在《朱子语类》中可以找到对"会²"的训释。"'虽有善者',善,如而今说'会'底。"(16/367)就是朱熹对"会²"的解释。"人须会问始得。"朱熹的另一个学生录作"学须善问始得"(41/1054),这也说明当时"会²"和"善"同义。

"会²"是由"会¹"发展来的。"会¹"是具有某种能力,"会²"是充分具有某种能力(=善于)。"充分"体现在语境中。有时"会²"前面有程度副词"极""甚"等,进一步加强了"充分"的语义。

"会²"在现代汉语中仍然说"会"。

和"会 v"相比,"会¹"和"会²"的动词性都已弱化,它们后面不能跟体词,只能跟谓词,这说明"会 v"可以单独充当句子的谓语核心,而"会¹"和"会²"只能和后面的谓词一起构成句子的谓语核心。但和"会³"相比,它们都主要表示事物的客观属性,而不包含说话者的主观判断,从"主观性(subjectivity)"的角度看,似乎难以归为助动词的范畴。或许可以说,它们是处于"动词—助动词"的过渡状态。

㉚便是说话难。只是这一样说话,只经一人口说,便自不同。有说得感动人者,有说得不爱听者。近世所见会说话,说得响,令人感动者,无如陆子静。可惜如伯恭都不会说话,更不可晓,只通寒暄也听不得。(95/2458)

㉛邵康节,看这人须极会处置事,被他神闲气定,不动声气,须处置得精明。(100/2543)

㉜陆宣公奏议极好看。这人极会议论,事理委曲说尽,更无渗漏。(138/3284)

㉝曾司直大故会做文字,大故驰骋有法度。裹父大不及

247

他。裘父文字涩,说不去。(139/3316)

㉞又曰:"看来古人大故淳朴。人君出命不甚会说话,所以着人代他说话。"(38/1000)

㉟看他会做事底人便别,如韩信邓禹诸葛孔明辈,无不有一定之规模,渐渐做将去,所以所为皆卓然有成。这样人方是有定力,会做事。(58/1373)

(3)会^3:能够做某件事。

S=人或生物,V=人或生物发出的某种具体动作,是非类指性的。

"类指性"和"非类指性"是"会^1"和"会^3"的主要区别。什么是"类指性"和"非类指性"?我们可以用现代汉语的例子来加以说明。在现代汉语的一般语境中,"开车"是类指性的,通常不是指开某一辆车,而是指开所有的车,所以是表示一种能力。"会开车"表示具有这种能力。"开门"是非类指性的,通常是指开某一扇门,所以不表示一种能力,而是表示某种具体的动作。现代汉语中"会"一般只表示具有某种能力,不表示能够进行某种动作,所以不能说"他会开门";但在《朱子语类》中,"会"后面也可以是非类指性的动作。如果"会"后面的动词表示类指性的动作,"会"着重表达动作主体客观具有的能力;如果"会"后面的动词表示非类指性的动作,"会"就含有说话者的主观判断。如"人会说话","说话"是类指性的,"会说话"表示"人"具有说话的能力,这是客观的判断。"周室人会恁地说","恁地说"是非类指性的,当某人讲"周室人会恁地说"这句话时,明显含有自己的主观判断。当"会"后面的动词由类指性的扩展为非类指性的时候,"会^1"就演变为"会^3"。由于包含了主观性,"会^3"无疑已属于助动词的范畴,但和"会^5"相比,"会^3"

还不是助动词的范畴中的典型成员。

上面说过,"会³"在现代汉语中一般不用。所以,《朱子语类》中下列句子中的"会",在现代汉语中就要换成说"能"或"能够"。如例㊱"惟是周室人会恁地说",是褒义的,"会"表示说话者认为周室人能够把话说好。在现代汉语中,要表达同样的意思,就要说"只有周室人能这样说";如果说成"只有周室人会这样说",在一般场合下是带贬义的,而且,这时的"会"不表示"能够",而表示可能,是我们所说的"会⁵"了。(可比较现代汉语中的两种表述:"只有文明的人才能说得这样文雅。""只有粗野的人才会说得这样粗鲁。"在通常的语境中,两个句子中的"能"和"会"是不能互换的。)同样,否定性的"不会³"也和现代汉语中的"不会"不同。如例㊶"不会鞭策得马行",用现代汉语表达应是"不能够鞭打得马跑",表示没有能力做这件事;如果说成"不会鞭打得马跑",则表示不可能出现这件事,"会"同样是我们所说的"会⁵"。

㊱左传国语惟是周室一种士大夫说得道理大故细密。这便是文武周召在王国立学校,教得人恁地。惟是周室人会恁地说。(83/2151)

㊲人若读得左传熟,直是会趋利避害。然世间利害,如何被人趋避了!(83/2150)

㊳赵武灵王也是有英气,所以做得恁地。也缘是他肚里事,会恁地做得,但他不合只倚这些子。如后来立后一乖,也是心不正后,感召得这般事来。(134/3212)

㊴古人有取于"登高能赋",这也须是敏,须是会说得通畅。(139/3298)

㊵尝与后生说:"若会将汉书及韩柳文熟读,不到不会做

文章。"(139/3321)

㊶说大学首章不当意。先生说:"公读书如骑马,不会鞭策得马行;撑船,不会使得船动。"(114/2794)

㊷孔子告颜子以"克己复礼",语虽切,看见不似告樊迟"居处恭,执事敬,与人忠",更详细。盖为樊迟未会见得个己是甚,礼是甚,只分晓说教恁地做去。(41/1055)

㊸今日恁地,明日不恁地,到要节用,今日俭,明日奢,便不是节用。不会节用,便急征重敛,如何得爱民!既无爱民之心,如何自会"使民以时"!这是相因之说。又一说:虽则敬,又须着信于民,只恁地守个敬不得。虽是信,又须着务节俭。虽会节俭,又须着有爱民之心,终不成自俭啬而爱不及民,如隋文帝之所为。虽则是爱民,又须着课农业,不夺其时。(21/496)

"会³"也可以和"能"换用,这种"能"表示能够做某件事。如:

㊹学者只此两端,既能博文,又会约礼。(33/835)

㊺是谁人会恁地?非古人"聪明睿知、神武而不杀者"不能如此。(75/1927)

㊻其所以不说破者,只是吝惜,欲我独会而他人不能,其病在此。大概是不肯蹈袭前人议论,而务为新奇。惟其好为新奇,而又恐人皆知之也,所以吝惜。(35/938)

(4)"会⁴"和"会⁵"在现代汉语中通常归为一类:表示可能。但是,仔细分析,这两类还是有一些区别;而且,从语义演变的角度看,把两类分开也有利于看清楚语义演变的过程。所以我们还是把它们分开。

会⁴:表示条件和结果的逻辑联系。S=非动物,或泛指人们,或某种事情。V/A＝出现某种情况，或发生某种变化。S具备了某种条件，就会出现V/A这种结果。

从会[3]到会[4]是一种由隐喻引起的推理(inference)。这可以用例㊼来说明：说“某人会走到临安府”，这表达的是某人有能力实现“到临安府”这种动作，“会”是“会[3]”；说“适临安府，路头一正，着起草鞋，便会到”，这表达的是某种条件能够导致“到临安府”这种结果，“会”就是“会[4]”。在这里，人们的推理是：既然有能力实现V用“会”，那么有条件实现V也可以用“会”，这只是把较具体的能力换成了较抽象的条件。这种推理使得“会[3]”演变成“会[4]”。“会[3]”和“会[4]”都包含说话者的主观判断，但“会[3]”判断的是某种现实关系(主体能够做某事)，“会[4]”判断的是某种逻辑联系(主体能够出现某种情况)，所以“会[4]”比“会[3]”语法化的程度更深。

在现代汉语中，如果V是人们希望的，会[4]也可以说成“能”，如果V是人们不希望的，仍然说“会”。

㊼譬如适临安府，路头一正，着起草鞋，便会到。未须问所过州县那个在前，那个在后，那个是繁盛，那个是荒索。(15/304)

㊽大凡读书，须要先识认本文是说个甚么。须全做不曾识他相似，虚心认他字字分明。复看数过，自然会熟，见得分明。(16/354)

㊾故圣人示以此理，教他恁地做，便会吉；如此做，便会凶。必恁地，则吉而可为；如此，则凶而不可为。(67/1657)

㊿如草木之生，亦是有个生意了，便会生出芽蘖；芽蘖出来，便有皮包裹着。(16/317)

(51)如鸡伏卵，只管日日伏，自会成。(19/439)

(52)法堂上一木球,才施主来做功德,便会热。(3/54)

(53)又如大黄吃着便会泻,附子吃着便会热。只是他知觉只从这一路去。(60/1430)

(54)且如气,不成夜间方会清,日间都不会清。(59/1395)

“会[4]”也可以和“能”换用,这个“能”表示具备某种条件就能够出现某种结果。如:

(55)动容貌,便会远暴慢;正颜色,便会近信;出辞气,便会远鄙倍。(35/915)

(56)动容貌,则能远暴慢;正颜色,则能近信;出辞气,则能远鄙倍。(35/918)

(57)道之所以可贵者,惟是动容貌,自然便会远暴慢;正颜色,自然便会近信;出辞气,自然便会远鄙倍,此所以贵乎道者此也。(35/919)

(5)会[5]:可能。

S和会[4]相同,S后面也可以是V/A,V或A前面通常有否定词“不”或表反问的“如何”。

“会[4]”和“会[5]”的区别在于:“会[4]”表示在某种条件下,通常发生某种情况或变化,近乎必然性;“会[5]”表示在某种条件下,可能发生某种情况,带有或然性。“会[5]”可以换成“可能”,“会[4]”不能换成“可能”。由“会[4]”到“会[5]”的演变,或者是在“会”前面加了“不/如何”,把“发生某种情况或变化”的概率予以根本否定,不但不近乎必然性,而且连可能性都不存在,因此“不/如何+会”就表示“不可能”;或者是语境提示了这不是必然性,而是表示或然性(如例(62)的“或”,例(63)(64)的“又”等)。“会[5]”完全是说话者的主观判断,主观性最强,所以,“会[5]”是典型的助动词。

㊽问:"自开辟以来,至今未万年,不知已前如何?"曰:"已前亦须如此一番明白来。"又问:"天地会坏否?"曰:"不会坏。"(1/7)

㊾水经云,昆仑取嵩高五万里,看来不会如此远。(86/2211)

⑥⓪若以赵之才,恐也当未得那机上肉,他亦未会被你杀得,只是胡说。(131/3142)

㊶一学者患记文字不起。先生曰:"只是不熟,不曾玩味入心,但守得册子上言语,所以见册子时记得,才放下便忘了。若使自家实得他那意思,如何会忘!"(121/2917)

㊷伊川曰:"学者须是学颜子。"孟子说得粗,不甚子细;只是他才高,自至那地位。若学者学他,或会错认了他意思。若颜子说话,便可下手做;孟子底,更须解说方得。(95/2446)

㊸若留心太守,又会教他去攀些弓,射些弩,教他做许多模样,也只是不忍将许多钱粮白与他。(123/2962)

㊹它说是人生有一块物事包裹在里,及其既死,此个物事又会去做张三,做了张三,又会做王二。便如人做官,做了这官任满,又去做别官,只是无这道理。(126/3032)

㊺兑巽卦爻辞皆不端的,可以移上移下。如剥卦之类,皆确定移不得,不知是如何。如"和兑""商兑"之类,皆不甚亲切。为复是解书到末梢,会懒了看不子细;为复圣人别有意义?但先儒解亦皆如此无理会。(73/1863)

这五个"会"的关系可以列成下表:

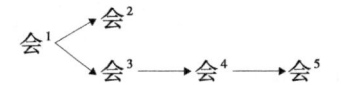

会^1 → 会^2
会^1 → 会^3 → 会^4 → 会^5

二 解

助动词"会"在《朱子语类》前很少,到《朱子语类》中大量出现,对于几个不同的助动词"会"之间的发展关系,只能从词义发展的一般规律来分析,但缺乏历史的证据。"解"的发展历史较长,正好能弥补这一缺陷。助动词"解"也可以分为五类,和"会"的五类相同。

动词"解"的"知晓"义最早出现在东汉的汉译佛典中:

⑯当从是因缘阿难解知,为识因缘名字。(安世高译《佛说人本欲生经》)①

⑰佛言:"诸菩萨,汝曹宁信有是无?"诸菩萨言:"信有是,终不疑,但不解。"(安世高译《明度五十校计经》卷下)

⑱佛告拘怜:"尔时忍辱道人者,我身是也,恶生王者,拘怜是也。解未?拘怜。"拘怜退席白佛:"甚解,世尊。"(昙果共康孟祥译《中本起经》卷上)

在中土文献中最早见于《三国志》:

⑲太祖与韩遂、马超战渭南,问计于诩,对曰:"离之而已。"太祖曰:"解。"(《三国志·魏书·贾诩传》)

在魏晋南北朝有了助动词"解",较早为"解^1",稍后有"解^3"。

⑳酒能祛百虑,菊解制颓龄。(陶潜《九日闲居》)

㉑往昔之世有富愚人痴无所知,到余富家,见三重楼,高广严丽轩敞疏朗,心生渴仰,即作是念:"我有财钱不减于彼,

---

① 例⑯和例㉒㉓杨秀芳(2001)已引用。

从助动词"解""会""识"的形成看语义的演变

云何顷来而不造作如是之楼?"即唤木匠而问言曰:"解作彼家端正舍不?"木匠答言:"是我所作。"即便语言:"今可为我造楼如彼。"(《百喻经·三重楼喻》)

但直到晚唐五代,"解"用作动词表"知晓"义还很多。如:

⑫代宗又引一大白山人来见和尚,曰:此山人甚有见知。师问:"解何艺业?"代宗曰:"识山、识地、识字、解筭[算]。"和尚:"借问山人所住是雌山?是雄山?"山人久而不答。又问:"识地不?"山人曰:"识。"又问:"识字不?"对曰:"识。"……又问:"解筭不?"对曰:"解。"……又问:"山人更会何业?"山人曰:"更有,实不敢对。"师曰:"纵汝总解,亦不足贵。"师却谓代宗曰:"问山不识山,问地不识地,问字不识字,问算不解算,何处引得这个朦汉来?"(《祖堂集》卷三)

《朱子语类》中的"解"用作助动词的就很多了。和"会"一样,也可以分为五类,但各类的多寡和"会"不同。

(1)解[1]:

仅3例。

⑬气禀所拘,只通得一路,极多样:或厚于此而薄于彼,或通于彼而塞于此。有人能尽通天下利害而不识义理,或工于百工技艺而不解读书。(4/75)

⑭因论尹稽不着胸中不好时,却尚解理会事。当时多并了官司,后来又复了。(112/2730)

⑮如言吃酒解醉,吃饭解饱,毒药解杀人。须是吃酒,方见得解醉人;吃饭,方见得解饱人。不曾吃底,见人说道是解醉解饱,他也道是解醉解饱,只是见得不亲切。见得亲切时,须是如伊川所谓曾经虎伤者一般。(16/391)

此例中的"吃酒""吃饭"是作为一个整体来说的,在句子中充当主语,其地位和"毒药"一样。"解"表示"吃酒""吃饭"和"毒药"具有的功能。

(2)解²:

仅1例。而且也可以理解为"解¹"。

⑯顷年于吕季克处见一画卷,画虏酋与一胡女并辔而语。季克苦求诗,某勉为之赋,末两句云:"却是燕姬解迎敌,不教行到杀胡林。"(135/3226)

(3)解³:

⑰颜子似创业之君,仲弓似守成之君。仲弓不解做得那前一截,只据见在底道理持守将去。(42/1078)

⑱使圣人作经,有今人巧曲意思,圣人亦不解作得。(83/2174)

⑲东坡天资高明,其议论文词自有人不到处。如论语说亦煞有好处,但中间须有些漏绽出来。如作欧公文集序,先说得许多天来底大,恁地好了,到结末处却只如此,盖不止龙头蛇尾矣!当时若使他解虚心屈己,锻炼得成甚次第来!(130/3113)

⑳渊明诗平淡出于自然。后人学他平淡,便相去远矣。某后生见人做得诗好,锐意要学。遂将渊明诗平侧用字,一一依他做。到一月后便解自做,不要他本子,方得作诗之法。(140/3324)

(4)解⁴:

㉑且如有五件好底物事,有五件不好底物事,将来拣择,方解理会得好底。不择,如何解明?(5/86)

㉘既是"失其本心",则便解滥淫。(26/642)

㉝此数段,皆是紧要处,须是把做个题目,只管去寻始得。寻来寻去,将久自解有悟。(26/653)

㉞若是就他地位说时,理会得一件,便是一件,庶几渐渐长进,一日强似一日,一年强似一年。不知不觉,便也解到高远处。(32/815)

㉟若这句已通,次第到那句自解通。(120/2911)

(5)解⁵:

㊱然也只在史记汉书上,自是人不去考。司马迁班固刘向父子杜佑说都一同,不解都不是。(1/27)

㊲阳生时,逐旋生,生到十一月冬至,方生得就一画阳。这一画是卦中六分之一,全在地下;二画又较在上面则个;至三阳,则全在地上矣。四阳、五阳、六阳,则又层层在上面去。不解到冬至时便顿然生得一画。(21/1788)

㊳昔李初平欲读书,濂溪曰:"公老无及矣,只待某说与公,二年方觉悟。"他既读不得书,濂溪说与他,何故必待二年之久觉悟?二年中说多少事,想见事事说与他。不解今日一说,明日便悟,顿成个别一等人,无此理也。(120/2882)

㊴且如天运流行,本无一息间断,岂解一月无阳!(71/1788)

㊵(会)翟公逊说鬼星渡河,最乱道。鬼星是经星,如何解渡河!(138/3286)

㊶但恐已私未克时,此心亦有时解错认了。(41/1043)

㊷今人应事,此心不熟,便解忘了。(36/963)

"不解"比"不会"语法化的程度更深,"不解/岂解"可以用在句子前面(例⑧⑧),这说明"不解/岂解"的辖域已不限于谓语部分,而是整个句子。所以,"解⁵"是典型的助动词。而且,《朱子语类》中有两例"不解会","解"比"会"处在更高的位置上,说明"解"的语法化程度比"会"更深。

㉝理是个公共底物事,不解会不善。(93/2360)

㉞蔡季通因浙中主张史记,常说道邵康节所推世数,自古以降,去后是不解会甚好,只得就后世做规模。(108/2687)

现代闽语中仍用助动词"解"表可能(见梅祖麟2002)。

三 识

"识"在先秦时就有"知道"义,如:

㉟不识有诸?(《孟子·梁惠王上》)

在唐宋时"知晓"义的"识"常和"解""会"一起使用。我们不必多引例句,仅前面引过的例句中就有这样的例证。如:

⑤纵年成长,识会东西,抛却耶娘,向南向北。(《父母恩重经讲经文》)

㊅代宗又引一大白山人来见和尚,曰:此山人甚有见知。师问:"解何艺业?"代宗曰:"识山、识地、识字、解筭[算]。"和尚:"借问山人所住是雌山?是雄山?"山人久而不答。又问:"识地不?"山人曰:"识。"又问:"识字不?"对曰:"识。"……又问:"解筭不?"对曰:"解。"……又问:"山人更会何业?"山人曰:"更有,实不敢对。"师曰:"纵汝总解,亦不足贵。"师却谓代宗曰:"问山不识山,问地不识地,问字不识字,问算不解算,何处引得这个朦汉来?"(《祖堂集》卷三)

又如《朱子语类》中的例句,前面说"识",后面说"会":

㊱他只怕人都识了,却没诧异,所以吝惜在此。独有自家会,别人都不会,自家便骄得他,便欺得他。如货财也是公共底物事,合使便着使。(35/938)

但在古代文献中,"识"没有助动词的用法。

现代粤语中"识"为"知晓"义,但也可以用作助动词,如:

我识游泳。　　狗识咬人。

呢只表识郁。(这块表会走。)

呢只表识拍照。(这块表能拍照。)

但"识"后面的动词限于类指性的,所以还只停留在第一阶段上。但这说明在汉语中由"知晓"义的动词发展为表"能够"义的助动词是带有规律性的。

至于粤语中的"识"今后会不会沿着"解""会"的轨迹继续语法化,现在还不得而知。语义的演变是受多种因素制约的。由于普通话的影响十分强大,也许"会$_2$""会$_4$""会$_5$"会在粤语中普遍使用,从而阻遏了助动词"识"的进一步语法化。

四　小　结

1. 在"解""会"由动词发展为助动词,以及助动词的语法化程度逐渐加深的过程中,有多种因素在起作用:语法位置的改变,后面的动词由类指性的扩展为非类指性的,推理和隐喻,以及否定表达和语境都起了重要的作用。"识"在粤语中也由动词发展为助动词,但只走了第一步。

2. "解"和"会"由动词语法化为助动词的起点相同:都是"知

晓"义的动词。但"解"和"会"形成"知晓"义的途径却不相同:"解"的原义是"解开",解开疑团就是"知晓";"会"的原义是"会合",认识与事理相会就是"知晓"。两者不同源,但交会到"知晓"义以后,其语法化的途径就一样了。但它们之间也有差别,如"会"的"善于"义很常见,而"解"表示"善于"的不多见,没有形成一个固定的义位。这说明影响语义演变的有多种因素,不能简单地用一两条规则来概括。

3."能"和"解""会"也有一些区别,其区别是由于其语源的不同。在"解""会"出现以前,"能够"和"可能"义是由"能""得"表示的。"得"从动词发展为助动词的途径和"解""会"的途径相差较远,这里不讨论。"能"发展的途径是:"能力"(名词)—"有能力做某事"(动词)—"能够"(助动词)—可能(助动词)。这和"解""会"的发展大致相同,但也有区别。比如"力能扛鼎",只能用"能",不能用"解"和"会"。反之,"解错""会错""解忘""会忘"也不能换成"能"。这和它们的来源不同有关。这说明语法化理论所说的"滞留性"(persistence)是存在的。

但是,如果把"滞留性"看成任何一种语法化过程中自始至终都存在的规律,那又不符合语言事实。前面说过,"解"和"会"的"知晓"义的来源并不相同,但是在它们从动词发展为助动词的过程中却看不到这种"滞留性";"会"有"善于"义,而"解"表"善于"义的很少见,这种差别也不能归结为"滞留性"。这又一次说明语言演变的复杂性,在做理论概括和理论阐释时应切忌简单化。

4.用西方的一些理论来研究汉语语法、语义的演变能促使我们的研究深入,但更重要的是从汉语的深入研究中来检验、发展这些理论。

从助动词"解""会""识"的形成看语义的演变

参考文献

梅祖麟　2002　《几个闽语虚词在文献上和方言中出现的时代》,《南北是非:汉语方言的差异与变化》,"中研院"语言学研究所筹备处。

杨秀芳　2001　《从汉语史观点看"解"的音义和语法性质》,《语言暨语言学》第 2 卷第 2 期。

(原载《汉语学报》2007 年第 1 期)

"关"和"关于"
——网络和构式

本文通过对单音词"关"的义位之间关系的分析和复合介词"关于"形成过程的分析,讨论词义网络以及构式演变、构式化的问题。

一 关

根据《汉语大字典》和《汉语大词典》,单音词"关"有将近30个义项。辞书中的义项,大体上就是这个多义词的义位(但有的义项不是,详见下)。这些义位之间是否有联系?怎样联系?

1.1 《汉语大字典》【关】的义项

1.门闩。2.关闭。3.禁闭(如"关押")。4.门。5.城门外附近的地带。6.古代车厢的木栏。7.要塞,关口。8.守关人。9.不易通过的界限(如:年关)。10.关税。11.阻隔。12.围棋手法的术语。13.古代博戏樗蒲局上的二关。14.机器的发动处。15.事物的关键。16.人体上某些关键部位或器官的名称。17.关系,交接。18.涉猎。19.参与。20.入,纳入。21.措,置。22.通过。23.通告。24.表白。25.古时一种文书。26.领取。27.发放。28.关子。南宋的一种纸币。29.衡,秤。又准则。(例句见下。通假的义项不列在内。12、13不予讨论。)

"关"和"关于"——网络和构式

词义是一个网络系统。各个词义都是处于这个网络系统中。根据这个观点,应该怎样来看待"关"的各个义位之间的关系呢?

1.2 在考虑这个问题时,我参考了 Lakoff(1987)对英语多义词 over 的研究(Lakoff 主要参照了 Brugman 1981 的研究成果)。英语的 over 有 100 多种用法(one hundred kinds of uses),如何看待这些不同用法(语法意义)之间的关系?书中根据 trajector(射体,记作 TR)和 landmark(界标,记作 LM)的不同关系,把这些意义归纳为 6 个意象图式(image schema,简称 Schema),它们是:

Schema 1. The Above-Across sense　(The plane flew over)

Schema 2. The Above sense　(Hang the painting over the fireplace)

Schema 3. The Covering senses　(The board is over the hole)

Schema 4. The Reflexive schemas　(Turn the paper over)

Schema 5. The Excess schemas　(The bathtub overflowed)

Schema 6. The Repetition schemas　(Do it over)

图式 1—4 都是在空间的移动,图式 5、6 是上述图式加上隐喻。

有的意象图式下面又有若干子图式,如在 Schema 1 下面,有 6 个子图式:

1. X. NC,　1. X. C,　1. VX. NC,　1. VX. C,　1. V. NC,　1. V. C。

X 表示 LM 是横的,V 表示 LM 是竖的,C 表示 TR 和 LM 接触，NC表示TR和LM不接触。作者把图式1(Schema 1)放在中心位置(central position)，和其他图式建立起联系(links)，形成一个放射性结构(radial structure)。这个结构图见原书P.436；见本文图1。

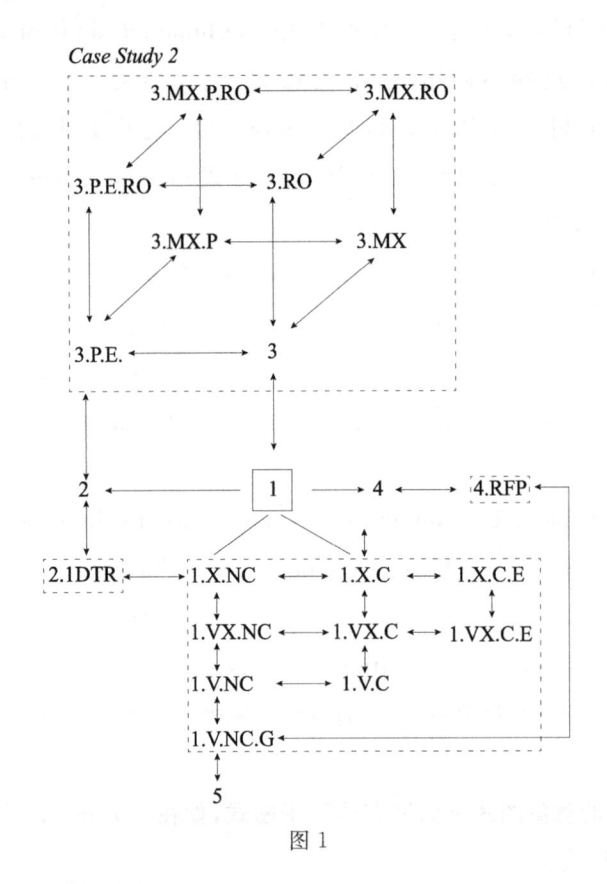

Case Study 2

```
3.MX.P.RO ↔ 3.MX.RO
3.P.E.RO ↔ 3.RO
3.MX.P ↔ 3.MX
3.P.E. ↔ 3
```

```
2 ← 1 → 4 ↔ 4.RFP
2.1DTR ↔ 1.X.NC ↔ 1.X.C ↔ 1.X.C.E
         1.VX.NC ↔ 1.VX.C ↔ 1.VX.C.E
         1.V.NC ↔ 1.V.C
         1.V.NC.G
         5
```

图 1

作者最后说:有不少语言学家对over之类的词语做了研究,他们的结论是基本一致的。他引用Brugman的意见说:

这些词语(expressions)都是多义的,这些众多的意义无法用一个核心意义（single core meaning）来表征，而需要用意象图式（image schemas）和隐喻模式（metaphorical models）来表征。

每个词语的各个意义（senses）形成一个放射性结构的范畴，其中有一个中心成员（central member）和各种由意象图式转换和隐喻而形成的链接（links）。

非中心的意义（noncentral senses）无法由中心意义预测，但绝不是任意的（arbitrary），而是由不处于中心的实例、意象图式的转换和隐喻模式引发出来的（motivated by less central cases, image schema transformation and metaphorical models）。（P.460）

1.3 在传统的汉语研究中，对汉语词义之间联系的研究最常用的一个术语是"引申"。古代的一些学者讲"引申"讲得很精彩，如段玉裁的《说文解字注》中有很多这样的例子。本文在下面分析"关"的各个义位的关系时也要用到"引申"。但"引申"不是词义发展的唯一途径，不能把词义之间的复杂关系简单地全都归结为"引申"。而且讲"引申"有时难免有些主观性、不确定性，让人们在操作时不容易把握。而用"意象图式"来分析词义关系，其长处在于比较有客观性、确定性，让人们在操作时比较容易把握。

比如，OVER 在词典中有这样两个义位：(1) from one side of (sth) to the other, across. 如：Sam climbed over the hill. (2) on the far or opposite side of (sth). 如：Sam lives over the hill. 这两个义位之间是否有引申关系？这个问题不容易说清。如果用意象图式来分析，则可以说：前者是 schema 1. VX. C, 聚焦于运动的路径；后者是 schema 1. VX. C. E, 聚焦于运动的终点（E 表示 endpoint, 终点）。

又如，OVER 有一个义位是 again. 如：Do it over! 这和 Sam

drove over the bridge 中的 over 是什么关系？这很难说是"引申"。Lakoff(1987)把这种 OVER 称为 Schema 6. The Repetition schemas。他认为 Sam drove over the bridge 的 over 是 schema 1. X. C.，landmark 是桥，trajector 是 Sam 的行迹。Do it over 的 over 是 schema 1. X. C. 加上两处隐喻而成的，这个隐喻是 ACTIVITY IS A JOURNEY。根据这个隐喻，Do it over 的 over 这个意象图式中的 landmark 是早先已经完成的动作，trajector 是动作进程。在早先已经完成的动作的基础上再做一次动作进程，这就是 repetition。

当然，我的意思不是说用意象图式的研究方法就一定优于传统的研究方法，我的意思只是说，意象图式的研究方法可以供我们参考。更重要的是，语义的研究相当复杂，我们可以多一些研究的思路和视角。

1.4 现在回到"关"的问题。

本文不打算采用"意象图式"这个概念来做研究。[①] 我从 Lakoff(1987)中受到启发的是：他不是把 over 的 100 多个意义放在同一个平面上研究它们的相互关系，也不是企图以某一个意义为中心来贯穿这些众多的意义，而是首先把一些相关的意义归纳为几个意象图式（见 P.263），然后建立这些意象图式之间的联系，使之成为一个语义网络。

我的做法是：把"关"的 30 多个义位先做一归纳，把相近的义

---

① 有的文章用意象图式对多义词的各义位的关系做了研究，如顾龙飞等(2018)。可以参看。

位归为一个义群,共四个义群;然后再来分析①—③义群中各个义位之间的联系,并考察这四个义群之间的联系。这样或许能以简驭繁,脉络清晰。义群之间联系的示意图见本文图2。

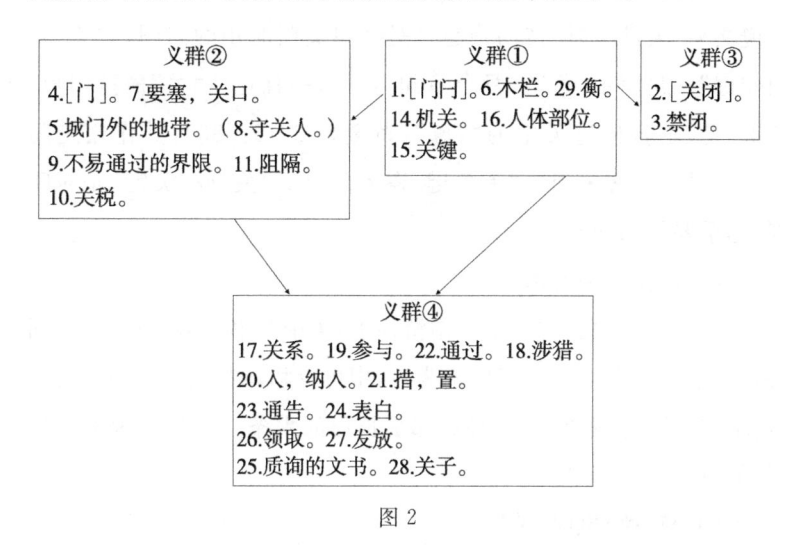

```
义群②                           义群①              义群③
4.[门]。7.要塞,关口。          1.[门闩]。6.木栏。29.衡。  2.[关闭]。
5.城门外的地带。(8.守关人。)   14.机关。16.人体部位。    3.禁闭。
9.不易通过的界限。11.阻隔。    15.关键。
10.关税。

                        义群④
                17.关系。19.参与。22.通过。18.涉猎。
                20.入,纳入。21.措,置。
                23.通告。24.表白。
                26.领取。27.发放。
                25.质询的文书。28.关子。
```

图 2

1.5 下面分别考察四个义群。每个义群列出各个义位,先列出《汉语大字典》的释义,然后引用《汉语大字典》的例句。有的例句《汉语大词典》更为典型,则用《汉语大词典》例,前面加＊表示。

这四个义群中,义群①②③各有一个中心义位,义群①是"门闩",义群②是"门",义群③是"关闭";在图中都加[ ]表示。这几个义群中的其他义位都由这个中心义位引申而来。

就四个义群之间的关系来看,义群①处于中心地位。由义群①的中心义位"门闩"发展出义群②的中心义位"门",又发展出义群③的中心义位"关闭"。义群④的各个义位,都和义群①的中心义位"门闩"以及义群②的中心义位"门"(和"关口")有密切的关系。下面分别叙述:

267

1.5.1 义群①。这是处于中心位置的。

(1)门闩。

"门闩"是"关"的本义。这个意义也是义群①中的中心意义。《说文》:"关,以木横持门户也。"是从里关门时用的门闩。"关"常和"键"一起使用,蔡邕《月令章句》:"键,关牡也。""关"横持门户,"键"是"垂直插进关中的木橛"(黄金贵 2016:683),其作用是闭门。扬雄《太玄·闲》:"无关键,盗入门也。""关"或"关键"是对闭门起重要作用的器物。

(2)古代车厢的木栏。

《墨子·贵义》:"子墨子南游使卫,关中载书甚多。"孙诒让《间诂》:"盖古乘车以箱輢间以木为栏,中可庋物,谓之扃,亦谓之关。"这不仅是因为两者形状相似(都是长形的木条),而且是因为作用相似(都是为了阻挡)。

(3)衡(秤)也叫"关"。

《国语·周语下》:"夏书有之曰:'关石和钧,王府则有。'"韦昭注:"一曰关,衡也。"陈瑑注:"关,衡也;衡,平也。衡所以任权而均物平轻重也。"把"衡"称为"关",也是着眼于"衡"和"关(门闩)"的形似。

以上义位 2、3 都是器物,和"门闩"或是形似,或是功能相似。

(4)器械的发动部分。

《后汉书·张衡传》:"〔候风地动仪〕中有都柱,傍行八道,施关发机。"《左传·襄公十年》:"县门发。"孔疏云:"县门者,编版广长如门,施关机,以县门上,有寇则发机而下之。"《后汉书》的"关"就是孔疏的"关机"。

(5)人体部位。A.手掌后切脉部位。B.脐附近。C.耳目口为三关。D.关节。

这些都是人体上关键的部位,耳目口为声色食物进入人体的通道。

(6)关键,事物的起决定作用的因素。韩愈《题炭谷湫祠堂》诗:"不知谁为助?若执造化关。"魏怀忠注:"关,关键也。"

以上义位4、5、6都含有"起重要作用"的语义成分。4是把此义用于器械的部位,5是把此义用于人体部位,6是把此义用作抽象名词。

这一个义群的"关"都是名词。

1.5.2 义群② 这个义群和义群①有关。

(1)门。这是义群②的中心义位。

以"关(门闩)"指"门"。《周礼·春官·巾车》:"及墓,呼启关陈车。"郑玄注:"关,墓门也。"孙诒让正义:"《说文·门部》云:'关,以木横持门户也。'引申之,凡门皆曰关,故墓门亦称关也。"顾炎武《日知录》卷三十二:"关者,所以拒门之木。……后人因之,遂谓门为关也。"这是以器物的主要部分指称整个器物。这就如同以"舆"指"车"一样,"舆"的本义是车箱,后来也可指车。

(2)要塞,关口。这个义位和"门"的关系很密切。

这是建于险要地形上的关隘,如秦汉时常见的"函谷关""武关"等。这个义位古代也常见,但时代晚于"门闩""门"这两个义位。"函谷关""武关"较早见于《战国策》,而《战国策》是刘向整理的,未必是先秦的文献。

《战国策》卷十九:"秦攻燕,则赵守常山,楚军武关,……秦必不敢出兵于函谷关以害山东矣!"

《淮南子·地形》有"九塞",均为险要之地,后代都建立关隘,但书中无"函谷关""武关"等称。到《史记》就很多了。

那么这个"关塞""关隘"的"关"与这个义群的中心义位"门"是什么关系呢？

《汉语大字典》的"门"义位,用的例句是《周礼·春官·巾车》:"及墓,呼启关陈车。""关"指的是墓门。其实,先秦的"关"指门,更多的是指"境上之门"。如:

《左传·襄公十四年》:"遂行,从近关出。"竹添光鸿《会笺》:"关,界上之门。卫都不当境中,其界有近有远,故自近关出矣。"杨伯峻注:"国界有关。卫四面皆邻他国,蘧伯玉欲速出国境,以免祸乱,于是择最近之国门出国。"

《孟子·公孙丑上》:"关讥而不征。"焦循注引孔颖达疏:"关,竟上门也。"

《周礼·地官·司关》:"司关。"注:"关,界上之门。"

《周礼·地官·司关》:"国凶札,则无关门之征。"贾疏:"此司关所掌,兼言门者,门关同类,无征是同,司门既不言,故于关并言门也。"

"函谷关""武关"等之所以称"关",一方面是因为"关"已经由"门闩"引申为"门","函谷关""武关"等是"境上门";另一方面,"函谷关""武关"等"关"的作用和"关（门闩）""关（门）"一样,起关闭和保护的作用。境上之关未必都建筑在险要的地形上,后来在险要的地形上建关,这就是"函谷关""武关"的"关"了。这种"关"都是军事要塞,其性质和"境上门"之"关"是不一样的,但仍用"关"这个词来表达。

（3）城门外的地带。

这个义位的时代很晚。《汉语大字典》的例句是《徐霞客游记·粤西游日记》:"县北关外为巩阁。"这个句子不典型,可以换成《徐霞客游记·滇游日记七》:"从大路南四里余而抵鹤庆北关,托宿于关外,乃入北门,是为旧城。"从"城门"到"城门外的地带",是连类而及。

(4)守关人。

按:此义位有误,应该去掉。所以在图2中用( )表示。

《周礼·地官·掌节》:"门关用符节,货贿用玺节,道路用旌节,皆有期以反节。"郑玄注:"门关,司门、司关也。货贿者,主通货贿之官,谓司市也。道路者,主治五涂之官,谓乡遂大夫也。"孙诒让正义引贾疏云:"以其人之出入必由门由关,而授节者非门关之官不可辄授,故知主守门及关者,故以司门、司关解之也。"

郑玄确实把"门关"解释为"司门、司关",但贾疏说明了他这样解释的理由。据贾疏,"门关"是"由门由关"而入之义,"司门、司关"是郑玄外加的。这一点,对比《周礼》另一段相关的文字可以看得很清楚:

《周礼·秋官·小行人》:"道路用旌节,门关用符节,都鄙用管节。"注:"他邦之民若来入,由国门者门人为之节,由关者关人为之节,其以征令及家徒,乡遂大夫及采地吏为之节。"注说得很清楚,不用多加解释。

(5)阻隔。

《盐铁论·篌石》:"今欲下篌石,通关鬲,则恐有盛胡之累。"《旧唐书·颜真卿传》:"其有无门籍人,有急奏者,皆令监门司与仗家引奏,不许关碍。"

"关鬲"为中医学名词,其中的"关"为"阻隔"义。《旧唐书》"关碍"的"关"同。此义从"要塞,关口"义引申而来。

(6)不易通过的界限。

《汉语大字典》举例为:年关;百万大关。此义亦从"要塞,关口"义引申而来,是"要塞,关口"的比喻义。

(7)关税。

《国语·晋语四》:"轻关易道,通商宽农。"这个义位不用解释。"境上门"的"关"是收税的。《孟子》说的"关讥而不征"是他理想中的古代情况。

1.5.3 义群③这个义群和义群①有关。这个义群只有两个义位,都是动词。

(1)关闭。

这显然是从"门闩"义引申来的。此义是后来产生的。

《汉语大字典》的例句是:《方言》第十二:"关,闭也。"《易林·讼之临》:"关牢辟门,巡狩释冤。"这些例句时代较晚。实际上,这个义位在西汉已经出现。如:

《管子·八观》:"宫垣关闭,不可以不修。"(《管子》成书于汉代)

《淮南子·览冥》:"城郭不关,邑无盗贼。"高诱注:"关,闭也。"

《淮南子·精神》:"夫至人倚不拔之柱,行不关之途,禀不竭之府,学不死之神。"高诱注:"行于不可关闭之途。"

"闭"和"关"是词汇替换,这个过程从西汉开始,"闭"和"关"一直并用,开始时以"闭"为主,用"关"较少,直到《西游记》"闭门"和"关门"的使用频率才接近。这个问题在蒋绍愚(2019)已经说过,此处不重复。

(2)禁闭。

此义位《汉语大字典》没有古代文献的例证,只举了两个词语:

关押,关鸡。

实际上此义位在《西游记》就有:

《西游记》第二十六回:"不想那童子关住我们,又被老孙扭开锁走了。"

《西游记》第十八回:"那妖精那里肯退,转把女儿关在他后宅,将有半年,再不放出与家内人相见。"

《西游记》第八十二回:"青天白日的,把个和尚关在家里摆布。"

《金瓶梅》尚未见此义位。相关的例句有:

《金瓶梅》第三回:"我把门拽上,关你和他两个在屋里。"

《金瓶梅》第八十二回:"妇人一见其词,到于晚夕月上时,早把春梅、秋菊两个丫头,打发些酒与他吃,关在那边炕屋睡。"

"禁闭"义是从"关闭"义演变而来的。"关闭"义的"关"的对象一般是"门""户"等物,《金瓶梅》的例句"关"的是人,意思只是把人关在户内。到《西游记》的例句,"关"就增加了强迫某人在里面不许出来的意思,这就成了"禁闭"义了。

1.5.4 义群④

这个义群的义位可分为五组。第一——四组是动词,第五组是名词。这四组动词的词义各不相同,但有两个共同点:(1)义群中的各个义位都涉及甲乙双方,表示两者之间的关联。(2)第二——四组的动词和出入有关。第五组的名词和第三、四组动词有关。

这个义群和义群①、义群②的关系到下面讨论。

1.5.4.1 第一组:

(1)关系。 *司马迁《报任少卿书》:"夫中材之人,事关于宦竖,莫不伤气,况忼慨之士乎!"

(2)参与。 *《三国志·吴书·孙休传》:"休以丞相兴及左将军张布有旧恩,委之以事,布典宫省,兴关军国。"

(3)通过。《史记·酷吏列传》:"其治米盐,事大小皆关其手。"

(4)涉猎。《后汉书·张升传》:"升少好学,多关览。"注:"关,涉也。"

这一组的动词,"关系"是甲与乙关连。"参与"是甲参加乙事。"通过"是甲事经由乙手。"涉猎"是甲关注乙事。

1.5.4.2 第二组:

(1)入,纳入。《尚书大传》卷一下:"虽禽兽之声,犹悉关于律。"郑玄注:"关,犹入也。"

(2)措,置。《墨子·经说下》:"关石于其下,县丝于其上。"

这一组动词是甲(人)使乙(物)进入或置于某处。

1.5.4.3 第三组:

(1)通告。《周礼·秋官·条狼氏》:"誓大夫曰敢不关,鞭五百。"孙诒让正义:"此不关亦谓不通告于君也。"

(2)表白。《汉书·王褒传》:"进退得关其忠,任职得行其术。"

这一组是言语动词,甲说话让乙知道。"表白"义的"关"是出于甲口,"通告"义的"关"是入于乙耳。

1.5.4.4 第四组:

(1)领取。《元典章·户部·职役人关钱物》:"或令关钱人自来关支。"

(2)发放。《水浒传》第五十五回:"三军尽关了粮赏。"

这一组动词是钱物交易。甲以钱物予乙,甲是发放,是出;乙是领取,是入。

1.5.4.5 第五组:

(1)质询的文书。刘勰《文心雕龙·书记》:"百官询事,则有

"关"和"关于"——网络和构式

关、刺、解、牒。"

(2)关子。南宋的一种纸币。

这一组是名词。"质询的文书"是甲乙用以质询的,"关子"是甲乙用以买卖的。它们和言语或买卖的出入有关。

1.5.4.6 上面说义群①和义群②、义群③有联系,这不用解释。问题是:为什么说义群④和义群①②都有关系呢?

我们先看一下段玉裁对"关"的说解。

《说文》:"关,以木横持门户也。"段注:"引申之,周礼注曰:关,界上之门。又引申之,凡曰关闭,曰机关,曰关白,曰关藏皆是。凡立乎此而交彼曰关。"

段玉裁这段话有两点值得注意:(1)他把"门闩"的"关"和"界上之门"的"关"都和与"关"有关的动词联系起来。(2)他总结说:"凡立乎此而交彼曰关。"

我们可以用段玉裁的话来解释义群①②和义群④的关系。

义群①②中的中心义位"门闩""门"(还有"关口",上面已说,它和"门"的关系很密切)都是名词,为什么它们是"立乎此而交彼"?

"门闩"义的"关"是和"键"配合使用的。"关"置于门上,键插入或抽出其中。所以是"立乎此而交彼"。"门户"义的"关"置于墙上,"关口"义的"关"建于境上,行人出入其中,所以是"立乎此而交彼"。

而且,键插入关中则门闭,键从关中拔出则门开;其作用主要是关闭,所以能引申出"关闭"义;但又不仅仅是关闭,而且也是开启。

《老子》二十七章:"善闭无关键而不可开。"河上公注:"善以道

275

闭情欲而守精神者,不如门户有关键,可得开。"这句话很说明问题。

"门户"义的"关"和"关口"义的"关"也是如此。它们有管关闭的作用,所以可引申为"阻隔",但其主要作用是管出入,下面的例句能帮助我们理解这点:

《管子·问》:"关者,诸侯之陬隧也,而外财之门户也,万人之道行也。"注:"谓因此出入。"

《艺文类聚》卷六:"【关】蔡邕《月令章句》曰:'关在境,所以察出御入。'"

甚至人体上的"关",其作用也是管出入:

《素问》卷二十四:"肾者胃之关也。关门不利,故聚水而从其类也。"注:"关者所以司出入也。"

所以,与"门闩""门""关口"联系的动作有两点值得注意:(1)可以用"立乎此而交彼"解释。(2)和"出入"有关。

再看义群④。上面说过,义群④的义位都与"甲""乙"有关。如果把段玉裁的话稍加改动,就可以说,义群④中的四组动词都可以说是"立乎甲而交于乙"。如:"夫中材之人,事关于宦竖,莫不伤气。"是说"事"在中人,而交于宦竖(关涉到宦竖)。"虽禽兽之声,犹悉关于律。"是说声在禽兽而交于律(与律相合)。"进退得关其忠"是说忠在心中而交于君(君知其忠)。"三军尽关了粮赏"是说粮赏在官而交于士兵(粮赏到了士兵手中)。

而且,义群④的很多动词也都与出入有关。如"发放"是出,"领取"是入,"表白"是出于己口,"通告"是入于彼耳。"纳入""放置"都是入。

所以,义群④的动词义位也有这两个方面:(1)可以用"立乎此而交彼"解释。(2)和"出入"有关。第五组中的两个名词义位,也是和出入有关的。

正因为如此,所以,在"关"的词义网络中,义群④是和义群①②相联系的,义群④的义位都可以用义群①②中表"门闩""门""关口"的"关"来表达。

如果说,义群①②③里面的中心义位和其他义位的语义关系都可以用"引申"来说明,那么,义群④中的各个义位和"关"的本义"门闩"以及"关"很常用的义位"门""关口"之间的语义关系,就无法用"引申"来说明了。我们不好说由"门闩"义或"门"义或"关口"义引申为"通告""表白""领取""发放"等义位。粗看起来,义群④中的各个义位和"关"的常见义位"门闩""门""关口"之间似乎找不到什么关系,但经过深入分析,这两者之间实际上是有关系的,只是这种关系不能简单地说成引申关系。

所以,我们对多义词的各个义位之间关系的分析,思路还要开阔一些。

1.6 【关】只是一个案例。汉语中很多词的义位很复杂。如【厉】,《汉语大字典》有23个义位。这些义位之间,哪些有联系,哪些没有联系?各人看法不一。段玉裁《说文解字注》和朱骏声《说文通训定声》把很多意义看作假借,而徐灏《说文解字注笺》则认为几乎所有这些意义都是引申。这就关系到【厉】是多义词(polysemy)还是几个同形词(homograph)。如果是引申,那么各个意义之间存在什么联系?这些问题是有待于深入研究的。

二 关于

在现代汉语中,"关"作为单音词,最常用的意义是"关闭"。但

"关"还可以作为语素构成很多复合词,作为语素的"关",最常用的就不是"关闭"义,而是"关系"义。下面讨论一个复合词"关于"。

复合介词"关于"是由跨层结构词汇化而成的(见董秀芳 2011:270—271)。早先的"关于"出现在"关(V)+[于(P)+N]"结构中,"关"和"于"不在一个句法层面上,但整个"关(V)+[于(P)+N]"结构是一个论元结构构式,我们称之为"构式 1"。复合介词"关于"是一个词汇构式,我们称之为"构式 2"。在历史演变中,构式 1 发生了一些变化,这是构式演变。演变的结果导致构式 2 的产生,这是构式化。我们所关注的,就是这个从构式演变到构式化的历史发展过程。

除了"关于",汉语中还有很多"X+于",我们也选择一些加以讨论。但只是列出构式 1 和构式 2 的实例,至于如何从构式 1 的演变导致构式 2 的形成这个过程就不详细讨论了。

2.1 关于

2.1.1 "关于"是现代汉语中很常用的一个复合介词。《现代汉语八百词》的解说是:

"【关于】[介]表示涉及的事物。

a)关于+名

最近看了一些~国际问题的材料|~运输问题,我想再说几句。

b)关于+动/小句

~兴修水利,公社正在全面规划|~学校增加招生名额,你们准备采取什么具体措施?

c)"关于……的"+名

~节约用煤的建议|~唐山发生地震的消息"

其中,a)和b)是现代汉语中"关于"的基本结构,c)是把a)和b)变成"的"字结构,做名词的定语。c)的"关于……的"中间,既可以是b)(如上面两个例子),也可以是a),如"关于国际问题的报告""关于运输问题的讨论"。仅仅是"关于+名"和"关于+动/小句",在句法中所能充当的成分是有限的,只能放在句首作为话题,如"关于运输问题,我想再说几句。""关于兴修水利,公社正在全面规划。"从这种用法来看,"关于"应该说是话题标记。"关于+名"和"关于+动/小句"变成"的"字结构并加上名词以后,在句法中就能充当多种成分。做主语:"关于节约用煤的建议是他提出来的。"做宾语:"我已经看了关于节约用煤的建议。"还可以单独做标题:"关于节约用煤的建议(这个'关于'实际上也是话题标记)。"

2.1.2 从历史上考察,如果不管意义,完全从形式上看,那么,"a)关于+名"是从先秦就有,"c)关于……的"大约从唐代开始就有类似的形式,"b)关于+动/小句"古代没有,是现代汉语中才有的。

2.1.3 从先秦至六朝文献中的"关于",全都是"关于+名词"[①]:

《汉书·司马迁传》:"夫中材之人,事关于宦竖(宋祁曰:浙本事字下有有字),莫不伤气。"

《汉书·谷永传》:"臣前幸得条对灾异之效,祸乱所极,言关于

[①] 既然这种"关于"不是在同一个语言层次上的,就不应该看作一个语言单位。但为了考察介词"关于"的形成过程,我们姑且把这种"关于"放在一起,考察它后面跟随的成分关系的变化。

圣聪。书陈于前,陛下委弃不纳。"

《论衡·自纪》:"故鸿丽深懿之言,关于大而不通于小。"(这个句子中的"大""小"也是用作名词的。)

《世说新语·贤媛》:"发白齿落,属乎形骸;至于眼耳,关于神明,那可便与人隔!"

《世说新语·巧艺》:"四体妍蚩,本无关于妙处;传神写照,正在阿堵中。"

《世说新语·排调》:"唇齿相须,不可以偏亡。须发何关于神明?"

《南齐书·礼志下》:"旐本是命服,无关于凶事。"

徐陵《梁贞阳侯重与王太尉书》:"大齐道冠三皇,风高九代,仁信之本,关于至诚;言与之恩,由于孝德。"

这个历史时期的"关于+名词",其结构应分析为"关(动词)+[于(介词)+N(介词宾语)]",其中的动词可以替换成"系",介词可以替换成"乎",这充分说明"关"和"于"是两个独立的词:

嵇康《声无哀乐论》:"声音自当以善恶为主,则无关于哀乐;哀乐自当以情感,则无系于声音。"

《旧唐书·代宗纪》:"职有关于公府,事不系于尚书。"

《韩非子·制分》:"其法通乎人情,关乎治理也。"

《抱朴子·论仙》:"入无绮纨之娱,出无游观之欢,甘旨不经乎口,玄黄不过乎目,芬芳不历乎鼻,八音不关乎耳。"

《晋书·王祥等传论》:"御而骄奢,其关乎治政。乘时立制,莫不由之。"

《隋书·经籍志》:"古者陈诗观风,斯亦所以关乎盛衰者也。"

"关乎"在现代汉语中还用,但《现代汉语词典》把它标注为动词,它没有演变为介词。

2.1.4 到唐宋时期,出现了这样的句子:

白居易《与元九书》:"自拾遗来,凡所适所感,关于美刺兴比者,又自武德讫元和,因事立题,题为新乐府者,共一百五十首,谓之讽谕诗。"

司马光《请建储副或进用宗室第一状》:"臣窃惟陛下天性纯孝,振古无伦,事无大小,关于祖宗者,未尝不勤身苦体,小心翼翼,以奉承之。"

宋·黄干《勉斋集·朝奉大夫华文阁待制赠宝谟阁直学士通议大夫谥文朱先生行状》:"凡数经者见之传注,其关于天命之微,人心之奥,入德之门,造道之阃者,既已极深研几,探赜索隐,发其旨趣而无遗矣。"

其中的"关于……者"和现代汉语的"关于……的"大致相当;但现代汉语的"关于……的"后面要加名词,而且可以单独做标题,而唐代的"关于……者"不能。不过,这种"关于……者",比六朝以前那种"关于+名",在句法位置上有了变化,在"关于……者"后面,有一个对此加以说明的后续小句,如:"共一百五十首,谓之讽谕诗。""未尝不勤身苦体,小心翼翼,以奉承之。"这种句子的"关于……者"已经具有话题的功能了。

2.1.5 下面两个宋代和明代的例句,在"关于N"后面没有"者",而直接有一个"则……",特别是在李贤例中,在"关于N"前面有"若夫",很清楚地表明"关于N"是话题,"关于"已经凝固成一个语义成分,是话题标记。

宋·罗璧《识遗》卷六:"《左氏》志怪颇多,《春秋》关于人事则书,《论语》弟子记善言。"

《明经世文编》卷三十六:李贤《上中兴正本疏》:"臣伏惟陛下即位之初,大开言路,凡朝廷之阙遗,有司之利病,生民之休戚,军务之得失,中外进言者论之详矣。若夫关于陛下躬行,穷理正心,修己治人之道,则或略焉。"

2.1.6 在晚清的文献中,有些例句值得注意:

《官场现形记》第十六回:"一来关于统领面子,二来我们同寅也不好看。"

《孽海花》第三十二回:"这种内变,事生肘腋,无从预防,固不关于军略,也无所施其才能。"

《孽海花》第三十四回:"关于这些,党员郑良士十分出力。"

端方编《大清光绪新法令》:"第二编 第一章 关于帝室之罪"。

《官场现形记》和《孽海花》第三十二回例显然还是"关于+N"的传统用法。可见一些构式的古老用法在书面语中是可以长久使用的。但《孽海花》第三十四回例"关于这些"和《大清光绪新法令》的"关于帝室之罪"就是很典型的话题,和现代汉语的语法完全一样了(只是还没有见到"关于+动/小句")。

2.1.7 "关于"的历史演变

从先秦到六朝,"关于+名词"是一个构式,其表达式如下:

构式 1:[关 v+(于+N)]↔[与 N 相关]①

这个构式是一个动补词组,动词是"关",补语是"于+N",

---

① [关 v+(于+N)]↔[与 N 相关],前面的方括号表示这个构式的形式,后面的方括号表示这个构式的意义。参见 Traugott & Trousdale(2013)。

"关"和"于"不在一个句法层面上。

到现代汉语中,"关于+名词"的结构依然存在,但它和古代汉语中的"关于+名词"有很大的不同。现代汉语中的"关于+名词"是一个介宾词组,其结构关系是[(关于)p+N],"关于"是一个复合介词,N 是介词宾语。

这两种"关于+名词",从它们的不同结构来看,其差别是很清楚的。但拿历史文献中的实例来判别哪些"关于+名词"是动补词组,哪些"关于+名词"是介宾词组,却不很容易。因为:(1)文献中的"关于",哪些是跨层结构的两个成分,哪些是一个复合词,这不容易判断。(2)文献中的"关于",哪个"关"是动词,哪个"关于"是介词,这也不容易判断。(3)在意义方面,两个结构的差别也不很显著。"关于宦竖"似乎也可以说是"表示涉及的事物","关于运输问题"似乎也可以说是"和运输问题相关"。①

这两种结构的差异,主要须在它们入句之后,根据它们的句法位置来判断。[关 v+(于+N)]是一个动词结构,前面通常有一个主语,说明什么和 N 有关;后面不需要后续一个小句来进一步论述。最典型的是上引《汉书》的"言关于圣聪"和《世说新语》的

---

① 英语中有些结构和语义的差异可以通过一些形态来判断。如在古英语中"lot"表部分/单位,a lot of land 意为"土地的一部分"。后来"lot"变为表数量,a lot of land 意为"很多土地"。这两者的区分,可以看复数的形态-s 加在哪里:lots of fans 中 lots 是复数,所以 lot 是指单位,a lot of goods 中 goods 是复数,lot 是单数,所以 lot 表数量。又如:a lot of goods is to be fitted out for auction,is 可以帮助我们判断 lot 是中心语(表部分);I have a lot of goods to sell, and you wish to purchase them, them 可以帮助我们判断 goods 是中心语,a lot of 是修饰语(表数量)。(参见 Traugott & Trousdale 2013:24—25)但汉语缺乏这样一些用以判断的形态。

"须发何关于神明?"①[(关于)p＋N]是介词引进关涉的对象,[(关于)p＋N]前面没有主语,"王师傅关于节约用煤的建议","王师傅"也不是主语;后面必须有一个对此加以说明的后续的句子,如:"关于中草药,我知道得很少。"一般认为"关于中草药"是做状语,修饰后面的句子的,我认为"关于中草药"是话题,后面的句子是述题。当然,[(关于)p＋N]也可以单独做标题,前面说过,这其实也是话题。反过来,如果一个"关于＋名词"前面有主语,后面没有对此加以说明的后续成分,那么这个"关于"一定是动词"关"和跨层的介词"于"的组合。如果一个"关于＋名词"前面不能加主语,后面有加以说明的后续成分,那么这个"关于"多半是复合介词。

我们可以用《孽海花》中的两个句子来检验:"这种内变,事生肘腋,无从预防,固不关于军略,也无所施其才能。""关于这些,党员郑良士十分出力。"根据上述判断标准,可以清楚地看到,前一句是[关v＋(于＋N)],后一句是[(关于)p＋N]。

这些[(关于)p＋N]中的"关于"是一个复合介词,其功能是引进涉及的对象,也可以说是一个话题标记。这种"关于"是一个新的构式,我们把它标为构式2。

构式2:[(关于)p]↔[引进关涉的对象]

这个新的构式有几个特点:(1)从形式看,这个构式的构成成分是固定的,即:其前一成分只能是语义为"关系"的"关",而不能是其他语义的"关"。像上述《尚书大传》卷一下"虽禽兽之声,犹悉关于律"那种"关于",不属于这一构式,因为这个"关"的语义不是

---

① 《汉书·司马迁传》:"事关于宦竖,莫不伤气。"这是个假设复句,意思是说:如果事与宦竖有关,谁都会伤气。所以在"事关于宦竖"后面还要有一小句。

"关系",而是"犹入也"(见郑玄注);其后一成分只能是"于",而不能是"乎",尽管作为单个的介词,"乎"和"于"基本相同,但历史上相当常见的"关乎"不属于这种构式。(2)从意义看,构式"关于"的功能是"引进关涉的对象",或者说是话题标记,这个功能是整个构式担负的,不是由其中的"于"单独担负的。这种构式中的"于"已不是一个独立的介词,没有独立的语义或功能,而只是一个构词成分。

这是一个在汉语史上新出现的构式,这就是我们在本小节标题所说的"关于"。这个新构式"关于"的形成,就是"构式化"(constructionalization)。

2.1.8 那么,构式1[关v+(于+N)]是怎样演变为构式2[(关于)p+N]的?

我认为,在2.1.4中的唐宋时期的"关于……者",是演变的第一步。从汉语历史语法的总体来看,"××者"的"××"应是动词结构,而不会是介词结构。而且,在"关于……者"前面可以加上主语:"诗关于美刺兴比者。""事关于祖宗者。"所以,这种"关于……者"应是[关v+(于+N)]。但和唐以前的"关于+名词"相比,它又有些变化:它不像"言关于圣聪"和"须发何关于神明"那样能独立成句,后面必须有后续的对此加以说明的叙述小句。这就向[(关于)p+N]做话题的功能靠近了一步。但这只是构式变化(constructional change),而没有形成新的构式,不是构式化(constructionalization)。

到2.1.5的一些例句,有了进一步的变化。(1)"关于+名词"的后面没有"者"。(2)"关于+名词"前面不能加上主语:《春秋》ø关于人事","若夫ø关于陛下……之道"。(3)"关于+名词"后面必须有一个对此加以说明的后续的小句。在 2.1.4 中,"关于……者"后面必须有对此加以说明的后续小句,这是由"……者"的性质决定的,"……者"不能单独成句。而 2.1.5 的一些例句中,"关于+名词"后面已经没有"者",但后面必须有对此加以说明的后续小句,这就是由这些句子中"关于+名词"的性质决定的了。上面已经说过,这些"关于+名词"很明确的是话题,所以后面都必须跟着述题。这种变化,在 2.1.6 的《孽海花》第三十四回例中表现得更清楚。(但"关于帝室之罪"是做标题用的,后面当然不加后续小句。)

这第(2)(3)两点很重要,能说明从宋代开始,"关于"的性质发生了变化。(2)"关于+名词"前面不能加上主语,说明"关于"的"关"已经不是动词;如果是动词,应该是能够加上主语的(在此以前的例句,在"关于+名词"前面都有主语)。(3)"关于+名词"后面必须有一个对此加以说明的后续的小句,说明"关于"的"于"已经不是介词;如果是介词,"动词+介词(于)+名词"是完全可以独立成句的(在此以前的例句,"关于+名词"都是独立的小句)。Traugott & Trousdale(2013:116)在说到构式"a lot of""a bit of"的形成和图式性增强时说到了"lot""bit"的"去范畴化(decatagorized)",即它们失去了名词的特性,构式[(关于)p+N]中的"关"和"于"也都是发生了"去范畴化",使得"关于"成为一个复合介词。这就是由"构式演变"导致了"构式化"。

2.2 其他"×于"

汉语中还有很多"×于",如"至于""终于""由于""对于""基于""鉴于"等。它们在历史上都是逐渐变化的(其变化过程从略);

最后形成的都是构式 2,都具备上面所说的构式 2"关于"那样的特点。像"起于 5 世纪,终于 10 世纪"那样的"终于",就不属于构式 2。这在下面就不再细说了。构式 2 出现的时代也不具体说,从例句即可判断。

2.2.1 至于

构式 1:[至+(于+N)]。到达某处。

《书·盘庚上》:"王命众,悉至于庭。"

构式 2:[至于]。有多种意义:

(1)介词。表示另提一事。

《国语·周语中》:"其贵国之宾至,则以班加一等,益虔;至于王吏,则皆官正莅事,上卿监之。"

(2)介词。表示"即使是"。

《论语·为政》:"今之孝者,是谓能养。至于犬马,皆能有养;不敬,何以别乎?"

2.2.2 终于

构式 1:[终+(于+N)]。终结于某时或某处。

《尚书·多士》:"殷命终于帝。"

构式 2:[终于]。副词。最终出现某种情况。

《汉书·五行志下之下》:"遂莫肯改寤,法则古人,而各行其私意,终于君臣乖离,上下交怨。"

《三国志·吴书·步骘传》:"深辞固让,终于不就。"

朱自清《背影》:"但最近两年的不见,他终于忘却我的不好,只是惦记着我,惦记着我的儿子。"

2.2.3 由于

构式 1:[由+(于+N)]。从……而来。

《论衡·订鬼》:"致之何由?由于疾病。"

《后汉书·傅燮传》:"臣闻天下之祸,不由于外,皆兴于内。"

《旧五代史·安元信传》:"成由天地,不由于人。"

构式2:[由于]。

(1)介词。表示原因或理由。

《后汉书·班昭传》:"纵恣既作,则侮夫之心生矣。此由于不知止足者也。夫事有曲直,言有是非。直者不能不争,曲者不能不讼。讼争既施,则有忿怒之事矣。此由于不尚恭下者也。"

(2)连词。表示原因。

《歧路灯》第九十七回:"至于扇囊,由于节令已届初冬,绍闻道:'明年热天还有用扇时候,我收了就是。'"

2.2.4 对于

构式1:[对+(于+N)]。对答于某人或面对某人。

《诗经·大雅·皇矣》:"以笃于周祜。以对于天下。"郑笺:"对,答也。"正义:"以答天下向周之望。"

顾宪成《泾皋藏稿愧轩记》:"辄复内念,仰而无以对于先哲也,俯而无以对于州之耆老子弟也。"

构式2:[对于]。介词。引进对象或事物的关系者。

《绿野仙踪》第一回:"此后于冰对于诗书倍加研求。"

《品花宝鉴》第三十四回:"难道他们对于那些粗卤的人,也能这样?"

《二十年目睹之怪现状》第七十一回:"并且对于那六岁孩子,渐渐露出晚娘的面目来了。"

2.2.5 基于

构式1:[基+(于+N)]。

(1)始于。

《国语·晋语九》:"而去其师保,基于其身,以克复其所。"注:"基,始也。"

(2)以 N 为基础。

《南齐书·萧景先等传论》:"魏氏基于用武,夏侯诸曹,并以戚族而为将相。"

《新唐书·魏征传》:"臣闻为国基于德礼,保于诚信。"

构式 2:[基于]。

(1)介词。由于。

《新唐书·萧至忠传赞》:"其后相李林甫、将安禄山,皆基于不明。"

(2)介词。根据。

老舍《四世同堂》四五:"友情的结合,往往是基于一件偶然的事情与遭遇的。"

2.2.6 鉴于

构式 1:[鉴+(于+N)]。以某(坏)事为借鉴。

《诗经·大雅·文王》:"宜鉴于殷,骏命不易。"

《咸丰实录》卷一五五:"盖有鉴于前代弛备之弊,诘戎讲武,未尝一日不做也。"

《曾国藩文集·理财篇》:"铜城闸之梁美材等三营勉强可移至弟处,余有鉴于去冬巢、和之未留防兵,故不肯轻动。"(仅 1 例)

《李文忠公选集·同治十三年》:"近世学者,鉴于明季之失,以开矿为弊政,不知弊在用人,非矿之不可开也。"

构式 2:[鉴于]。介词,连词。

《现汉》:【鉴于】1 介 表示以某种情况为前提加以考虑:～党

的领导地位,更加需要向党员提出严格的要求。2 连用在表示因果关系的复句中前一分句句首,指出后一分句行为的依据、原因或理由:~群众反映,我们准备开展质量检查。

2.3 上述"关于"……"鉴于"这样的微观构式(micro-construction, Traugott & Trousdale 2013 的术语)很多,可以把它们概括为一个统制构式(dominating construction)"X+于"。这里有很多问题值得深入研究。如:

(1)上述各种微观构式形成的时代有早有晚。像"至于",在《尚书》和《论语》中就已经成为构式;"鉴于",到现代汉语中才成为构式。这是由什么决定的,是否和动词的性质有关?

(2)这些微观构式的构成有不同的类型:有的"X"是动词,有的"X"是形容词,还有的是名词转为动词(如"基于")。这些微观构式的词类也有不同的类型:多数是介词或连词,也有的是副词,还有的是动词(如"敢于""甘于")。对此可以做一个综合研究,看看同一类型的微观构式有什么特点,不同类型的有什么差别。"[X+于]+M"的 M 也有不同:有的是单个名词,有的是一个名词性词组,有的是一个小句(如做连词的"由于""鉴于")。① 这些都值得深入研究。

(3)从构式语法的角度来看,不同的构式应当是相互影响的。那么,早出现的"X+于"构式对后来"X+于"构式的产生是否有影响?

举一个例子:"敢于+V"在现代汉语中很常用。"敢"是一个

---

① Traugott & Trousdale(2013:114)说到"微观构式类型数量的扩展(expansion of the number of micro-construction-types)"和"宿主类型的扩展(host-class expansion)",可以参看。

情态动词,后面应当直接跟动词宾语,说成"敢+V"就可以,为什么要说成"敢于+V"?我们看几个例句:

《汉书·礼乐志》:"是敢于杀人而不敢于养人也。"

欧阳修《论删去九经正义中谶纬札子》:"而于其中敢于诬天蔑圣者,则以谶纬为甚。"

赵与时《宾退录》卷三:"谓遐陬僻郡,敢于纵肆。"

《汉书》中的"敢于","敢"还不是情态动词,而是义为"果敢""有胆量"的动词,"敢于"表示在哪一方面有胆量。但到了宋代,"敢"已经用为情态动词了,"敢+V"很常见。欧阳修和赵与时例中的"敢于",显然是"情态动词'敢'+于"。为什么情态动词后面要加一个"于"?除了汉语复音化的趋势外,是否和当时语言使用中众多的"X+于"有关?[①]

这些问题我还没有考虑成熟,所以本文不谈,以后可以进一步研究。

参考文献

董秀芳　2011　《词汇化——汉语双音词的衍生和发展》(修订本),商务印书馆。
顾龙飞、唐厚广　2018　《现代汉语"V+开"结构语义扩展路径新探——基于"开"本义的意象图式》,《语文研究》第2期。
黄金贵　2016　《古代文化词义集类辨考》(新一版),商务印书馆。
蒋绍愚　2019　《"开—关"概念场中词汇的历史演变》,《语言学论丛》第59辑。

[①] Traugott & Trousdale(2013:53)说到:"He led hym to a hop of stonys(现代英语说 He led him to a heap of stones)"这个句子中的"a hop of stonys",意思是"一堆石头",但听话者可能理解(interpret)为"大量石头"。对 a hop of 的这种理解得到同时期的 a deal of, a bit of, a lot of 的认可(sanction)。

Goldberg, A. E. 1995/2007 《构式——论元结构的构式语法研究》,吴海波译,北京大学出版社。

Lakoff, G. 1987 *Women, Fire and Dangerous Things*. The University of Chicago Press.

Traugott, E. and G. Trousdale 2013 *Constructionalization and Constructional Changes*. Oxford Press.

(原载《历史语言学研究》2021 年第 2 辑)

再谈"从综合到分析"*

"从综合到分析"是汉语发展史的一个重要问题,最早是王力先生提出来的。王力先生在《古语的死亡残留和转生》中说:"古语的死亡,大约有四种原因:……第四种是由综合变为分析,即由一个字变为几个字。例如由'渔'变为'打鱼',由'汲'变为'打水',由'驹'变为'小马',由'犊'变为'小牛'。"(王力,1941/1988:140)后来,我在《古汉语词汇纲要》(1989)第八章第三节中也谈过这个问题。书中说:"所谓从综合到分析,指的是同一语义,在上古汉语中是一个词来表达的,后来变成或是用两个词构成词组,或是分成两个词来表达。"(蒋绍愚,1989/2005:229)再往后,杨荣祥(2003、2013、2017)、宋亚云(2006)对这个问题也做过深入讨论,有些意见很中肯。

在这些著作和论文里,都把"从综合到分析"扩大了范围,在王力先生所举的例子以外,又举了多种"由一个字变为几个字"的情况,并且都称作"从综合到分析"。

在这篇文章里,我想对这个问题做进一步的思考和讨论。我总的想法是:"由一个字变为几个字"有两类不同的情况:(1)词的语义结构的历史变化。上古汉语中一些词的语义结构是综合性的,有两

---

* 本文的提要曾在"汉语历史词汇语法研究国际学术研讨会"(2019年10月,北京大学)上宣读。有关甲骨文的部分,听取了沈培教授的意见,谨此致谢。

个语义构成要素,后来这种词逐渐消失,这两个语义构成要素由两个词分别表达。如"沐→洗发""城→筑城"。(2)词的语义关系/语法关系表达的历史变化。有些语义关系/语法关系,上古汉语中用一个词表达,不需要另加其他标记,后来变成用两个词表达,其中一个是虚词,用作语义标记/语法标记。如"死国→为国死""李牧诛→李牧被诛"。(1)和(2)两类情况都是"由一个字变为几个字",但两者是有区别的:(1)主要是词的语义结构的问题,(2)主要是词的语义关系/语法关系表达的问题。① 所以,两者要分开讨论。

  这里要说明一点:本文所说的"综合"和"分析",与语言类型学上所说的"综合"和"分析"不一样。类型学上所说的"综合语"(synthetic languages),指的是这种语言的词一般包含不止一个语素;"分析语"(analytic languages)指的是这种语言的词一般是单语素,没有变形,句法关系主要通过词序表达。(戴维·克里斯特尔,1997/2000:351,19)一些学者讨论汉语在历史上是否有过从综合型语言到分析型语言的类型变化,如贝罗贝(2014/2020),是从多方面来分析的。这个问题本文不谈。梅广(2015)多次谈到"综合"和"分析",他认为"汉语通常被认为是分析性语言类型的代表。……不过综合与分析是相对性的。现代汉语分析性格显著,古代汉语则带有颇多综合性质。并合就是一种综合性质的句法运作。② 上古汉语的并合主要是轻动词和动词的合成。"(梅广,2015:69)本文所说的"使动""为动"等和无标记的被动,梅广都认

---

① 当然,(1)不是完全和句法无关,"沐→洗发","洗发"是句法层面上的词的组合。(2)也不是完全和构词无关,"饮"的使动用法读作 yìn,"见"的使动用法读作 xiàn,这是音变构词。

② 并合(incorporation),见梅广(2015:64)。

为是轻动词和动词的并合,这在下文将会讨论。本文所说的"综合"和"分析"主要就汉语词汇的语义结构而言。上古汉语的词以单音词为主,有些词(如"沐")包含着两个或多个语义构成要素,所以称之为"综合";到后来这些语义构成要素分别呈现为两个词,原来单音词表示的概念用复合词或词组来表达,所以称之为"分析"。如"沐"包含"洗"和"发"两个语义构成要素,后来"沐"这个概念用"洗发"来表达,这就是"从综合到分析"。

1 词的语义构成要素从综合到分析

(一)上古汉语综合性的词

1.1 概念要素和语义构成要素

从概念要素分析法的角度看,词都是由若干概念要素综合而成的。如 Talmy(2000a)所分析的位移动词(motion verb),都是由 6 个概念要素 MOTION,FIGURE,GROUND,PATH,MANNER,CAUSE 构成;蒋绍愚(2007)分析的打击义动词,无论古今,都可以分解为若干概念要素,如:工具、部位、方式、力度等。从这方面讲,词义都是概念要素的综合,古今没有区别。本文所说的"语义构成要素"不是概念要素,如"沐"的语义构成要素是"洗"和"发",它们都是上古汉语中的语义单位,可以单独用词来表达,但对于"沐"这个词而言,它们只是作为词的语义构成要素而存在,所以这是综合。到后代,"沐"作为词消失了,这个词所表达的概念用"洗"和"头"两个词组合来表示,所以这是分析。

蒋绍愚(2015)把这种"语义构成要素"称为"认知因素"(意思

是说,像"洗"和"发"这样的因素是人们可以直观感知的):"古代是在两个不同的范畴中,把两个不同而又有关联的对象的认知因素(事物和性状,或动作和对象)放在一起,形成一个概念,来指称事物;后来是拆成两份,形成两个概念,然后把这两个概念组合,来指称事物。"(蒋绍愚,2015:125)综合和分析,这是两种不同的概念化的方式。

从概念场来看,上古汉语综合性的单音词大都是表达下位概念的,①后来这些词消失了,它们表达的下位概念就用同一概念场中表上位概念的词和另一概念场中表概念的词构成词组(或凝固为复合词)来表达,这就是从综合到分析。如:

(1)上古:上位概念[马]下位概念[骊、骅、騜、駁]‖后代:骊:黑马。骅:赤马。騜:毛色黄白相杂的马。駁:毛色红白相杂的马。

(2)上古:上位概念[山]下位概念[嵩、岑、岵、峐]‖后代:嵩:大而高的山。岑:小而高的山。岵:多草木的山。峐:无草木的山。

(3)上古:上位概念[济/渡②]下位概念[涉(厉,揭)、航]‖后代:涉:步行渡水。厉:以衣涉水。揭:褰衣涉水。航:以舟渡水。

(4)上古:上位概念[洒/濯]下位概念[沐、沬、盥、洗]‖后代:沐:濯发。沬:洒面。盥:澡手。洗:洒足。

1.2 实际语料中综合性的词

1.2.1 甲骨文中有不少综合性的词。下面略举数例。

名词:

【牢】【宰】姚孝遂、肖丁云:"古代祭祀,所用之牲,其经过特殊

---

① 也有是上位词的,如下面要说到的"济"。
② 《尔雅·释言》:"济,渡也。"《说文》:"渡,济也。"两字互训,指渡水(包括以舟渡水和徒行渡水)。先秦多用"济",汉代多用"渡"。"济"也可以指以舟渡水。

饲养者谓之'牢'或'窜',尚未经过特殊饲养者,则仍称牛羊。……卜辞'牢''窜'区分甚严,从不相混。'牢'为专门饲养之牛,'窜'为专门饲养之羊,均是为了供祭祀之用。"《小南》2617:"王其又于囦三牛,王受冬?五牛?其牢?"(于省吾,1996:1516)①

【豭】郭沫若云:"……腹下有物挺出,盖牡豕也。"《撷续》64:"……血用白豭九……。"(于省吾,1996:1570)

【䍺】姚孝遂按:"《玉篇》有'䍺',解为'赤牛',又有'骍',解为'马赤也'。牲之赤色者通谓之䍺,骍、䍺则由䍺所孳乳,分指牛马之赤色者。"(于省吾,1996:1526)《戬》24.5:"父甲岁骍兹用。"(徐中舒,1988:1071)

这些名词都是把性状、公母、毛色和牲畜综合在一起,用一个单音词表达。

动词:

【虢】裘锡圭云:"虢应该是'虩'字的古体,……显然是表示以戈搏虎的意思……"《乙编》6696:"壬辰卜:争,鼎(贞),其虢,隻(获)?"(于省吾,1996:1624—1625)

【爇】姚孝遂、肖丁云:"执火炬以驱野兽,围而捕之。"《撷续》121:"王其爇㸁酒录,王于东立,虎出,㚔……"(于省吾,1996:3363—3364)

【率】于省吾云:"'率'者'膟'之省,……谓取牛或牪之血脂以祭也。"《前》6—33.6:"率牛。"《佚存》986:"率牪。"(于省吾,1996:3182)

---

① 甲骨文的"牢""窜"有不同解释,此从姚孝遂说。下面有些字也是如此,取一家之说。

【邐】于省吾引《续存》195:"邐来归。"《甲》3913:"亚旅其陟,邐入。"《甲》3919:"王其田,邐往。"云:"以上所举的邐来归、邐入、邐往,是说乘邐传以归以入以往。"(于省吾,1996:2289)

【帀】于省吾云:"又第五期甲骨文言王'在某帀',某为地名者习见,例如:'在䰜帀''在齐帀''在曹帀''在淮帀''在䖒泉帀'等,……均指王之外出临时驻于某地言之。"(于省吾,1996:2929)

【伐】姚孝遂按:"……象以戈斩人首。"《前一》18.4:"王宾武丁伐十人,卯三牢。"("卯"为"对剖"义。)(于省吾,1996:2344)但卜辞中很多"伐"已泛化为"征伐"之义,那就不是综合性词了。

【䞣】姚孝遂按:"象刖足之形。"(于省吾,1996:312)《人》334:"丁巳卜,亘贞,䞣,若。"(赵诚,1988:342)

这些动词都是把动作的对象、工具、方式和动作综合在一起,用一个单音词表达。

1.2.2《尔雅》中综合性的词也很多,下面略举一些。

名词:

涷(暴雨)、霡霂(小雨)、霪(久雨)。

隩(水厓之内)、隈(水厓之外)。

崧(山大而高)、岑(山小而高)、峤(山锐而高)。

磝(山多小石)、礐(山多大石)、岵(山多草木)、峐(山无草木)。

澜(大波)、沦(小波)、径(直波)。

洲(水中可居者)、渚(小洲)、沚(小渚)、坻(水中高地)、潏(人所为水中高地)。

麎(公麎)、麚(母麎)。

麖(公鹿)、麀(母鹿)。

羒(白色公羊)、牂(白色母羊)、羖(黑色公羊)、羭(黑色母羊)。

骘(公马)、骒(母马)、駓(毛色黄白相杂的马)、骓(毛色苍白相杂的马)。

动词：

霁(雨止)。

僵(向后倒下)、仆(向前倒下)。

涉(徒行涉水)①、揭(褰衣涉水)、厉(以衣涉水)。

形容词：

縓(一染,浅红)、赪(二染,红于縓)、纁(三染,红于赪)。

1.2.3 春秋战国文献中综合性的词也很多。下面仅举《左传》中的一些动词。

俯(面朝下)、仰(面朝上)、瞑(眼闭)、盥(洗手)、沐(洗发)、浴(洗身)、刖(砍足)、劓(割鼻)、籴(买米)、济(渡水)、抶(用鞭棰打)、刜(用刀砍)、踊(一足跳着走)、批(用手击)、栫(以柴木壅堵)、踣(向前倒下)、偃(仰卧)、骋(纵马奔驰)、馌(给耕作者送饭)、缒(以绳系身悬之)。

下面各举上面各词一具体用例：

(1)邾子执玉高,其容仰;公受玉卑,其容俯。(《左传·定公十五年》)

(2)谥之曰"灵",不瞑;曰"成",乃瞑。(《左传·文公元年》)

(3)华亥与其妻,必盥而食所质公子者而后食。(《左传·

---

① "涉"在甲骨文中已经用于泛指,姚孝遂按语说:卜辞中有"涉漳""涉河""是皆不可'徒行厉水'"。(于省吾,1996:764)《左传》中"涉"也泛指渡河,和"济"的意思一样。但在先秦其他文献中有"涉"表示"蹚水过河"的例子,如《诗经·郑风·褰裳》："子惠思我,褰裳涉溱。"《吕氏春秋·察今》："循表而夜涉,溺死者千有余人。"

昭公二十年》）

(4)叔孙将沐，闻君至，喜，捉发走出。(《左传·僖公二十八年》)

(5)二人浴于池。(《左传·文公十八年》)①

(6)杀公子阏，刖强鉏。(《左传·庄公十六年》)

(7)先归复所，后者劓。(《左传·昭公十三年》)

(8)饥，臧孙辰告籴于齐。(《左传·庄公二十九年》)

(9)宋公及楚人战于泓。宋人既成列，楚人未既济。(《左传·僖公二十二年》)

(10)子罕闻之，亲执扑，以行筑者，而抶其不勉者。(《左传·襄公七年》)

(11)苑子刜林雍，断其足，鑋而乘于他车以归。(《左传·昭公二十六年》)

(12)遇仇牧于门，批而杀之。(《左传·庄公十二年》)

(13)邾子又无道，吴子使大宰子余讨之。囚诸楼台，栫之以棘。(《左传·哀公八年》)

(14)譬如捕鹿，晋人角之，诸戎掎之，与晋踣之。(《左传·襄公十四年》)

(15)阳州人出，颜高夺人弱弓，籍丘子鉏击之，与一人俱毙。偃，且射子鉏，中颊，殪。(《左传·定公八年》)

(16)林楚怒马，及衢而骋。阳越射之，不中。(《左传·定公八年》)

---

① "浴"是综合性的动词，到现代汉语中说成"洗澡"，"洗澡"不是分析性的："澡"的本义是"洒手"，引申为洗身。"从综合到分析"是汉语词汇发展的一种重要趋势，除此之外还有别的发展路径。

(17) 臼季使过冀,见冀缺耨,其妻馌之,敬,相待如宾。(《左传·僖公三十三年》)

(18) 夜,缒而出。(《左传·僖公三十年》)

1.3 《尔雅》和《左传》中综合性动词的类型

从《尔雅》和《左传》的例句看,根据动词中包含的语义构成要素的不同,这些综合性的动词大致可分为五类:

(1) 主体要素＋动作要素。如:俯、仰、瞑、霁。

(2) 动作要素＋对象要素。如:盥、沐、氽、济。

(3) 方式要素＋动作要素。如:踣、偃、揭、厉。

(4) 工具要素＋动作要素。如:抶、荆、批、椓。

(5) 较复杂的语义要素＋动作要素。如:骋、缒、鳖、馌。

在《左传》中还有一类动词,不完全是综合性动词,但经常表现出综合性的特点。最常见的有如下几个:"衣(穿衣)""食(吃饭)""启(开门)""闭(闭门)""娶/取(取妻)""及(及祸)""免(免祸)"。先看例句:

A组:

(1) 寒者衣之,饥者食之。(《左传·昭公十年》)

(2) (大叔)将袭郑,夫人将启之。(《左传·隐公元年》)

(3) 每出一门,邱人闭之。(《左传·定公十年》)

(4) 郑武公娶于申。(《左传·庄公十六年》)

(5) 长恶不悛,从自及也。(《左传·隐公六年》)

(6) 夫州吁弑其君,而虐用其民,于是乎不务令德,而欲以乱成,必不免矣。(《左传·隐公四年》)

这些动词的动作对象经常是不出现的,但它们作为语义构成要素包含在动词之中。上述例句就是这样。这种用法在《左传》中很常见,而且是有规律可循的。"衣""食"后面如果是指人的名词,或指人的代词"之",这个名词或代词一定不是"衣""食"的动作对象,"衣""食"的动作对象语义构成要素包含在动词之中。"启""闭"也是如此,后面如果是指人的名词,或指人的代词"之",其动作对象"门""户"作为语义构成要素包含在动词之中。"娶(取)"常常不带宾语"妻",但在"娶(取)于+地名"的句子中(《左传》共14例),"妻"一定不出现,而是作为语义构成要素包含在动词之中。"及"常常表示"及于祸/难",但"祸/难"常常不出现,在"自及"(《左传》共4例)中一定不出现。"免"常常表示"免于死/灾",但"死/灾"常常不出现,在"必不免"(《左传》共11例)中一定不出现。这些"及"和"免"的动作对象也是作为语义构成要素包含在动词之中的。

此外,这些动词的宾语不出现不能看作宾语省略,因为省略是可以补出的,而在上述例句中,其宾语补不出来。所以,只能看作动作对象已作为语义构成要素包含在动词之中。究其原因,就是因为上古汉语的动词有综合性的特点。

那么,为什么说这些动词不完全是综合性动词呢?因为在某些场合,这些动词的动作对象是可以出现的。如果"衣"的对象是"帛、素"等,"食"的对象是"肉、粟"等,其对象是必须出现的。"启门""闭门""娶妻""及于难""免于难"在《左传》中都有,不过,数量远不及 A 组的多,如《左传》中"娶"共出现 37 次,而"娶妻"仅 2 次。例如:

B 组:

(1) 重茧,衣裘,鲜食而寝。(《左传·襄公二十一年》)

(2) 食鬻,居倚庐,寝苫、枕草。(《左传·襄公十七年》)

(3)然我往,必不敢启门。(《左传·定公十年》)①

(4)闭门而索客。(《左传·成公十七年》)

(5)季公鸟娶妻于齐鲍文子。(《左传·昭公二十五年》)

(6)周公弗从,故及于难。(《左传·闵公二年》)

(7)君姑修政,而亲兄弟之国,庶免于难。(《左传·桓公六年》)

这些动词的情况和1.2.3所说的不一样。

1.4 上古汉语综合性动词多的原因

为什么上古汉语的综合性动词这么多?我想,有两个原因。

(1)人们对事物的认识,常常是从个别到一般,从具体到抽象。这一点在甲骨文中体现得最明显。甲骨文中有"追""逐"二字,"追"是追人,"逐"是逐兽,两者区分很严。为什么追逐野兽这样一种狩猎方法在卜辞中没有分析性的说法"逐兽",而只用一个"逐"字表达呢?甲骨文中,"逐"有多种写法,或从豕,或从鹿,或从兔,这些动物都是人们常见的,在甲骨文中都有词表达。用或从豕或从鹿或从兔的"逐",表达的是追逐任何一种动物,如卜辞中从豕的"逐"字,其宾语可以是麋或兕。②但"兽"这个概念,在甲骨文中却没有词表达。甲骨文中有一个"兽"字,形体和"獸"近似,但这个字是个动词,有人认为就是后来的"狩"字,是狩猎的一种。到后来,才由动词引申为名词,指猎获的野兽。所以,"逐兽"这种分析性的表达,在卜辞中不会出现,而只能用或从豕或从鹿或从兔的"逐"来表达这种狩猎方式。甲骨文中有表达狩猎的动词,那就是"田"。

---

① 在甲骨文中已有"启西厅户"这样的句子。从什么时候起,"启"的动作对象可以包含在动词的语义成分中,这个问题可以讨论。

② 参见《甲骨文字诂林》第1521页所引高明《古体汉字义近形旁通用例》。

303

但当要表达某种特殊的狩猎方法,如执戈以猎、执火以猎,则不会用分析式的表达法,而是用综合性的动词,如【娆】【爇】。名词也是如此。"牛""马"和"白""赤"这些词在甲骨文中都存在,某种颜色的马,也可以用分析性的词组来表达,如"白马",在卜辞中屡见。但说到赤色的牛马时,还是用综合性的【羍】表达,这可能是在祭祀中赤色的牛马特别重要。后来产生的综合性词也是如此,如人们所常说的"沐""沬""洗"等,《说文》以"濯发""洒面""洒足"来解释,其上位词"洒""濯"在当时不是不存在,但"洒""濯"的对象可以是很多东西,而"洒面""洒足""濯发"这几种洗濯动作在生活中最为常见,也最为人们关注,所以都用综合性动词来表达。

这些综合性的词,有些到后来词义泛化,就不再是综合性的了。如前面已经说过,"伐"在卜辞中就已泛化为"征伐"义。还有的综合性词,后代虽然还继续用,但已逐步丧失了综合性。如"霁",本义是"雨止",词义结构中包含主体要素"雨"和动作要素"止"。后来,出现了"雨霁"的用法,最初见于《韩非子·外储说左上》:"雨霁日出。"后来越来越多,如王勃《滕王阁序》:"虹销雨霁。""霁"本身就只有"止"义了,但还必须用在"雨"后面。再进一步发展,"霁"的词义就演变为"止"了,如《汉书·魏相传》:"相心善其言,为霁威严。"注:臣瓒曰:"此雨霁字也。霁,止也。"

(2)有些名物、动作的细类,用综合性的词表达比用分析性的词组表达更简捷明快,更符合语言的经济原则。如《尔雅》中的"骧(后右足白之马)",《左传》中的"缢(以绳系身悬之)",都是如此。这种综合性的词不是上古汉语所独有的,后代也有,如近代汉语的"嗿(无节制地饮食)",现代汉语中的"蹭(脚不离地而缓慢前行)""瓵(把瓷器打碎、摔碎)"都是这种词。至于上古汉语的这种词和后代的比较有什么特点,这个问题还缺乏研究,现在只能说《尔雅》中表马牛的这种词特别多,这是和上古时期畜牧在社会生活中的重要地位相关的。

(二)上古汉语的名词动用

2.1 什么是名词动用

在讨论上古汉语动词的综合性的时候,不能不涉及上古汉语中的名词动用问题。

首先要说明:"名词动用"和"名动引申"不同。"名词动用"是一个名词用作动词,而且在这个动词的词义构成中一定有一个由起源名词承当的语义要素 N。"名动引申"是一个名词引申为意义相关的动词,这个动词的词义成分中不存在由起源名词承当的语义要素 N。如:"雪"的本义为名词,"雪"的"下雪"义是名词动用,"雪"的"洗刷"义为名动引申。"防"的本义是名词"堤防",也可以用作动词,如《左传·襄公三十一年》:"我闻忠善以损怨,不闻作威以防怨。岂不遽止?然犹防川,大决所犯,伤人必多。""防川"的"防"义为"筑堤防",是名词动用;"防怨"的"防"义为"防止",是名动引申。名词动用的词义泛化后,其语义要素 N 就消失了。如"渔利"的"渔",就没有名词要素"鱼"。

名词动用的问题,已有不少论文和著作谈到。这是一个需要深入研究的问题,本文对此不做专门研究,只是以《左传》为例,讨论上古汉语中的名词动用和动词的综合性的关系。

2.2 《左传》中的名词动用

《左传》中名词动用的情况不少,以词而论,至少有 80 多个,有些词的名词动用还有几个不同的意义。其中频率最高的,是"城"

"军""门""臣",名词动用都在20次以上。下面就以这四个词为例,再加上一个"刃",并结合其他词来讨论名词动用。

【城 V】(加 V 表示这个词的动词用法,下同):

1. 筑城墙。常以"城+地名"的形式出现。例如:

(1)楚囊瓦为令尹,城郢。(《左传·昭公二十三年》)

也可以后面没有地名。

(2)宋城,华元为植。(《左传·宣公二年》)

2. 攻破城。(仅 1 例)

(3)卫侯伐邯郸午于寒氏,城其西北而守之。(《左传·定公十年》)(杨伯峻注:"城为动词,攻城也。谓攻破寒氏城西北隅而以兵守之。")(杨伯峻,1990:1579)

【军 V】

1. 军队驻扎。

(1)楚武王侵随,使薳章求成焉,军于瑕以待之。(《左传·桓公六年》)

2. 军队包围。

(2)文王闻崇德乱而伐之,军三旬而不降。退修教而复伐之,因垒而降。(《左传·僖公十九年》)

3. 军队进攻。

(3)郑子罕宵军之。(《左传·成公十六年》)

4. 指挥军队。

(4)祝聃射王中肩,王亦能军。(《左传·桓公五年》)

【门 V】

1. 攻城门。

(1)晋阳处父伐楚以救江,门于方城。(《左传·文公三

年》)(杨伯峻注:"此方城当指方城山之关口。")(杨伯峻,1990:531)

2.守城门。

(2)一人门于句鼆,一人门于戾丘,皆死。(《左传·文公十五年》)(杜预注:"句鼆、戾丘,鲁邑。有寇攻门,二子御之而死。")

3.驻守于城门。

(3)齐太子光、宋向戌先至于郑,门于东门。(《左传·襄公十一年》)(杨伯峻注:"二国军驻守于郑东门。")(杨伯峻,1990:988)

4.入城门。

(4)吴王勇而轻,若启之,将亲门。我获射之,必殪。(《左传·襄公二十五年》)(杨伯峻注:"此门字谓入城门。")(杨伯峻,1990:1108)

【臣 V】

1.做奴隶。

(1)叔孙氏臣其子弟。(《左传·昭公五年》)

2.做臣子。

(2)遂奔晋,而因郤至以臣于晋。(《左传·成公二年》)

3.像臣子那样行事。

(3)蛾析谓庆郑曰:"盍行乎?"对曰:"陷君于败,败而不死;又使失刑,非人臣也。臣而不臣,行将焉入?"(《左传·僖公十五年》)

4.管治。

(4)故王臣公,公臣大夫,大夫臣士,士臣皂,皂臣舆,舆臣

隶,隶臣僚,僚臣仆,仆臣台。(《左传·昭公七年》)

【刃 V】仅1个义项。用兵刃杀。

请自刃于庙。(《左传·襄公二十五年》)

要说明一点:【城 V】表示筑城墙时,它的上位词是"筑","筑"的对象可以是台、馆、室、宫、囿、武军等(均见于《左传》,例略);但在先秦没有以"城"为宾语的。此外,"筑"在《左传》中也可以单用表示"筑城墙",如:

(1)筑郿。非都也。凡邑,有宗庙先君之主曰都,无曰邑。邑曰筑,都曰城。(《左传·庄公二十八年》)

(2)晋侯使士蒍为二公子筑蒲与屈。(《左传·僖公五年》)

(3)筑五邑于其郊。(《左传·哀公七年》)

在先秦其他文献中,"筑"可以以"城"为宾语。如:

(1)筑城伊淢,作丰伊匹。(《诗经·大雅·文王有声》)

(2)凿斯池也,筑斯城也。(《孟子·梁惠王下》)

(3)筑十仞之城。(《庄子·则阳》)

(4)筑城池以守固。(《韩非子·存韩》)

(5)是月也,可以筑城郭,建都邑。(《吕氏春秋·仲秋纪》)

(6)是月也。可以筑城郭,建都邑。(《礼记·月令》)

上述情况说明,"筑城"是分析性的,"城"是综合性的。

【门 V】表示攻城门时,可以带宾语"门",这时"门 V"语义结构中的名词要素就没有了,移到了句法层面。不过,它的对象还是受限制的,仅限于"门"。《左传》中这种例子很多,共8例,下面举1例:

郑伯将会晋师,门于许东门。(《左传·成公八年》)
这种情况和卜辞中的"㕚三犬"用法一样,说明"门 V"已经开始失去综合性,向分析性演变,但尚未成为一般的分析性动词,一般的分析性动词是可以带多种宾语的。

【军 V】军队驻扎也有这种情况,但《左传》中仅有 1 例:

以三军军其前。(《左传·隐公五年》)

2.3 上古汉语名词动用的类型

根据动词中包含的语义构成要素,上述名词动用的主要类型有 4 种:

(1)主体要素＋动作要素。如:【军 V】1.军队驻扎。2.军队包围。3.军队进攻。

(2)动作要素＋对象要素。如:【城 V】1.筑城墙。【门 V】1.攻城门。2.守城门。4.入城门。

(3)方式要素＋动作要素。如:【臣 V】3.像臣子那样行事。

(4)工具要素＋动作要素。如:【刃 V】用兵刃杀。

从表面看来,名词动用的这 4 种类型和综合性的动词是一样的,但实际上有很大的不同:

首先,综合性的动词【瞑】【盥】【踣】【抶】本身是动词,这些词的中心意义是表示"闭""洗""倒""击"的动作,这个动作是固定不变的,其动词中的名词性语义构成要素"眼""手""前""鞭"只是把这些动作和中心意义相同的同一类动作加以区分(是眼闭而不是门闭,是洗手而不是洗脚,是前倒而不是后倒,是鞭击而不是棒击)。而名词动用的【军】【城】【臣】【刃】原来是名词,在一定的句法条件下用作动词,表示动作,但用作什么动词,表示什么动作,有时是可以变的,如【军 V】可以表示"驻扎""包围""进攻",【门 V】可以表示

309

"攻""守""入";而原来做名词时所表示的名物仍然作为语义构成要素保留在新形成的动词词义中,这个名词性的语义构成要素却是很固定的,不管【军 V】表示"驻扎""包围"还是"进攻",主体都是"军队";不管【门 V】表示"攻""守"还是"入",对象都是"门"。当然,也有像【刃 V】那样,表示的动作是固定的。这样的名词动用往往会成为一个词的固定的义项,在《左传》中,【刃】用作动词仅 1 次(用作名词也仅 1 次),但后代用【刃 V】的很多,用《汉籍全文检索系统》查检,在宋代用【刃 V】在 100 次以上。

其次,综合性动词(如"沐")演变为分析性的(如"洗发")以后,原先的动词("沐")就消失了,这就是王力先生所说的"古语的死亡"。而名词动用(如"城")演变为分析性的(如"筑城")以后,原先的名词(如"城")依然存在,只是原先的名词只用作名词,而不用作动词了。这种情况,如说成"古语的死亡"就不大合适。

不过,尽管有这些区别,名词动用和综合性动词还是有一个共同点:在一个词的语义构成中包含了两个语义构成要素。从这点来看,名词动用也是综合性的;而到后来,它也为分析性的词组(或复合词)所取代了;或者词义泛化,名词要素消失了。

2.4　名词动用和综合性动词的关系

从名词动用的产生和发展来看,名词动用和综合性动词有什么关系呢?是否可以说名词动用是从综合性动词类推而来的?要回答这个问题,我们先看看英语和现代汉语的情况。

名词用作动词,在英语中有不少。早在 1933 年,布龙菲尔德《语言论》就曾说过:

"我们利用零成分在内的各种变化方式可以派生出大量动词。但是这些派生动词的意义跟基础名词的关系是多方面的:to man(配备、布置人员),to dog(追猎),to beard(拔胡子),to nose(闻、嗅),to milk(挤奶),to tree(穷追),to table(放在桌子上),to skin(剥皮),to bottle(装瓶子),to father(做父亲),to fish(捕鱼),to clown(扮小丑),等等。此外,我们也能从形容词派生出动词来。"(布龙菲尔德,1933/1985:298—299)

Eve V. Clark & Herbert H. Clark(1979)更是全面地分析了英语中名词用作动词的情况。但英语中未见大量的综合性动词。

现代汉语中也有名词动用。如:

(1)(这根电线)不要电了人。

(2)请到舍下便饭。

(3)你太阿Q了。

(4)百度一下,你就知道。(宋作艳,2013)

现代汉语的综合性动词当然也有,但不太多,我们说"从综合到分析",是说现代汉语的动词大多是分析性的了。

可见,综合性动词的存在并非名词动用产生的前提,但这两者是会相互影响的:名词动用既然和综合性动词同一类型,那么,上古汉语中综合性动词很多,就为名词动用的大量出现提供了可能性。到现代汉语中,综合性动词已经衰微,因此,与之同一类型的名词动用也就没有上古汉语那么多了。

2.5 名词动用的产生

名词动用是怎样产生的呢?可以看一看甲骨文的实例。

甲骨文有【鱼】,姚孝遂按:"卜辞'鱼'多用为动词,读作'渔'。然亦有用作名词者:戊寅,王狩亳鱼毕。贞,翌己亥,……狩鱼。"(于省吾,1996:1746)卜辞"鱼"用作动词的例如:"不其鱼?"(前四

二二)"王鱼。"(乙七○一五)

又有【渔】和【鱼刂】,专作动词。例略。(于省吾,1996:1753—1755)就是说,表示"捕鱼"这个动作,甲骨文有几种方法:1.用"动词+鱼(名词)"的方式,如"鱼毕""狩鱼"。动词"毕""狩"是上位词,用于捕猎所有禽兽,也可以用于捕鱼。2.用一个专用的动词【渔】和【鱼刂】来表示捕鱼的动作。人们觉得捕鱼和捕禽兽是两类不同的动作。3.不用专用动词,就用"鱼"来表示捕鱼的动作,这就是名词动用。在甲骨文中,最常见的是名词动用。

和综合性动词一样,名词动用常表示动作的某一小类。当这些动作的大类还没有词来表达的时候,这些小类就无法用分析性的词组表达,而名词动用就是一种很常用的表达法。如:

【束】甲骨文作 ✦、✦、✦,卜辞有"束羊,束豕,束人"等。于省吾说:"甲骨文束字有一锋三锋四锋等形,乃刺杀人和物的一种利器。……本为名词,作动词则为刺杀。"(于省吾,1996:2565)

【我】甲骨文作 ✦。赵诚说:"象一种带刺的武器或刀具,本为象形字。……甲骨文用作动词,是指用这种刀具进行宰、割、剖、切,……如'甘牛不我——二十头牛不割开'(甲二三八二)。"(赵诚,1988:342—343)

从认知来说,人们从名物联想到与之相关的动作是很自然的。当一个名词处于句子中谓语的位置时,人们自然会想到,这表示的是一个和这个名词相关的动作。如英语的"He skinned the orange." "He skinned his knee when he fell."即使是一个初学英语的人,还没有接触过英语 skin 的动词用法,也可以猜到前一个句子中的"skinned the orange"是"剥橘子皮",后一个句子中的"skinned his knee"是"擦破膝盖的皮"。同样,人们看到卜辞"王鱼"很自然会知道这个"鱼"是捕鱼,①看到卜辞"束羊"就自然知道这个"束"是用束宰羊。这是上古汉语、现代汉语和英语产生名词动用的共同基础。

2 词的语义关系/语法关系的表达从无标记到有标记

前面说过,"由一个字变为几个字",还有下面两种情况:
(1)死国→为国死,(2)李牧诛→李牧被诛。(1)是语义关系表达的变化,(2)是语法关系表达的变化。下面分开讨论。

(一)语义关系表达的变化

1.1 上古汉语中的特殊述宾关系

上古汉语中有很多述宾结构,其宾语不是动词的受事,动词和宾语之间有多种复杂的语义关系,我们把这些述宾结构统称为"特殊的述宾结构",以区别于动词带受事的述宾结构。这就是通常所说的"使动""意动""为动"等,有人把这些"×动"分为十多类。我的《从〈左传〉的"P(V/A)+之"看先秦汉语的述宾关系》(2014)以《左传》中的3300多个"P(V/A)+之"为依据,②把这种述宾关系

---

① 为什么"王鱼"不表示"王食鱼"呢?这是因为当时是渔猎时代,捕鱼是一种基本的生产活动。而《左传·成公十年》"晋侯欲麦。"只能是"晋侯欲食麦",不会是"晋侯欲种麦",这是因为晋侯不会亲自种麦;而且上文有巫师的预言,说晋侯"不食新矣",所以,此处的"麦"是表示"食麦"。可见,名物和动作之间有多种联系,名词动用表达的是哪一种动作,是由当时的社会习惯和句子的上下文决定的。

② "P(V/A)+之"表示宾语"之"前面的述语可以是动词或形容词,还可以是名词用作动词。在《左传》中,这些P后面的宾语不限于"之",通常可以带其他宾语。

分为"使动""意动""为动""于动""对动""与动"几类,并加以分析。该文仅以宾语为"之"的特殊述宾结构为分析对象,难免有一定的局限。最近我在通读《左传》的基础上,记录了以名词为宾语的一些特殊述宾结构。下面把(2014)文中的有关数据抄录下来(略有改动),并把以名词为宾语的例子加在后面。①

(1)《左传》中表使动的"P+之"的P共54个(词后面的数字表示出现的次数,1次略标。下同):

归25、出11、复10、免9、饮7、亡6、反6、尽5、耻(受辱)4、毙4、上4、衣4、退3、处3、惧3、丧(亡)3、进3、怒2、下2、壹2、东2、食2、先、来、起、兴、息、殖、醉、窜、迁、还、乘、冠、负、梦、张、深、卑、骄、久、絜(洁)、和、劳、速、昭、丰、明、火、肉、北、饮食2、安定、崇大

《左传》中表使动的"P+其他宾语"的P有:

败令尹、辟(避)女子、病齐、薄威、朝夷、逞其心、存三亡国、从师、登箕郑父、觌郑太子于晋、多阳虎之罪、肥杞、服齐狄、固军、厚其凶恶、膺鲁、济其兄、惊姜氏、鸠(安集)其民、困民之主、劳师、老我师、赢师、宁周、陪邻、疲民、平(媾和)宋卫、强其仇、勤(劳)我、去三桓、弱我、涉其帑、深垒、生死、疏行首、属东夷、死吾父、逃楚、完守、误吴、险其走集、见其二子、携服、信其邻国、行子南、逸楚囚、隐君身、盈其隧炭、虞(娱)羿、长寇仇、正其疆场

(2)《左传》中表意动的"P+之"的P共15个:

病10、贵4、耻2、罪2、难2、非、小、嘉、然、美、贱、义、羞、

---

① 为节省篇幅,这些例子仅用一个动宾词组,不用整句,也不标明出处。

药、臣妾

《左传》中表意动的"P+其他宾语"的P还有：

卑我、秽虐士、急君、乐祸、赖宠、良司臣、辟（陋）君之执事、弱吾君、庸士伯、远我、长滕侯

这类述宾结构一般都可以加上一个"以……为"来理解："P+O"可理解为"以O为P"，可以是主观认为，也可以是实际处置。如：

我皆有礼，夫犹鄙我。（《左传·昭公十六年》）

过我而不假道，鄙我也。（《左传·宣公十六年》）

这两例都可以理解为"以我为鄙"，但前一例是说"认为我鄙陋"，后一例是说"把我作为边鄙"。

（3）"为动"的宾语的语义格多数是受益者（benificiary），也有一般的所为者（purposive）。有时还可以表示原因，如《左传·哀公二十五年》："若见之，君将殼之（因此而呕吐）。"《左传》中表"为动"的"P+之"的P共21个：

死22、名8、哀3、启3、亡2、讳、被、请、戒、勤、奔、辞（解说）、殼、歌舞、奔走、乐、丧（办丧事）3、基（建基）、物（述其形）、室（娶妇）、臣（为臣）

《左传》中表"为动"的"P+其他宾语"的P有：

勤（劳）我、请三帅、衣尸、御叔孙

《左传》中表"为动"的"P+双宾语"的P有：

为16、树2、陈、立、斩、著

（4）"于动"这个名称，近年来几次被人提出，指的是有些"P+O"可以说成"P+于+O"。不过这是一个很笼统的名称，实际上，上古汉语中的"于"可以表示多种意思，既可以表示位移的起点和终点，表示所在的位置，还可以表示由于，表示比较。《左传》

中表"于动"的"P+之"的P共16个：

去7、处5、入4、反3、居2、戍2、降、逃、陈、先、先后、城（筑城）7、下（居下位）6、祸（加祸）3、茀（系茀）、门（守门）

《左传》中表"于动"的"P+其他宾语"的P有：

奔僖子、驰秦师、死艺

《左传》中表"于动"的"P+双宾语"的P有：

树吾墓槚

（5）"对动"的宾语是对象（effectee of action），包括具体动作的对象（某人），和心理活动的对象（某种情况）。《左传》中表"对动"的"P+之"的P共19个：

悔20、怒4、哭3、惑3、安3、谓2、慢2、誓、诉、善、敬（严肃认真）、号、揖、颔、利、慎、泣、闭、礼（行礼）2

《左传》中表"对动"的"P+双宾语"的P有：

属之目、示之弱

《左传》中上述P也可以带其他宾语，除上述P以外，没有见到别的动词。

（6）"与动"的宾语是与事（commitative）。《左传》中表"与动"的"P+之"的P共3个，都是表示人际关系的：

绝、亲、通

《左传》中表"与动"的"P+其他宾语"的P还有：

并后（与后相并）、匹嫡（与嫡相匹）

以上6类只是对这些特殊的述宾结构的述语和宾语之间的语义关系的大致分类。有些学者对此分得很细，如杨伯峻、何乐士《上古汉语语法及其发展》（1992）分成了5大类20小类。（杨伯峻、何乐士，1992：526—556）本文要讨论的不是分类，而是应该怎样来看待动词和宾语之间这些纷纭复杂的语义关系,因此不做细分。

1.2 对于上古汉语中特殊述宾关系的认识

对于上古汉语中特殊的述宾关系,学界有以下一些认识。

1.2.1 "致(使)动""意动"和省略介词说

对于上古汉语中的特殊述宾关系,一种很常见的说法是:在这些述语和宾语之间省略了介词。"致动"和"意动"是陈承泽提出来的,后来称为"使动"和"意动",这是从整个述宾结构的语义功能来命名的。而"为动""对动""于动""与动"等,都是以介词来命名,意思是说这些不同的类可以加上不同的介词"为""于""对""与"等来理解。从古今比较来看,古代是"述语+宾语",后代多变为"使/介词+宾语+述语":上古表使动的"归晋君",后来说"使晋君归";上古表为动的"死君命",后来说"为君命死";上古表对动的"泣臣",后来说"对臣泣"。这样的说法,对初学者来说,比较容易理解。

1.2.2 "轻动词"说

近来的一种说法是采用"轻动词"说,认为使动动词里包含一个轻动词"CAUSE",为动动词里包含一个轻动词"FOR",有的包含一个没有语音形式的轻动词。照这种说法,可以认为上古汉语的使动动词、为动动词等的词义结构是轻动词和动词并合而成的。到后来,动词里的轻动词消失了,轻动词表达的语义由"使"或其他介词来表达。(冯胜利,2005)这样看,也可以说是词义结构的变化,是"从综合到分析"。但是,梅广说:"轻动词……它的语义是虚的,但有指派语义角色的能力。"(梅广,2015:64)所以,轻动词不是一个词的语义成分,把轻动词和动词并合称为"综合",这和本文所说的词汇的语义结构的"综合"不一样。

1.2.3 宾语语义角色说

还有一种说法是认为这些述宾结构中语义关系的不同是由于宾语的语义角色不同。动词本身没有变,但宾语的语义角色不同,所以整个述宾结构所表达的语义关系也就不同。蒋绍愚(2014)就是这种看法。根据动词宾语语义角色的不同,孟琮、孟怀德等编《动词用法词典》的"说明书"里列了十四类"名词宾语"(按:指动词所带的名词宾语),如:受事宾语,结果宾语,对象宾语,工具宾语,方式宾语,处所宾语,目的宾语,原因宾语,致使宾语等。动词的宾语有不同的语义角色,这是古今相同的,区别在于:在上古汉语中,动词带不同语义的宾语是高度能产的,很多动词都可以带各种不同语义角色的宾语构成很多的语句,如能用作使动的动词有一大批,能用作"为动"的也不少,都能带很多不同的宾语,造出大量句子。在现代汉语中,这是不太能产的,有不少只限于固定用法或习惯用法,如"滚铁环"(不能说"滚轮子"),"考研究生"(不能说"考演员"),"哭坟头"(不能说"哭窗户"),"吃大碗"(不能说"吃大盘")等。

上述几种看法都有自己的道理。第一种说法简单明了,今天读古书,见到这些句子,无论是哪一种"动",加上某个介词就能大体读懂。但用来分析上古汉语的结构,却有问题。如"泣臣",后代可以理解为"对臣泣",但先秦时没有这样的说法。"对 X 泣"是东汉时才出现的,如:

(1) 对其母泣。(《论衡·福虚》)

(2) 对掾史涕泣。(《汉书·韩延寿传》)

先秦有这样的句子:"秦伯素服郊次,向师而哭。"(《左传·僖公三十三年》)但"向"是动词,不是介词,"向师而哭"是连动结构,和"对臣泣"的结构不一样。所以,说"泣臣"是省略了介词"对",或者说是隐含着一个"对"都是不妥当的。

采用第二种说法则需要回答这样一个问题:如果"泣臣"里是有一个轻动词,那这个轻动词是什么?① 可以是当时尚未产生的"对"吗?而且,有一些特殊的述宾结构的语义关系相当复杂,难以用一个介词或一个轻动词来说明。而用宾语的语义角色则可以说清楚。如:

(1)翼侯奔随。(《左传·隐公五年》)

(2)太子奔新城。(《左传·僖公四年》)

(3)楚子之在蔡也,郹阳封人之女奔之,生太子建。(《左传·昭公十九年》)

(4)奔死免父,孝也;度功而行,仁也;择任而往,知也;知死不辟,勇也。(《左传·昭公二十年》)

例(1)、例(2)是《左传》中常见的句子,"奔"有"逃亡"义,"奔随""奔新城"可以加上介词"到"来理解,也可以说"奔"包含一个轻动词"到"。而例(3)、例(4)的"奔之""奔死"就无法加上一个介词或轻动词来理解。如果从宾语的语义角色来看,那么,"随""新城""之""死"都是"奔"这个动作趋向的目的地或目标。

再看几组例句:

(1)a. 敝邑大惧不竞而耻大姬,天诱其衷,启敝邑心。(《左传·襄公二十五年》)

　　b. 楚耻无功而疾战,非吾利也。(《左传·昭公二十二年》)

---

① 通常说的"轻动词"有两种,一种是没有语音形式的,一种是"被""见"之类,见梅广(2015)。

(2)a. 小国幸于大国,而昭所获焉以怒之,亡之道也。(《左传·襄公十九年》)

b. 子驷氏欲攻子产,子皮怒之,曰:"礼,国之干也。杀有礼,祸莫大焉。"乃止。(《左传·襄公三十年》)

(3)a. 而民皆尽忠以死君命,又可以为京观乎?(《左传·宣公十二年》)

b. 诘朝尔射,死艺。(《左传·成公十六年》)

c. 死吾父而专于国,有死而已,吾蔑从之矣。(《左传·襄公二十一年》)

第一组的动词都是"耻",第二组的动词都是"怒",第三组动词都是"死"。试问这几个"耻""怒""死"的词义是否相同?应该说找不出区别,除非认为两个"耻"、两个"怒"、三个"死"包含了不同的轻动词,因而其词义结构不同。那么,为什么例(1)a 的"耻"是使动,b 的"耻"是意动;例(2)a 的"怒"是使动,b 的"怒"是对动;例(3)a 的"死"是为动,b 的"死"是因动,c 的"死"是使动呢?应该说,其区别不在于动词有不同的词义结构,①而在于宾语有不同的语义角色。

轻动词说相当流行,但也有不同的看法。Glodberg《构式——论元结构的构式语法研究》曾举过一个例子:

She baked him a cake. (Goldberg,1995/2007:8)

这是一个双及物结构,翻译成中文是"她为他烤了一个蛋糕"。在英语中还有类似的句子,句中有介词 for:

Chris baked a cake for Pat. (Goldberg,1995/2007:33)

---

① 当然,这种句法结构(或者叫"构式")对动词也是有影响的,一个动词经常出现在表使动的位置上,使役义也会进入这个词的词义结构,甚至会产生音变。294 页脚注①所说的"饮(yìn)、见(xiàn)"就是这样的例子。

那么,是不是在"She baked him a cake"这个句子里,bake 包含了一个轻动词"FOR"呢？Glodberg 说:"我们不必因为 bake 可以出现在双及物结构中而再为它设定一个特别的意义。"(Goldberg,1995/2007:9)"每当动词出现在一个不同的构式中时,该表达式的语义（和受到的限制）也不同。但是这些差别不必归结于不同的动词意义;把这些差别归结于构式本身更为经济。"(Goldberg,1995/2007:12)当一个词出现在不同的构式中的时候,"动词的意义在不同的构式中始终如一;整个表达式意义的不同应主要直接归结于不同的构式。"(Goldberg,1995/2007:18)语言结构整体的意义大于其构成成分的意义,这是构式语法的基本思想。照我的理解,同一个动词带了不同语义角色的宾语,这就是不同的构式。所以,尽管一些述宾结构有"为""对""于""与"等意义,但不必归因于这些动词包含了不同的轻动词,这些述宾结构的语义差别应归结为不同的构式。

总之,从上古汉语这些特殊的"述语＋宾语"演变为后来的"使/介词＋宾语＋述语",从语义关系的表达方式来看,历史上是有变化的:上古汉语中是用无标记的形式来表达的,后来是用有标记的形式来表达的。但从词义结构来看,上古汉语中这些动词的词义结构中并没有包含"使"或介词,这些词的词义结构并不是综合性的,因此也就不好说是"从综合到分析"。这是和本文第一部分所说的综合性动词和名词动用不同的地方。

(二)语法关系表达的变化

2.1 上古汉语的被动表达

上古汉语的被动表达有一个显著的特点:"被＋V"尚未出现,"见＋V""为＋(N)＋V"也很少,很多动词用无标记形式就可以表被动,或者说被动和主动同形。这种无标记的被动,一般称为"意念被动"(王力《汉语史稿》称为"概念被动")。

宋亚云《汉语从综合到分析的发展趋势及其原因初探》(以下简称《初探》)举了10个上古汉语的被动句(宋亚云,2006):

(1)今雍氏围,而秦师不下殽,是无韩也。(《战国策·韩策》)

(2)荣公若用,周必败。(《国语·周语》)

(3)李牧诛,司马尚免。(《史记·赵世家》)

(4)冬,未葬,而群公子畏诛,皆出亡。(《史记·齐太公世家》)

(5)蝶错、挛薄之族皆逐也。(《战国策·宋卫策》)

(6)寡人不佞,兵三折于外,太子虏,上将死,国以空虚。(《史记·魏世家》)(梅广,2015:75)

(7)战必不胜,不胜必禽。(《战国策·魏策》)

(8)久将垫隘,隘乃禽也,不如速战。(《左传·襄公二十五年》)

(9)父子老弱系虏,相随于路。(《战国策·秦策》)

(10)物多末众,农弛奸胜,则国必削。(《韩非子·饬令》)

梅广《上古汉语语法纲要》举了8组例句,大多是《左传》的例句,每组都有主动和被动对照(梅广,2015:281—282):

(1)楚人灭江,秦伯为之降服,出次,不举,过数。大夫谏。公曰:"同盟灭,虽不能救,敢不矜乎?吾自惧也。"(《左传·文公四年》)

(2)a.二月壬子,战于大棘。宋师败绩。囚华元,获乐吕,及甲车四百六十乘,俘二百五十人,馘百。(《左传·宣公二

年》)

　　b.初,鬬克囚于秦,秦有殽之败,而使归求成。(《左传·文公十四年》)

(3)a.冬,楚子及诸侯围宋。(《左传·僖公二十七年》)

　　b.出谷戍,释宋围,一战而霸,文之教也。(《左传·僖公二十七年》)

(4)a.武王克商,迁九鼎于雒邑。(《左传·桓公二年》)

　　b.桀有昏德,鼎迁于商,载祀六百。商纣暴虐,鼎迁于周。(《左传·宣公三年》)

(5)a.晋胥克有蛊疾,郤缺为政。秋,废胥克,使赵朔佐下军。(《左传·宣公八年》)

　　b.胥童以胥克之废也,怨郤氏,而嬖于厉公。(《左传·成公十七年》)

(6)a.赵孟曰:"七子从君,以宠武也。请皆赋,以卒君贶,武亦以观七子之志。"(《左传·襄公二十七年》)

　　b.夫宠而不骄,骄而能降,降而不憾,憾而能眕者,鲜矣。(《左传·隐公三年》)

(7)a.公孽向魋。(《左传·定公十年》)

　　b.骊姬嬖,欲立其子。(《左传·庄公二十八年》)

(8)a.劝之以高位重畜,备刑戮以辱其不励者,令各轻其死。(《国语·吴语》)

　　b.臣闻之,为人臣者,君忧臣劳,君辱臣死。(《国语·越语》)①

---

① 例句的标号不据原书,重新编排。梅广称为"受动"。

《左传》中这样的例句很多,还可以举出一些:

(1)子荡怒,以弓梏华弱于朝。平公见之,曰:"司武而梏于朝,难以胜矣。"遂逐之。(《左传·庄公十六年》)

(2)公伤股,门官歼焉。国人皆咎公。(《左传·僖公二十二年》)

(3)陈侯会楚子伐郑,当陈隧者,井堙木刊,郑人怨之。(《左传·襄公二十五年》)

(4)丑父寝于轏中,蛇出于其下,以肱击之,伤而匿之,故不能推车而及。(《左传·成公二年》)

(5)子于郑国,栋也。栋折榱崩,侨将厌焉,敢不尽言?(《左传·襄公三十一年》)

(6)公之为公子也,与郑人战于狐壤,止焉。郑人囚诸尹氏。(《左传·隐公十一年》)(杜预注:内讳获,故言止。)①

2.2 对于被动表达变化的认识

上述无标记的表被动的动词,到后来都要说成"被+动词",这也可以说是"由一个字变为几个字"。问题在于,这是词义结构的变化,还是语法关系(被动)表达方式的变化?用《初探》的话说:"以上 10 例(笔者按:指上文所引的《初探》10 例),都是意念被动句,被动意义是隐含的。那么,被动意义是隐含于动词本身还是隐含于整个句式本身?"《初探》回答说:"我们认为被动意义隐含于动

---

① 上述句子,究竟是受事主语句,还是受事话题句? 这个问题是需要讨论的,可参见袁健惠(2015)第一章"绪论"。如果把这些句子看作受事话题句,那么,到后来被动标记出现之后,有标记的被动句就成了受事主语句。受事话题句和受事主语句所用的动词有无不同? 这也是需要讨论的,如可以说"吾长见笑于大方之家",但不能说"吾笑"("吾笑"只能表主动,不能表被动)。这些问题本文不涉及。

词本身,而不是由整个句式'NP$_{受事}$＋(A)＋V'带来的。"(宋亚云,2006:75)他认为,同样在"NP$_{受事}$＋(A)＋V"的句式里,出现"攻、胜、追、顺、拜、射、召"之类的动词,"一般形成主动的施事主语句"。出现上述10例的"围、用、诛、逐、斩、剖、禽(擒)、虏、系(繫)、削"等动词,"一般形成受事主语句中的意念被动句"。(宋亚云,2006:76)"那么,这两类动词在词汇语义特征上究竟有何不同,进而在句法表现上也有不同呢?我们认为,'围、用、诛、逐、斩、剖、禽(擒)、虏、系(系)、削'等动词是一类综合性动词,既包含着动作的起点,也包含着动作的终点,也就是说,包含着动作的全过程。当它们用于'S＋V＋O'的句式中时,不仅强调动作发生,而且意味着这个动词已经有了结果;当它们用于不带宾语的'S＋(A)＋V'句式时,经常表示这个动作所导致的结果或者状态。换言之,完成义已经内化在此类动词的词义结构中了,此类动词本身就可以表示完成义。"(宋亚云,2006:77)

以往谈上古汉语的被动表达,大都只说到上古汉语有"意念被动"为止,但是,是不是所有的动词都可以有意念被动?哪些动词可以有意念被动?哪些动词不能有意念被动?在什么条件下可以有意念被动?意念被动的被动义是隐含于动词还是隐含于句式?这些问题没有深入讨论过。《初探》提出了这些问题,并且做出了自己的回答,这在学术研究上是前进了一步,是很值得肯定的。但是在学术上,一个问题从提出到解决,往往是需要经过一个反复讨论的过程的。为了推进这个问题的研究,我提出一些自己的看法,和大家一起讨论。

《初探》提出的两类动词,我们把"攻、胜、追、顺、拜、射、召"等称为A类动词,把"围、用、诛、逐、斩、剖、禽、虏、系、削"等称为B

类动词。《初探》说:当这两类动词出现在"NP+(A)+V"的句式里时,A类动词多表示主动义,B类动词多表示意念被动,这大致是对的。① 但表意念被动的动词是否全都包含着动作的全过程? 当这类动词用于不带宾语的"S+(A)+V"句式时,其词义结构是否都包含完成义? 这些问题是需要深入研究的。比如,像梅广举的例(6)—例(8)组的"宠""嬖""辱",都可以有主动和被动,这些词很难说是"包含着动作的全过程",在表意念被动时也很难说有"完成义"。更重要的是:"完成义"和"被动意义"是什么关系? 能不能因为"完成义已经内化在此类动词的词义结构中"了,就可以得出结论说"被动意义隐含于动词本身"?

从"李牧诛"这个结构看,"诛"是已经发生的动作,表示这个动作导致的结果或状态,称之为"完成义"是可以的;这个"诛"表意念被动。但下列句子中的"诛"也是已经发生的动作,表示这个动作导致的结果或状态,也应该是"完成义",却表示主动的动作:

(1)海上有贤者狂矞,……太公望诛之。当是时也,周公旦在鲁,驰往止之,比至,已诛之矣。(《韩非子·外储说右上》)

(2)今已诛诸吕,新啑血京师。(《史记·文帝本纪》)

(3)王迁立,乃用郭开谗,卒诛李牧。(《史记·张释之冯唐列传》)

可见,一个动词包含"完成义"不等于这个动词包含"被动意

---

① 但也有例外。《初探》已举出一个"邺既胜"表"被战胜"。这样的例句还有:《左传·哀公元年》:"公曰:'国胜君亡,非祸而何?'"(杜预注:楚为吴所胜。)《左传·哀公十三年》:"肉食者无墨。今吴王有墨,国胜乎? 太子死乎?"(杜预注:国为敌所胜。)这两个句子中的"胜"是A类动词,但都是意念被动。

义"。这里"N＋诛"和"(已)诛＋N"的"诛"词义是一样的,不同的只是主动和被动。

"主动"和"被动"都是"VOICE(态)"。"VOICE(态)"是"对句子或小句结构做语法描写的一个范畴,主要与动词相关,表达句子改变动词的主语和宾语之间的关系而又不改变句子意义的方式。'态'主要分主动态和被动态,例如 The cat bit the dog'猫咬狗'和 The dog was bitten by the cat'狗被猫咬':前一句的语法主语同时是动作者,因此是'主动的',第二句的语法主语是动作的目标,是'动作的对象',因此是'被动的'。"(戴维·克里斯特尔,1997/2000:383)

可见,我们说"李牧诛"的"诛"有被动意义,或表意念被动,说的是这个"诛"和"李牧"的语法关系,而不是说这个"诛"有完成义。"诛李牧"和"李牧诛",这两个"诛"的词义(杀死罪人)和语义特征(完成)并无不同,[①]不同的是这两个词的"态",即这两个"诛"和"李牧"的语法关系。在上古汉语中,这种被动的"态"(即一个动词和前面的 N 是施及关系)可以用有标记的语法形式表达,如"见诛","为赵王诛"等,而更多的是用无标记形式表达,即所谓的"意念被动"。这样说,不是说动词的语义特征跟意念被动没有关系。显然,哪些动词能表被动或意念被动,和动词的语义特征和情状类型(situation type)是有关的。比如,"杀"可以有被动态,"泣"不能有被动态;accomplishment 类(梅广译作"达成类")的"毁"可以有

[①] 这里的"语义特征"指"情状特征"(situation feature),如:telicity(终结性),dynamicity(动态性),durativity(持续性)。根据这些情状特征,可以把动词分为几种"情状类型"(situation type),如:state(状态),activity(动作),accomplishment(达成),achievement(瞬成)。见陈前瑞(2008)。

被动态,achievement 类(梅广译作"瞬成类")的"死"不能有被动态。究竟哪些语义特征和情状类型的动词可以有被动态,哪些语义特征和情状类型的动词不能有被动态,这是一个需要深入研究的问题。但无论这些语义特征是什么,这都只是一个词形成被动态的条件,而不是被动态本身;因此我们只能说:只有具有某种语义特征的动词可以有被动态,而不能简单地说,一个词具有某一种语义特征(如"完成义"),这个词本身就隐含"被动意义"。

2.3 附带说明一点:我不赞成"被动意义是隐含于动词本身"的说法,但也不赞成笼统地说"被动意义是由整个句式'NP受事＋(A)＋V'带来的"。的确如《初探》所说,B 类动词如果出现在"NP受事＋(A)＋V"的句式里,通常会表意念被动,但在别的句式里,B 类动词也可以表意念被动。如:

(1)初,武城人或有因于吴竟田焉,拘鄫人之渢菅者,曰:"何故使吾水滋?"及吴师至,拘者道之以伐武城,克之。(《左传·哀公八年》)

(2)巫臣曰:"是不祥人也。是夭子蛮,杀御叔,弑灵侯,戮夏南,出孔、仪,丧陈国,何不祥如是?"(《左传·成公二年》)

(3)盆成括见杀。门人问曰:"夫子何以知其将见杀?"曰:"其为人也小有才,未闻君子之大道也,则足以杀其躯而已矣。"(《孟子·尽心下》)

(4)夫割地包利,五伯之所以覆军禽将而求也。(《史记·苏秦列传》)

例(1)的"拘者"意思是"被拘者","拘"是修饰"者"的,但表意念被动。例(2)的"杀御叔,弑灵侯,戮夏南",意思是"使御叔被杀,使灵侯被弑,使夏南被戮","杀""弑""戮"是用作使动的动词,但也表意念被动。例(3)的"杀其躯"是"使其躯被杀",例(4)的"禽将"是"使其将被禽",都是表意念被动的。这说明上古汉语中一些动词可用来表意念被动不是由"NP$_{受事}$＋(A)＋V"句式造成的,在很多句式中,一些动词都可以表意念被动。但是,不论在哪种句式中,一个动词表意念被动,都是用无标记形式表达一种语法关系,而这不表示这个词有综合性的词义结构。

上述意念被动的表达也可以用"轻动词"来解释。梅广(2015)说:

"我们假定受动句的动词组也具有核查格位的小v。在上古汉语的早期,这个小v是个无标记形式,所以看不到。后来受动句有见字式。这个经验受动的'见'就是受动小v的一种语词化表现。"(梅广,2015:344)

如果照这种说法,当然也可以说这些表意念被动的动词的词义结构中有一个轻动词,后来这个轻动词外化为"见""被"等,因而是从综合到分析。但在本节的1.2.2中已经说过,轻动词和动词并合的"综合",不是本文所说的词汇语义结构的"综合"。而且,这个问题也可以用构式的观点来解释:无论是"李牧诛",还是"拘者""弑灵侯"都是一种构式,意念被动这种语法关系是由构式形成的。照这种观点,被动义不包含在"诛""拘""弑"的词义之中,这些词的词义结构不论是用作被动还是用作主动都一样,都不是综合性的,所以,从"李牧诛"到"李牧被诛"也不好说是从综合到分析。

梅广(2015)又说:

"汉语还有一种以受事者为主语的句子,却是无标的。……现在有标记的都有了特定名称,如见字句、为字句、被字句(被动句)等,因此,'受动'一词就可以用来专指无标记这一类

了。"(梅广,2015:265)

本文把从"李牧诛"到"李牧被诛"看作被动表达从无标记到有标记的演变,和梅广的看法是一致的。

3 从使动到动结式

蒋绍愚《古汉语词汇纲要》中在谈到"从综合到分析"时说:

"(二)在古汉语中还常常把动作和动作的结果综合在一起,用一个词来表达。这就是通常所说的'形容词的使动用法'。

从表面看,形容词的使动用法只是表达了动作产生的结果(状态),而没有表达动作本身。但是,在古人的思想中,是比较清楚地觉得它也包含了动作本身。请看下面的例子:《仪礼·既夕礼》:'马不齐髦。'郑注:'齐,翦也。'《尔雅·释言》:'剂,翦,齐也。'《仪礼·聘礼》:'贾人北面坐,拭圭。'郑注:'拭,清也。'《尔雅·释诂》:'拒、拭、刷,清也。''马不齐髦'中的'齐'是形容词的使动,从字面上看,它只是表达了'使马毛齐',而没有说出具体的动作。但郑注却用了一个动词'翦'来解释它,也就是说,在他看来,'齐'不单表达了动作的结果(齐),而且表达了动作本身(翦)。'贾人北面坐,拭圭'的'拭',无疑是一个动词,但郑注却用了一个形容词'清'去解释它。显然,他是把'清'看作一个既包含动作又包含结果的词来用的,即相当于现代汉语中的'擦干净'。这种解释不只是郑玄一个人的语言习惯,这可以从上引《尔雅》的训释得到证明。

但尽管如此,这种用做使动的形容词毕竟没有明显地把动作说出来。比如《左传·襄公三十一年》:'高其闬闳。'《墨子·尚同》:'非高其爵,厚其禄,富贵佚而错之也。'《荀子·成相》:'大其园囿高其台。'在这些句子中,施加于对象而使之'高'的动作在句子中都没有表示出来,这正是古汉语的表达不够精密的地方。只有到后来在汉语中产生了动补结构,人们才能用'加高''提高''垫高'来明确表示其动作的不同。"(蒋绍愚,1989/2005:232—233)

回过头来看,上面说的第二段话是错的,第三段话是对的。第二段所说的使动的"齐""清",和第三段所说的使动的"高"没有什么不同,都只是表示使对象产生"齐""清"和"高"的性状。郑玄的注释"齐,翦也"只是对"齐"的上下文意义的解释,并非所有使动的"齐"都包含了"翦"的动作。如《孟子·告子下》:"不揣其本而齐其末。"《礼记·大学》:"欲治其国者,先齐其家。"这些"齐"都只是说使某物齐,而没有说用什么动作使之齐。《尔雅·释言》:"剂、翦,齐也。"这正是古代的训诂不准确的地方,不能据此证明使动的"齐"包含了动作"翦"。而第三段所说的"这种用做使动的形容词毕竟没有明显地把动作说出来"是对的。

王力先生早就说过:"由致动发展为使成式,是汉语语法的一大进步。因为致动只能表示使某事物得到某种结果,而不能表示用哪一种行为以达到此一结果。例如'小之'可以是'削小它',也可以是'裁小它''砍小它'等;'正之'可以是'纠正它',也可以是'改正它''扶正它'等;'洁之'可以是'洗干净它',也可以是'刷干净它''冲干净它'等;'死之'可以是'杀死他',也可以是'药死他''吊死他''淹死他''折磨死他'等。使成式的产生,使汉语语法更

完善、更能表达复杂的思想。"(王力,1958/1988:528)

王力先生已经说得很清楚:致动只能表示使某事物得到某种结果,而不表示产生结果的行为。"死之"的"死"和"杀死他"的"杀死"是不等价的,从使动的"死"到动结式的"杀死"不能认为是"由一个字变为几个字"。"杀"是后来外加的,它既不包含在"死"的词义结构中,也不作为无标记的语法关系存在于"死之"的结构中。从"死(之)"到"杀死(他)"既不是从综合到分析,也不是从无标记到有标记。

动词的使动用法也有像《吕氏春秋·本味》"伯牙破琴绝弦"这样的句子,使动的"破"本身有"用某个行为使某事物得到某种结果"的意思,但究竟用哪一种行为,仍然没有表达出来。后来的动结式说成"摔破""撞破""砸破"等,"摔""撞""砸"等仍是后来加上去的,而不是使动的"破"本身的语义成分。

上古汉语只有用一个字表达的使动,后代发展出用两个字表达的动结式,这也是汉语一种很重要的历史发展。但这种发展的性质,和上面所说的第一种情况(从综合到分析)、第二种情况(从无标记到有标记)都不相同。

这个问题,我原先的看法不对,我有责任自己来加以纠正。至于从使动到动结式的历史发展,学术界已有很多讨论,这里不重复。

参考文献

贝罗贝　2014/2020　《汉语从综合型语言变为分析型语言了吗?》,《贝罗贝语言学论文选》,商务印书馆。

布龙菲尔德　1933/1985　《语言论》,袁家骅、赵世开、甘世福译,商务印书馆。

陈前瑞　2008　《汉语体貌研究的类型学视野》,商务印书馆。
戴维·克里斯特尔　1997/2000　《现代语言学词典》,沈家煊译,商务印书馆。
冯胜利　2005　《轻动词移位与古今汉语的动宾关系》,《语言科学》第1期。
蒋绍愚　1989/2005　《古汉语词汇纲要》,商务印书馆。
蒋绍愚　2007　《打击义动词的词义分析》,《中国语文》第5期。
蒋绍愚　2014　《从〈左传〉的"P(V/A)+之"看先秦汉语的述宾关系》,《历史语言学研究》第8辑。
蒋绍愚　2015　《汉语历史词汇学概要》,商务印书馆。
梅　广　2015　《上古汉语语法纲要》,三民书局。
孟琮、郑怀德、孟庆海、蔡文兰　1987　《动词用法词典》,上海辞书出版社。
宋亚云　2006　《汉语从综合到分析的发展趋势及其原因初探》,《语言学论丛》第33辑,商务印书馆。
宋作艳　2013　《逻辑转喻、事件强迫与名词动用》,《语言科学》第2期。
王克仲　1989　《古汉语动宾语义关系的分类》,《辽宁大学学报》第5期。
王　力　1941/1988　《古语的死亡残留和转生》,《王力文集》第十九卷,山东教育出版社。
王　力　1958/1988　《汉语史稿》,《王力文集》第九卷,山东教育出版社。
徐中舒　1988　《甲骨文字典》,四川辞书出版社。
杨伯峻　1990　《春秋左传注》,中华书局。
杨伯峻、何乐士　1992　《古汉语语法及其发展》,语文出版社。
杨荣祥　2003　《"大叔完聚"考释》,《语言学论丛》第28辑,商务印书馆。
杨荣祥　2013　《论"词类活用"与上古汉语"动词综合性"之关系》,《历史语言学研究》第6辑。
杨荣祥　2017　《上古汉语结果自足动词的语义句法特征》,《语文研究》第1期。
于省吾主编　1996　《甲骨文字诂林》,中华书局。
袁健惠　2015　《汉语受事话题句历史演变研究》,上海中西书局。
袁健惠　2017　《上古汉语中的名源动词及其类型学考察》,《汉语史学报》第17辑,上海教育出版社。
赵　诚　1988　《甲骨文简明词典》,中华书局。
Clark, Eve V. & Herbert H. Clark　1979　When Nouns Surface as Verbs.

Language(55).

Goldberg, A. E. 1995/2007 《构式——论元结构的构式语法研究》, 吴海波译, 北京大学出版社。

Talmy, L. 2000a *Toward a Cognitive Semantics: Vol. 1: Concept Structuring Systems*, Cambridge, MA: MIT Press.

Talmy, L. 2000b *Toward a Cognitive Semantics: Vol. 2: Typology and Process in Concept Structuring*, Cambridge, MA: MIT Press.

(原载《语文研究》2020 年第 2 期)

词义演变和句法演变的相互关系

词义的演变和句法的演变,都已讨论得很多。但通常是把这两者分别讨论的。研究历史词汇的关注词义的演变,研究历史句法的关注句法的演变;至于词义演变和句法演变的相互关系,往往注意得不够。其实,这两者是有关系的。贝罗贝、李明(2008)对此做了深入的讨论,对我们很有启发。下面我想就此问题谈一点自己的想法。

我在《词义变化与句法变化》(2013)一文(以下简称"2013文")中谈过这个问题,本文在此基础上进一步展开,有些问题是新增的,有些问题的看法有一些改变。有些问题(如"构式影响词义")也在这个题目范围内,但因为在2013文中已经谈过,而且没有什么改变,就略去不谈。

本文认为,词义演变和句法演变的相互关系有三种情况:1. 词义影响句法;2. 句法影响词义;3. 句法和词义共同影响词义演变。

1 词义影响句法

词义变了,其句法组合也会随之而变,这是最常见的。比如,"吃(喫)"最初的意义是"食用",可以用于主动句和被动句,如"我吃鱼","鱼被我吃了"。后来演变为"受到、遭受",就只能用于主动句,不能用于被动句,如只能说"他吃了批评",不能说"批评被他吃了"。但不是词义演变后其句法组合都要发生变化,词义演变后其句法组合不变也很常见。

1.1 下面以"谓"为例说明词义变化影响句法组合变化。

"谓"在先秦有 5 个主要义项:①(对某人)说;②称(某人为N);③说/认为(某人、某物如何);④说/评论(某人);⑤以为。①是基本义,其余的是演变而成的意义。

①**谓 1**:(对某人)说。

谓 1 的词义决定了句子要有三个部分:说的动作(谓 1),说的对象(动词的间接宾语),说的内容(动词的直接宾语)。说的内容可以是直接引语(DQ),也可以是间接引语(IQ)。在直接引语前面可以有"曰",也可以没有"曰"。这样,其常见的句法结构有 3 种类型:

1)谓 1+O+曰+DQ

《论语·为政》:"或谓孔子曰:'子奚不为政?'"

2)谓 1+O+DQ

《诗经·大雅·皇矣》:"帝谓文王:'无然畔援。'"

3)谓 1+O+IQ

《左传·宣公十二年》:"逢大夫与其二子乘,谓其二子无顾。"

《左传·襄公二十二年》:"今吾子来,寡君谓吾子姑还,吾将使驲奔问诸晋而以告。"

《左传·襄公二十七年》:"子木谓向戌,请晋、楚之从交相见也。"

《左传·昭公二十五年》:"公若从,谓曹氏勿与,鲁将逐之。"

②谓2:称(某人为 N)。

谓2的词义决定了句子要有三个部分:称的动作(谓2),称的对象(动词的间接宾语),对象的称呼(动词的直接宾语)。

其句法结构为:

谓2+O1(N)+O2(N)

《诗经·王风·葛藟》:"终远兄弟,<u>谓他人父</u>。"

《左传·隐公元年》:"请京,使居之,<u>谓之京城大叔</u>。"

虽然谓1和谓2的句法结构都是"动词+间接宾语+直接宾语",但谓1的直接宾语是谓词性的,通常是一个动词词组,谓2的直接宾语是名词性的,通常是一个简单名词。这种不同是由动词词义决定的。

③谓3:说/认为(某人、某物如何)。

谓3和谓1都是"说",但含义不同。谓1是向对方说一句话,目的是向对方提供某种信息或提出某种要求、某个问题,谓3是说(认为)对象如何如何。谓3组成的句子,其构成和谓1大体相同,有三个部分:说/认为的动作(谓1),说/认为的对象(动词的间接宾语),说/认为的内容(动词的直接宾语)。但谓3和谓1词义不同,所以句中说的内容不是告诉对方的一句话,而是描述对象的性状。也有少数句子中说的对象不出现,"谓"后面直接跟说的内容,这就是第3)种句式。

其句法结构有4种类型:

1)谓3+O1(N)+O2(P)

《诗经·王风·大车》:"<u>谓予不信</u>,有如皦日。"

2)谓3+O1(N)+O2(S+P)

《诗经·魏风·园有桃》:"不知我者,<u>谓我士也罔极</u>。"

3) 谓 3＋O(S＋P,DQ)

《左传·昭公二十六年》:"单旗、刘狄剥乱天下,壹行不若,谓'先王何常之有,唯余心所命,其谁敢讨之',帅群不吊之人,以行乱于王室。"

有时说的对象和说的内容可以合在一起,构成一个主谓结构(S＋P),整个做谓 3 的宾语,这样,句子就不是双宾语,而是单宾语了。而且,"谓＋SP"可以是口说的言辞,也可以是心里的认定,这两者往往难以截然区分,这时的"谓"已经处于从言说动词演变为认知动词的过程中了。

4) 谓 3＋O(S＋P,IQ)

《诗经·召南·行露》:"谁谓雀无角,何以穿我屋。"

《论语·八佾》:"孰谓鄹人之子知礼乎?"

④**谓 4**:说/评论(某人)。

谓 4 是由谓 3 演变而来的,谓 3 是用言说来描述对象的某种性状,谓 4 演变为"评论"义,表示说话者对对象的一种评价。这个义项在《诗经》中没有出现,到《论语》中才出现,可能比前面三个义项出现得晚一些。

谓 4 评论的内容都是作为谓 4 的直接宾语出现的,个别句子在"谓"后面还有"曰",所以其句法组合有 2 种类型:

1) 谓 4＋O(评论的对象)＋DQ

《论语·公冶长》:"子谓公冶长:'可妻也。'"

《论语·公冶长》:"子谓子产:'有君子之道四焉。'"

《左传·襄公二十四年》:"毋宁使人谓子'子实生我',而谓'子浚我以生'乎?"

《左传·襄公十四年》:"惠公蠲其大德,谓我诸戎:'是四岳之裔胄也,毋是翦弃。'赐我南鄙之田,狐狸所居,豺狼所嗥。"

《左传·昭公十二年》:"楚子<u>谓成虎</u>,'若敖之余也。'遂杀之。"

2)谓4＋O(评论的对象)＋曰＋DQ

《左传·文公十年》:"楚范巫矞似<u>谓成王与子玉、子西</u>曰:'三君皆将强死。'"

⑤谓5:以为。(反叙实)

谓5是从谓3的表认定演变而来的。谓3的表认定是叙实(认识和客观事物一致),谓5是反叙实(认识和客观事物相反)。和表认定的谓3一样,其语法组合只有一种形式,"谓"的宾语是一个小句(S＋P):

谓5＋O(S＋P)

《左传·僖公二十四年》:"臣<u>谓君之入也</u>,其知之矣。若犹未也,又将及难。"

《左传·襄公十三年》:"吴乘我丧,<u>谓我不能师也</u>,必易我而不戒。子为三覆以待我,我请诱之。"

从谓1到谓5,都是"谓"本身词义的演变,这种演变不是句法组合影响的结果,但词义演变会影响句法结构,但也可能词义变化了而句法结构不变,从谓3到谓5就是如此。

我在2013文中说:

"谓2"和"谓3"的词义很接近:都是表示对某个对象的称述。只是"谓2"表示称某人为何(名词,名称),"谓3"表示说(认为)某人为如何(谓词,性状)。从"谓2"变为"谓3"是不难的。"谓2"的句法组合也容易变成"谓3"的句法组合。从"谓＋O＋

N"→"谓＋O＋P"→"谓＋O＋(S＋P)","谓"就从"谓 2"变为"谓 3"。而"O＋P"的结构变得再紧密一点,成了"S＋P",这就成了"谁谓[雀无角]"这样的句子。这种组合关系的变化也会影响"谓"的词义,使之从"谓 2"变为"谓 3"。

这是词义和句法组合同时发生变化。

现在,我的看法有些改变。从"谓＋O＋N"→"谓＋O＋P"→"谓＋O＋(S＋P)",确实是句法结构的改变,但这种改变不会影响词义的变化。当"谓"是"谓 2:称(某人为 N)"的时候,其句法结构只能是"谓＋O＋N",不能变为"谓＋O＋P",更不能是"谓＋O＋(S＋P)",所以不可能是句法结构的变化使"谓 2:称(某人为 N)"变为"谓 3:说/认为(某人、某物如何)"。相反,句法结构"谓＋O＋P"和"谓＋O＋(S＋P)"的出现,只能是"谓 2:称(某人为 N)"变为"谓 3:说/认为(某人、某物如何)"的结果。这还是词义变化影响句法结构的变化。

1.2 我们还可以用"呼"来和"谓"做一比较。

"谓"和"呼"的词义有相同的发展。"谓"的例句已如上举,"呼"的有关例句不太好找,尽量多列一些:

①**呼**1:(对某人)说。

其句法结构为:

呼 1＋O＋曰＋DQ

《左传·哀公十一年》:"将战,吴子呼叔孙曰:'而事何也?'"

《左传·哀公十三年》:"赵鞅呼司马寅曰:'日旰矣,大事未成,二臣之罪也。'"

《左传·宣公六年》:"赵盾起将进剑,祁弥明自下呼之曰:

'盾食饱则出,何故拔剑于君所?'"

《国语·吴语》:"王亲独行,屏营仿偟于山林之中,三日乃见其涓人畴。王呼之曰:'余不食三日矣。'"

②**呼 2**:称(某人为 N)。

其句法结构有两种类型:

1)呼 2＋O1(N)＋O2(N)

《庄子·天道》:"昔者子呼我牛也而谓之牛,呼我马也而谓之马。"

2)呼 2＋O1(N)＋为＋O2(N)

王符《潜夫论》:"即呼鸟为鱼,可内之水乎?呼鱼为鸟,可栖之木邪?"

《抱朴子·仙药》:"楚人呼天门冬为百部。"

此种句式,在郭璞注《尔雅》及《方言》中甚多,仅各举一例:

《尔雅·释鸟》:"鸤鸠,鴶鵴。"郭璞注:"今之布谷也,江东呼为获谷。"

《方言》卷一:"自关而东河济之间谓之婥。"郭璞注:"今关西人亦呼好为婥。"

③**呼 3**:认为(某人、某物如何)。(叙实)

但"呼 3"和"谓 3"的语义表达有所不同:"呼 3"不表示口说的言辞,只表示心里的认定,已经从言说动词演变为认知动词。所以其句法结构中,"呼 3"后面没有言说的对象,只有认定的内容。也就是说,没有"谓 3"那种双宾语式,只有谓词性成分做宾语。

其句法结构有两种类型:

1)呼 3＋O(VP)

陆云《与兄平原书》:"《文赋》甚有辞,绮语颇多,文适多体便欲不清,不审兄呼尔不?"

王羲之《杂帖四》:"吾尚不能惜小节目,但一开无解已,又亦终无能为益,适足为烦渎,足下呼尔不?"

《抱朴子·论仙》:"魏文帝穷览洽闻,自呼于物无所不经,谓天下无切玉之刀,火浣之布。"校勘记:荣案卢本"自呼"作"自谓"。

戴逵《答周处士难释疑论》:"仆所为能审分命者,自呼识拔常均,妙鉴理宗,校练名实,比验古今者耳。不谓沦溺生死之域,欣戚失得之徒也。"

也可以"呼谓"或"谓呼"连用:

《六度集经》卷六:"怪此夫人口为妄语,谓呼鬼病。下问谴祟,无所不至,无能知者。"

《贤愚经》卷十:"太子贪惜,增倍求价。谓呼价贵,当不能贾。"

《抱朴子·讥惑》:"又凡人不解,呼谓中国之人居丧者,多皆奢溢,殊不然也。"

2)呼3+为+O(VP)

《三国志·魏书·杜畿传》注引《杜氏新书》:"杀胡之事,天下谓之是邪,是仆谐也;呼为非邪,仪自受之,无所怨咎。"

《抱朴子·勤求》:"天下别有此物,或呼为鬼魅之变化,或云偶值于自然。"

《抱朴子·尚博》:"尔则文章虽为德行之弟,未可呼为余事也。"

⑤呼5:以为(反叙实)。

词义演变和句法演变的相互关系

"呼3"已经从言说动词演变为认知动词,"呼5"更增强了主观性,从"呼3"的叙实变为反叙实。

其句法结构为:

呼5+O(VP)

《修行本起经》卷上:"诸来决艺,悉皆受折,惭辱而去。复有力人王,最于后来,壮健非常,勇猛绝世。谓调达难陀,为不足击,当与太子共决技耳。被辱去者审呼能报,踊跃欢喜。"

更多的是"谓呼"连用:

《杂宝藏经》卷一:"母见其子慈仁孝顺,谓不能去,戏语之言:'汝亦可去。'得母此语,谓呼已定,便计伴侣,欲入海去。庄严既竟,辞母欲去。母即语言:'我唯一子。当待我死,何由放汝。'"

《百喻经》卷三:"昔有痴人,往大池所。见水底影,有真金像,谓呼有金。即入水中,挠泥求觅。"

《百喻经》卷四:"中捉驴根,谓呼是乳。即便构之,望得其乳。"

《佛所行赞》:"闻白马悲鸣,长鸣而应之,谓呼太子还,不见而绝声。"

"呼"这个词的词义演变路径和"谓"是不完全相同的。"谓"一开始就是一个言说动词,而"呼"基本的词义是"呼喊,呼叫",不是言说动词。只是"呼"的词义从"呼喊,呼叫"演变为"言说"(即上面所说的"呼1")以后,才和"谓"有了相同的词义,并有了大致相同的演变路径。和"谓"相比,"呼"缺少"谓4"的意义和句法结构,其他意义和"谓"大致相同,各种不同意义的"呼"的句法结构也和"谓"大致相同(有一些小差异),即:

呼 1 的句法结构为:呼 1+O1(N)+曰+O2(N)

呼 2 的句法结构为:呼 2+O1(N)+O2(N)(有时中间有"为")

呼 3 的句法结构为:呼 3+O(VP)(有时中间有"为",有时"谓呼"连用)

呼 5 的句法结构为:呼 5+O(VP)(经常"谓呼"连用)

从呼 1 到呼 5 是"呼"本身的词义演变,其句法结构的不同是词义的不同造成的,不是句法结构的不同造成词义的不同。而且"呼"的词义演变和"谓"的词义演变一致,这说明其词义演变有共同的规律。从言说动词到认知动词的演变是词义演变的共同规律,这在李明(2003)中已经做了很好的说明。所以,"谓"和"呼"是词义变化影响句法变化的例子。

这里还有一个问题需要回过头来讨论。上面引的"呼"的例句中,有这样一些例句:

《尔雅·释鸟》:"鸤鸠,鵠鵴。"郭璞注:"今之布谷也,江东呼为获谷。"

《抱朴子·尚博》:"尔则文章虽为德行之弟,未可呼为余事也。"

《三国志·魏书·杜畿传》注引《杜氏新书》:"杀胡之事,天下谓之是邪,是仆谐也;呼为非邪,仪自受之,无所怨咎。"

郭璞例的"呼"是"呼 2"(称为),后面两例的"呼"是"呼 3"(认为),这是词义的不同。但比较一下三个例句中的"呼为××",是不是可以认为,这是从"呼为获谷"(呼为+专名)→"呼为余事"(呼为+一般名词)→"呼为非"(呼为+形容词),因为句法结构的变化,造成了词义的从"称为"到"认为"的变化呢?我想,如果单从这几个例句看,特别是因为有"为"的存在,当然不排斥这种可能。但从总体上看,表"称为"的"呼2"和表"认为"的"呼3"都还有其他句法表达形式,是无法做这样的转换的,比如,"呼我牛"这种句法结构,不可能把"牛"换成形容词从而使"呼"的词义发生变化。而且,和"呼"平行的"谓",也无法因句法结构的变化而造成"谓2"(称为)演变为"谓3"(认为)。所以,从总体上看,"呼"和"谓"都是先出现词义变化,从"称为"义演变为"认为"义,然后,由于词义不同,句法结构随之而不同;而不是反过来,由句法结构的变化造成词义的变化。

2 句法影响词义

句法影响词义有三种情况:(1)词所处的句法位置使得词义变化;(2)句法组合的变化影响词义变化;(3)构式影响词义变化。分述如下。

2.1 词所处的句法位置使得词义变化

最明显的例子是"是"从指示代词演变为系词。我在《古汉语词汇纲要》中说:

"有些词因为经常出现在某种句法位置上,因而取得了新的意义。

例如,'是'原是指示代词,后来变为判断词。这种变化是怎样产生的呢?

这是因为指示代词'是'经常出现在《荀子·天论》'日月星辰瑞历,是禹桀之所同也'这样的句子中。这种句子有个特点:谓语('是禹桀之所同')是个主谓结构,'是'充当这个主谓

345

结构的主语,而且复指整个句子的主语'日月星辰瑞历'。

日月星辰瑞历,是禹桀之所同也
主1　　　　　谓1

主2　谓2

在'是禹桀之所同'这个主谓结构中,'是'(主2)和'禹桀之所同'(谓2)构成判断。但因为'是'是复指'日月星辰瑞历'的,所以在意义上,'日月星辰瑞历'(主1)和'禹桀之所同'(谓2)也可以构成判断。这样,'是'的作用逐渐变为联系一个判断中的主谓两项的'系词'。"

这种演变过程已经有很多讨论,此处从略。

2.2　句法组合的变化影响词义变化

有时,在词义不变的情况下,句法组合可以有一些细微的变化。比如,动词后面可以有处所名词。这些处所名词可以有不同的类别。某种类别的处所名词出现得多了,可能会引起词义的变化。下面举两个例子。

(1)"走"的变化

"走"本来的意思是"快跑"。

《尔雅·释宫》:"室中谓之时。堂上谓之行。堂下谓之步。门外谓之趋。中庭谓之走。大路谓之奔。"

《释名》卷二:"两脚进曰行,……徐行曰步,……疾趋曰走,……奔……奔赴之也。"

到汉代,"走"产生了"趋向"义。例见下。

"走"从表示行走方式的动词(快跑)变为表示行走趋向的动词(趋向),词义发生了变化。这种变化是怎样发生的呢?

词义演变和句法演变的相互关系

表示"快跑"的"走"是个不及物动词,后面不跟宾语。从较早的文献看,《周易》《论语》无"走"字,《尚书》中的"走"6例,最后两例是《古文尚书》的,但《胤征》例《左传》曾引用过,所以是可靠的;《武成》例暂不计入。前5例都是"奔走"或"走"后面不跟名词。如:

《尚书·酒诰》:"纯其艺黍稷,奔走事厥考厥长。"

《尚书·君奭》:"小臣屏侯甸,矧咸奔走。"

《尚书·多士》:"亦惟尔多士攸服,奔走臣我。"

《尚书·多方》:"今尔奔走臣我监五祀。"

《尚书·胤征》:"啬夫驰,庶人走。"

《尚书·武成》:"邦甸、侯、卫骏奔走,执豆笾。"

《诗经》中2例,其中《绵》例"走"是使动,《清庙》例"奔走"后面有处所名词,表示奔走的处所。

《诗经·大雅·绵》:"古公亶父,来朝走马。"

《诗经·周颂·清庙》:"骏奔走在庙。"

在《左传》中"走"后面出现了表示"走"的趋向之地的处所名词,有8例:

《左传·文公十六年》:"百濮离居,将各走其邑。"

《左传·宣公十二年》:"赵旃弃车而走林。"

《左传·宣公十二年》:"遇敌不能去,弃车而走林。"

《左传·襄公十八年》:"齐侯驾,将走邮棠。"

《左传·襄公二十三年》:"奉君以走固宫,必无害也。"

《左传·昭公七年》:"寡君寝疾,于今三月矣,并走群望。"

《左传·昭公十八年》:"卜筮走望,不爱牲玉。"

《左传·昭公二十六年》:"王愆于厥身,诸侯莫不并走其望,以祈王身。"

陆德明《经典释文》在襄公二十三年"奉君以走固宫"下注"走如字,一音奏",他还是倾向于"走"不改读的。在其他处均无注。

《国语》也有 4 例带表示趋向的处所宾语:

《国语·鲁语下》:"从君而走患,则不如违君以避难。"注:"走,之也。"

《国语·晋语二》:"夫狄近晋而不通,愚陋而多怨,走之易达。"

《国语·晋语二》:"且夫偕出偕入难,聚居异情恶,不若走梁。"

《国语·晋语九》:"襄子出,曰:'吾何走乎?'"

可见这种句式在战国初期已经出现了。这种句式,到汉代更加普遍,而且在注释中已有了"奏"的破读音。

《淮南子·说林》:"渔者走渊,木者走山。"高诱注:"走读奏记之奏。"

在《史记》中,这样的句式更多,注释中标明"音奏"的共有 8 处,有的还注出词义"向也":

《史记·项羽本纪》:"长史欣恐,还走其军。"《正义》:"走音奏。"

《史记·项羽本纪》:"杀汉卒十余万人。汉卒皆南走山。"《正义》:"走音奏。"

《史记·楚世家》:"射伤王。王走郧。"《正义》:"走音奏。"

《史记·萧相国世家》:"沛公至咸阳,诸将皆争走金帛财物之府分之。"《索隐》:"音奏。奏者,趋向之。"

《史记·伍子胥列传》:"盗击王,王走郧。"《索隐》:"奏云二音。走,向也。"

《史记·蒙恬列传》:"行出游会稽,并海上,北走琅邪。"《索隐》:"走音奏。走犹向也。"

《史记·黥布列传》:"可遂杀楚使者,无使归,而疾走汉并力。"《索隐》:"走音奏,向也。"

《史记·张释之列传》:"上指示慎夫人新丰道,曰:'此走邯郸道也。'"《集解》:"如淳曰:'走音奏,趋也。'"《索隐》:"音奏。案:走犹向也。"

《史记·吴王濞列传》:"因王子定长沙以北,西走蜀、汉中。"《正义》:"走音奏,向也。"

不及物动词不带表对象的宾语,但是可以带处所宾语。如"坐",如果要表达其处所,多数是用"坐于+P"的形式,如《孟子·梁惠王上》:"王坐于堂上。"这种形式很常见,不用多举例。但也可以不用"于","坐"后面直接跟处所名词,如:

《晏子春秋·谏下》:"景公猎休,坐地而食,……晏子对曰:'臣闻介胄坐陈不席,狱讼不席,尸坐堂上不席。'"

《吕氏春秋·分职》:"公衣狐裘,坐熊席。"

《楚辞·招魂》:"坐堂伏槛,临曲池些!"

这种处所名词表示的是"坐"这个动作所在的地方,"坐"还是一个静态的动作,其词义没有改变。

按照这种"Vi+P"的句法规则,"走"这个不及物动词后面也可以带处所名词。如《诗经》例所显示的,最初带的处所名词是表示"走"这个动作的处所,这不会影响"走"的词义。但后来带的处所名词表示"走"的趋向之地,像《左传》以下的诸例。这种"走+P"整个表示动作的趋向。由于这种影响,人们就会把趋向义看作动词"走"

所带的词义,这样,就使得"走"的词义逐渐变化,到后来甚至觉得"走"的词义已经改变,明确地注明"走"的意义是"之也"(见《国语·鲁语下》例韦昭注),而且用音变的办法把它和原来表"快跑"义的"走"区分开来,也就是说,认为"走"是一个趋向动词了。这个例子清楚地表明了句法组合影响词义变化。

(2)"进"的变化

在上古汉语中,"进"和"入"的词义是不同的。"进"是前进,"入"是入内。《韩非子·外储说左上》:"夫为门而不使入,委利而不使进,乱之所以产也。""进"和"入"的区别很明显。但后来,"进"逐渐演变成"入"义,而"入"在口语中不单用了。这种变化是怎么产生的呢?

上古汉语中,"进"是个不及物动词。先秦10种文献中,"进"共出现370余次,带宾语的44次,多数是"进"为"推荐"义(如"进贤"),或为"进献"义(如"进酒");"前进"义的"进"带宾语只有使动宾语,如《左传·宣公四年》:"鼓而进之。"有时"进"后面有介词"于",表示在某种境界中前进,如《荀子·性恶》:"身日进于仁义而不自知也者,靡使然也。"总之,"进"的词义只表明行走的方向,无须说出进到什么处所,所以后面没有处所宾语;不但如此,在上文中也没有表示进到什么地方的词语。这是先秦的情况。

后来这种情况有了改变。请看汉代文献中的一些例句:

《淮南子·人间》:"师行数千里,数绝诸侯之地,其势必袭郑。凡袭国者,以为无备也。今示以知其情,必不敢进。"

贾谊《过秦论》:"秦人开关延敌,九国之师逡巡遁逃而不敢进。"

《汉书·王莽传下》:"严尤曰:'称尊号者在宛下,宜亟进。'"

扬雄《太玄》:"进,次八:进于渊,君子用船。测曰:进渊用船,以道行也。"

《汉书·文帝纪》:"代王乃进至渭桥。"

《汉书·天文志》:"太白出西方,进在日前,气盛乃逆行。"

《后汉书·祢衡传》:"衡进至操前而止。"

《后汉书·光武帝纪》:"进至邯郸。"("进至××"在《后汉书》中多次出现。)

上述例句都说明了"进"到什么处所。有两种情况:(1)在上文说明"进"的处所。如:郑,关(函谷关),宛下。(2)更多的是用介词标明处所。如:于,至,在。这些例句中"进"的处所是一个广大的地域,所以不影响"进"的词义。

但时代再往后(大约是汉末到晋代),在句中出现的"进"的处所就有所变化。例如:

《后汉书·南蛮传》:"盘瓠得女,负而走入南山,止石室中。所处险绝,人迹不至。于是女解去衣裳,为仆鉴之结,著独力之衣。帝悲思之,遣使寻求,辄遇风雨震晦,使者不得进。"注:"此已上并见《风俗通》也。"

《三国志·吴书·朱治传》:"诸父老故人,莫不诣门。治皆引进,与共饮宴。"

《搜神记》卷一:"陈仲举微时,常宿黄申家,申妇方产,有扣申门者,家人咸不知,久久方闻屋里有人言:'宾堂下有人,不可进。'"

《搜神记》卷十二:"秦时,南方有'落头民',其头能飞。其种人部有祭祀,号曰'虫落',故因取名焉。吴时,将军朱桓,得一婢,每夜卧后,头辄飞去。或从狗窦,或从天窗中出入,以耳为翼,将晓,复还。数数如此,傍人怪之,夜中照视,唯有身无头,其体微冷,气息裁属。乃蒙之以被。至晓,头还,碍被不得安,两三度,堕地,噫吒甚愁,体气甚急,状若将死。乃去被,头复起,傅颈。有顷,和平。桓以为大怪,畏不敢畜,乃放遣之。既而详之,乃知天性也。时南征大将,亦往往得之。又尝有覆以铜盘者,头不得进,遂死。"

《晋书·石崇传》:"崇素与舆等善,闻当有变,夜驰诣恺,问二刘所在,恺迫卒不得隐。崇径进,于后斋牵出,同车而去。"

《晋书·皇甫谧传》:"刺史陶侃礼之甚厚。侃每造之,著素士服,望门辄下而进。"

《晋书·刘兆传》:"尝有人著靴骑驴至兆门外,曰:'吾欲见刘延世。'兆儒德道素,青州无称其字者,门人大怒。兆曰:'听前。'既进,踞床问兆曰:'闻君大学,比何所作?'兆答如上事,末云:'多有所疑。'客问之。兆说疑毕,客曰:'此易解耳。'因为辩释疑者是非耳。兆别更立意,客一难,兆不能对。客去,已出门,兆欲留之,使人重呼还。"(注意:这个例句需要分析。如果看"兆曰:'听前。'既进,……"这两个小句,似乎"进"就是"前进"。但前面说客"至兆门外"而不得入,后面说客"出门",可知"进"的就是"门";"进门"就是"入门"。)

《魏书·杨播传》:"逸为政爱人,尤憎豪猾,广设耳目。其兵吏出使下邑,皆自持粮,人或为设食者,虽在暗室,终不进,咸'言杨使君有千里眼,那可欺之'。"

这些例句中,"进"的处所是一个狭小的、封闭的区域,如:室中、门内、堂下、盘中、室内。在这种情况下,"进"的词义就和"入"相同了。

下面一些例句时代可能更晚一些,"进"的处所直接出现在"进"后面,《魏书》例用"于",其他诸例都是直接做"进"的宾语。这些处所和上面一些例句一样,都是狭小、封闭的区域,所以,"进"的词义同于"入"。

《魏书·桓玄传》:"玄入建邺宫,逆风迅激,旌旗、服章、仪饰一皆倾偃。是月酷寒,此日尤甚。多行苛政,而时施小惠。迎温神主进于太庙。"

《南齐书·崔景慧传》:"恭祖率轻骑十余匹突进北掖门,乃复出。"

《北齐书·王晞传》:"有顷,奏赵郡王睿为左长史,晞为司马。每夜载入,昼则不与语,以晞儒缓,恐不允武将之意,后进晞密室,曰……"(意思是"使晞进密室"。)

《梁书·陈伯之传》:"伯之顿篱门,寻进西明门。"

下面例句中"进"和"入"都出现,词义和用法都一样。

《南史·谢弘微传》:"曾要何徽君讲《中论》,何难以巾褐入南门,乃从东园进。"

《南史·王弘传》:"俄而帝崩,融乃处分以子良兵禁诸门。西昌侯闻,急驰到云龙门,不得进,乃曰:'有敕召我。'仍排而入。"

《南史·齐宗室传》:"乃进西掖门,开鼓后得入殿内。"

这种情况,到唐代的文献中更多,略举几例:

韩愈《唐故虞部员外郎张府君墓志铭》:"(张)涂进韩氏门,伏哭庭下。"

《旧唐书·玄宗纪上》:"攻白兽、玄德等门,斩关而进,左万骑自左入,右万骑自右入,合于凌烟阁前。"

大概到了唐代,"进"的旧义"前进"仍在使用,而新义"入内"已经固定,"进"和"入"同义,所以可以构成一个复合词"进入"在语言中使用了。"进入"原来是一个连动结构,意为"前进而入某处",如:

《三国志·吴书·周瑜传》:"转下湖孰、江乘,进入曲阿,刘繇奔走。"

但到唐五代,在下列例句中,"进入"的意思就是原来的"入"或新出现的"进"。如:

王建《宫词》:"昨日教坊新进入,并房宫女与梳头。"

《入唐求法巡礼行记》卷二:"摇橹进入桑岛东南少海,有岛,于此泊舶。"

花蕊夫人《宫词》:"画船花舫总新妆,进入池心近岛傍。"

"进"的"入内"义,各种辞书都引同一个例句:

王嘉《拾遗记·秦始皇》:"〔有人身长十尺〕云欲见秦王子婴,门者许进焉。"

仅此一例,显得很孤单也很突兀。通过上面的引例和分析,可以看出,"进"的词义从"前进"演变为"入内",是有一个历史过程的,是逐渐发展的。首先是在汉代,"进"要到达的处所在文中已经出现,但其处所还是一个广大的地区,所以不影响"进"的词义。后来,"进"的处所可以是一个狭小、封闭的区域,这就使得"进"的词义逐步向"入"演变。《后汉书》例"进"的处所在文中表达得不大清楚,如果是指进室中,那这就是"进"词义演变的开端;这个例句虽然出于《后汉书》,但李贤注说是引自《风俗通》,

也就是说,"进"的词义演变从东汉末就已经开始了。在魏晋南北朝时期,这种演变逐步推进,其演变的时代和演变的脉络都比较清晰,例子也不止一个。到了唐代,这种演变已经完成。但那时"进"的旧义和新义还同时并用,后来旧义逐步消失。

特别值得注意的是:引起"进"的词义演变的,开始时并不是在"进"所处的句子中线性组合的改变(比如宾语的增加、减少,或宾语类别的改变),而是"进"的论元的改变,而且这个论元是在"进"前面出现的,甚至句子的表层结构上是不出现(《拾遗记》例)或在句中不明确的(《晋书·刘兆传》例)。这种论元的变化也会影响动词词义的改变。

2.3 构式影响词义变化

上面说的是一般的句法组合的变化造成词义的变化。这里说的是构式影响词义的变化。"构式"和一般的句法组合不同,Goldberg 在《构式——论元结构的构式语法研究》中给"构式"下的定义是:"如果短语型式的形式或意义的某些方面不能从其构成成分的特征或其它构式中得到完全预测,那么其短语型式是一个构式。"(1995/2007:4)一个词处于某个构式中,会表现出某种特别的意义,这是由这个词的词义和构式意义整合在一起而产生的一种临时的意义,这个词的词义并没有改变。但是,如果一个词长期处在某个构式中,这种整合而产生的意义也可能成为其固定的词义。在 2013 文中,我以"来→招徕""贷→与之"为例,做过详细的讨论,此处从略。

3 句法和词义共同影响词义演变

有些词义的演变,似乎是由句法关系造成的;但仔细分析,词义本身仍然是造成演变的一个重要因素。所以,这是由句法和词义的共同影响而造成的词义的演变。

3.1 我的《古汉语词汇纲要》第八章第一节是"由语法关系而造成的词义变化",里面举了三个词做例子:"为""斯""必"。在2013文中,只谈了"为"和"斯"两个词,而且认为:"还是语义变化在前;当然,句法的影响也很重要。"本文的看法有些改变,我认为这是句法和词义的共同影响而造成的词义变化。下面对这三个词的演变重新做一些分析和讨论,例句也增加一些。

3.1.1 为

"为"由动词"作,做"演变为疑问语气词。这经过三个阶段:
(1)疑问代词+以+N+为?

1)《论语·颜渊》:"君子质而已矣,何以文为?"

2)《庄子·让王》:"日出而作,日入而息,逍遥于天地之间而心意自得。吾何以天下为哉?"

3)《韩非子·说林下》:"君长有齐,奚以薛为?"

"何(奚)以文为"即"以文为何(奚)"。"何(奚)以 N 为"的格式中 N 是名词。"以"是"用","为何(奚)"表示"做什么","为"是动词"作,做",不能去掉。

(2)疑问代词+以+V+为?

1)《论语·季氏》:"是社稷之臣也,何以伐为?"

2)《庄子·逍遥游》:"我决起而飞,枪榆枋,时则不至,而控于地而已矣,奚以之九万里而南为?"

"何(奚)以 V 为"的格式中 V 是动词。这种格式,仍可理解为"以 V 为何(奚)";但"以"也可以理解为"因","何以/奚以"可以表示"为什么",做 V 的修饰语。这样,"何(奚)以 V 为"就大致等于

"何(奚)以 V 也(乎)"。可比较下面两句:

3)《吕氏春秋·赞能》:"子何以不归耕乎?"

4)《战国策·秦策五》:"君其试臣,奚以遽言叱也?"

所以"何以 V/奚以 V"可以成句。这样,"为"就成为多余的;因为处在疑问句的句末,所以被人们理解为疑问语气词。

(3) VP+为?

1)《穀梁传·定公十年》:"夷狄之民,何为来为?"

2)《楚辞·渔父》:"何故深思高举,令自放为?"

"为"已成为语气词,所以,可以用在疑问句的句末。

"为"从动词演变为疑问语气词,是因为另一个词"以"的歧义(用/因)而产生重新分析,改变了直接成分的边界,"为"成为多余的了;然后又因为处于疑问句的句末,被人们当作疑问语气词。这可以说是语法变化影响词义变化,但首先还是因"以"的歧义而使"为"的词义变化,所以这一演变也和词义的变化有关。

3.1.2 斯

"斯"从指示代词演变为连词。这也经过三个阶段。

1)《论语·尧曰》:"子张曰:'何谓惠而不费?'子曰:'因民之所利而利之,斯不亦惠而不费乎!'"

"斯不亦惠而不费乎"是个陈述句。"斯"是指示代词,回指上文"因民之所利而利之",在"斯不亦惠而不费乎"这个小句中做主语。做主语的"斯"在句中的地位比较突出,其指示代词的性质不会改变。

2)《论语·尧曰》:"子张问于孔子曰:'何如斯可以从政矣?'子曰:'尊五美,屏四恶,斯可以从政矣。'"

"尊五美,屏四恶,斯可以从政矣"是个因果复句。"尊五美,屏四恶"是因,"可以从政矣"是果。"斯"本是指示代词,回指"尊五美,屏四恶","斯"和"可以从政矣"也是因果关系。因为"尊五美,屏四恶"和"可以从政矣"的因果关系已经很清楚,再用"斯"回指上一小句而和"可以从政矣"构成因果关系已属多余。所以"斯"的指示代词的性质逐渐淡化。另一方面,"斯"处在"因"和"果"之间,这种因果关系本来是由句式而不用虚词表示的,但既然"斯"的指示代词的性质已经淡化,那么,"斯"在句中起什么作用呢?人们会觉得"斯"是用来连接因果的,于是对这类句子做新的解读(重新分析)。这样,"斯"就逐渐取得了连词的功能。

3)《论语·先进》:"冉有问:'闻斯行诸?'子曰:'闻斯行之!'"

当"斯"逐渐演变为连词之后,人们就可以把它作为连词来使用,所以,可以用在这种表因果的语句中。

"斯"的这三个句子虽然都是出现在《论语》中的,是同一个时代平面的句子,但就句中"斯"的性质和功能来看,反映了"斯"演变的三个阶段。

3.1.3 必

"必"原来是一个副词,最常见的意义是"必定,一定"。后来演变为假设连词"如果"。前一种意义大家都很熟悉,例子不用举了。后一种意义,是清代学者吴昌莹在《经词衍释·补遗》中首先提到:

"必,若也。《昭二十七年》:'必观之。'《家语五刑解》:'义必明,则民不犯。'《史记·孟尝君传》:'必受命于天,君何忧也。必受命于户,则高其户耳。'《项羽纪》:'必欲烹若翁。'《高祖纪》:'必欲诛无道秦。'"

在现代编纂的几部词典中都列有此义项:

词义演变和句法演变的相互关系

《汉语大字典》:"必 ⑧连词。表示假设关系,相当于'假使''如果'。《左传·昭公十五年》:'必求之,吾助子请。'《史记·廉颇蔺相如列传》:'王必无人,臣愿奉璧往使。'唐杜荀鹤《题会上人院》:'必能行大道,何用在深山。'"

《汉语大词典》:"必 ⑪连词。表示假设关系。倘若,如果。《论语·颜渊》:'子贡问政。子曰:"足食,足兵,民信之矣。"子贡曰:"必不得已而去,于斯三者何先?"曰:"去兵。"'《史记·项羽本纪》:'吾翁即若翁,必欲烹而翁,则幸分我一杯羹。'宋梅尧臣《题老人泉寄苏明允》诗:'渊中必有鱼,与子自徜徉;渊中苟无鱼,子特玩沧浪。'"

《古代汉语虚词词典》:"必 连词……可译为'果真''假使'等。"例句为:《左传·昭公十五年》:"必求之,吾助子请。"《论语·颜渊》:"子贡曰:'必不得已而去,于斯三者何先?'"《史记·廉颇蔺相如列传》:"王必无人,臣愿奉璧往使。"等。

下面,我们对"必"的这个意义进行一些讨论。

"必"在历史上有没有做连词"假如"这个意义?应该说是有的。这将在下面进一步论证。但上述例句中很多"必"不是连词"假如"。

先看先秦的例句。

《论语》中"必不得已而去"的"必"是个副词。《经词衍释·补遗》:"必,果也。《论语》:'必不得已而去。'"这是对的。

《左传·昭公二十七年》:"令尹好甲兵,子出之,吾择焉。取五甲五兵。曰:'寘诸门。令尹至,必观之,而从以酬之。'"这个例句中的"必"显然不是"假使"的意思,因为令尹"好甲兵",所以到来后"必观之"。"必"是"必定"之义。

《左传·昭公十五年》:"楚费无极害朝吴之在蔡也,欲去之。乃谓之曰:'王唯信子,故处子于蔡。子亦长矣,而在下位,辱。必求之,吾助子请。'又谓其上之人曰:'王唯信吴,故处诸蔡。二三子莫之如也,而在其上,不亦难乎?弗图,必及于难。'"

这是费无极两边挑拨的话。他一方面怂恿朝吴,让他必须去求上位;一方面对处于上位的人说,要他防备朝吴。"必求之"的"必"是"必须",不是"假使"。

我调查了《左传》中"必"的用法,不见"必"有"假使"义。

《史记》中的"必"是否有"假使"义呢?一般认为有"假使"义的有如下例句:

《史记·项羽本纪》:"吾翁即若翁,必欲烹而翁,则幸分我一杯羹。"

《史记·高祖本纪》:"足下必欲诛无道秦,不宜踞见长者。"

《史记·廉颇蔺相如列传》:"王必无人,臣愿奉璧往使。"

《史记·孟尝君列传》:"文曰:'人生受命于天乎?将受命于户邪?'婴默然。文曰:'必受命于天,君何忧焉?必受命于户,则高其户耳,谁能至者!'"

其实,这些例句都不是。

先看"必欲"。《史记》中"必欲"用得很多,除上述例句外,再举两例:

《史记·晋世家》:"王必欲致士,先从隗始。"

《史记·乐毅列传》:"王必欲伐之,莫如与赵及楚、魏。"

"欲"表示意愿,后面的动词是未然的动作。"必"仍是"一定"的意思,但因为放在"欲"前面,表达的也是未然的意思。正是这种未然的语境,使得"必"读起来似乎有"假使"的意思。把"必欲+V"读作"如果一定要"也是读得通的,但实际上,"如果"是由语境而产生的,不是"必"的词义。

再看其他的"必"。"王必无人,臣愿奉璧往使。"这个"必",《王力古汉语字典》是这样解释的:

> 必 ㊀副词。①一定。《诗·邶风·旄丘》:"何其久也?～有以也。"②果真。《史记·蔺相如列传》:"王～无人,臣愿奉璧往使。"

这是很对的。这个"必"不是假设连词"如果",而是副词"果真"。《史记·孟尝君列传》:"必受命于天。"这个"必"也是"果真"。

《史记》中这种"必"也很多,举例如下。这些例句中的"必"都能用"果真"解释:

> 《史记·高祖本纪》:"正月,诸侯及将相相与共请尊汉王为皇帝。汉王曰:'吾闻帝贤者有也,空言虚语,非所守也,吾不敢当帝位。'群臣皆曰:'大王起微细,诛暴逆,平定四海,有功者辄裂地而封为王侯。大王不尊号,皆疑不信。臣等以死守之。'汉王三让,不得已,曰:'诸君必以为便,便国家。'甲午,乃即皇帝位氾水之阳。"

> 《史记·晋世家》:"献公私谓骊姬曰:'吾欲废太子,以奚齐代之。'骊姬泣曰:'太子之立,诸侯皆已知之,而数将兵,百姓附之,奈何以贱妾之故废適立庶?君必行之,妾自杀也。'"

> 《史记·廉颇蔺相如列传》:"复请李牧,牧杜门不出,固称疾。赵王乃复强起使将兵。牧曰:'王必用臣,臣如前,乃敢奉令。'王许之。"

361

《史记·仲尼弟子列传》:"且王必恶越,臣请东见越王,令出兵以从,此实空越,名从诸侯以伐也。"

把这种"必"解释为"果真"是有根据的。

《玉篇》:"必,果也。"

《广韵·质韵》:"必,审也。"

"果真"和"假使,如果"不同,"假使,如果"是单纯的假设,"果真"是"假使+一定"或"假使+确实"。如果把上述句子中的"必"解释为"假使,如果",就剩下了单纯的假设,而把"一定,确实"的意思丢掉了。实际上,"一定,确实"正是"必"本身的意义,而"假使"是语境造成的:上述句子说的都是一种假设的情况,这种语境,把"假设"的意义带给了"必"。

所以,上述句子中的"必"还不是假设连词,虽然已经朝假设连词跨进了一大步。

那么,"必"到什么时候演变为假设连词呢?请看下面一例:

《太平经》卷五三:"其子事者,必若父有伏匿之事,不敢以报其子;子有匿过,不敢以报其父母,皆应相欺,以此为阶也。"

《太平经》认为,君主对臣有四种态度:师父事之,友事之,子事之,视臣若狗、若草木。子事其臣,则是君臣之间如有错误互相隐瞒。这里的"必若"是"必"和"若"同义并用,"必"义同"若",是单纯的假设,没有"一定,确实"之义。这就是假设连词了。据此,可以认为,"必"在东汉的口语中已经演变为假设连词。

假设连词"必",到唐代就用得很多了。张相《诗词曲语辞汇释》卷二:"必,假拟之辞,犹倘也,若也,如也,或也。"也可"必若"连用。举唐诗例甚多。如:

杜甫《丹青引》："将军画善盖有神,必逢佳士亦写真。"

杜甫《送韦讽上阆州录事参军》诗："必若救疮痍,先应去蟊贼。"

下面补充一些敦煌变文和《旧唐书》中的例句:

《敦煌变文校注·燕子赋》："你亦未能断事,到头没多词句。必其倚有高才,请乞立题诗赋。"

《敦煌变文校注·欢喜国王缘》："必若有人延得命,与王齐受百千年。"

《旧唐书·鲁炅传》："中官冯廷瓌曰:'将军必能入,我请以两骑助之。'"

《旧唐书·安禄山等传》："必若玄宗采九龄之语,行三令之威,不然使禄山名位不高,委任得所,则群黎未必陷于涂炭,万乘未必越岷、峨。"

这些"必",都没有"一定,确实"之义,而只是单纯的表假设了,所以,已经演变为假设连词。

所以,"必"的词义演变首先是由于经常处于假设语境中,而其演变的完成,是由于其原有的词义"一定,确实"的消失。

3.2 "为""斯""必"三个词的词义演变,都是"语境吸收"(absorption of context)。

"语境吸收"(absorption of context)见于 J. Bybee 等 1994,我在 2013 文中引用了其中有关段落,并以汉语"要"的词义演变加以说明,此处不赘。简单地说,"语境吸收"是指一个词经常处于表示某种语法关系的语境中,这个词原有的词义淡化,逐步吸收了语境的语法意义,形成一个新的词义。

由"语境吸收"而造成词义演变,"语境"是关键。"为""斯"和

"必"的词义演变正是这样。"为"演变为疑问语气词,"斯"演变为承接连词,"必"演变为假设连词,都是吸收了它们经常所处的语境的意义,这是句法对词义演变的影响。但是,并不是任何词处在同样的语境中都会发生同样的词义演变。这种词义演变的一个必要条件是这个词原有意义的弱化以至消失。"为"的演变,首先是由于"以"的歧义,使"何(奚)以 V 为"这种格式发生重新分析,"为"成为多余的成分,然后才吸收了语境的意义,演变为疑问语气词。"斯"的演变,是因为"斯"的指代性不是很强,有可能弱化而吸收语境意义;如果换一个指代性更强的"此",即使处在同样的语境中,也不会吸收语境意义而变成连词,不会有"闻此行诸"这样的句子。"必"如果只是吸收了语境意义,而其本身的词义"一定,确实"没有消失,其演变只能到达"果真"这一步;只有进一步演变,"必"本身的词义消失了,这才演变为假设连词。这又是词义变化对这种演变的影响。所以,由"语境吸收"而产生的词义演变,是句法和词义共同影响的结果。

上面说到"是"从指示代词演变为系词,是由"是"所处的句法位置造成的,但是没有把"是"的演变看作"语境吸收"。为什么这样处理呢?因为"语境吸收"是一个词经常处于某种语境中,其原有的词义弱化以至消失,同时吸收了语境的意义(如疑问、连接、假设等)。而"是"所处的句法位置(N1,是 N2)本身并没有表判断的语法意义,N1 和 N2 在句法上并不构成判断;只是 N1 和 N2 在语义上所指相同,这为"是"演变成系词提供了条件。所以,这是和"语境吸收"有区别的。

在讨论词义和句法的影响的关系时,有一个问题应当注意。如果在一个句子中词义和句法都发生了变化,那么,对于何者是影

词义演变和句法演变的相互关系

响演变的原因,何者是演变形成的结果,必须通过细致的分析,做出明确的区分,而不能倒果为因。

比如:

1)《左传·僖公二年》:"荀息请以屈产之乘与垂棘之璧假道于虞以伐虢。公曰:'是吾宝也。'"

2)《史记·刺客列传》:"此必是豫让也。"

以2)和1)相比,其中"是"的词义已经发生了变化,从指示代词发展为系词;句法也发生了变化,指示代词"是"本来是不能用副词修饰的,而在这个句子中,"是"前面有副词"必"修饰。那么,这两种变化究竟是哪一种发生在前?是句法的变化影响到词义的变化呢?还是词义的变化影响到句法的变化?指示代词"是"前面是不能用副词修饰的,现在"是"前面有副词"必",能不能说这是系词产生的句法条件?

如果这么说,就是倒果为因。如果2)中的"是"还是个指示代词,那就不可能用副词"必"修饰。现在"是"前面有副词"必",说明"是"已经演变为系词。

那么,"是"是在什么情况下从指示代词演变为系词的?这在前面已经说过,是像"日月星辰瑞历,是禹桀之所同也"这种句法环境。这种句法环境中的N1和N2之间的位置,可以兼容指示代词"是"和系词"是",正因为如此,这个句子的结构可以发生重新分析,"是"也由此发生演变。"是"的词义演变(语法化)确实是受句法位置影响的,但对它产生影响的句法条件是"日月星辰瑞历,是禹桀之所同也"这种句式,而不是副词出现在"是"前面。副词出现在"是"前面是"是"词义演变(语法化)的结果,而不是其原因。

又如:

365

"把"原是个动词,"执持"之义。后来演变为处置式的标记。

  1)宋之问《桂州三月三日》诗:"晨趋北阙鸣珂至,夜出南宫把烛归。"

  2)宋之问《温泉庄卧病寄杨七炯》诗:"惜无载酒人,徒把凉泉掬。"

以2)和1)相比,其中"把"的词义已经发生了变化,从动词发展为处置式标记;句法也发生了变化,动词"把"的宾语必须是可执持之物,而在这个句子中,"把"的宾语"凉泉"是不能执持的。那么,这两种变化究竟是哪一种发生在前?是句法的变化影响到词义的变化呢?还是词义的变化影响到句法的变化?能不能说"把"的宾语出现了不可执持之物是"把"演变为处置式标记的句法条件?

处置式的形成,已有很多论述。简单地说,处置式"把(P)+N+V"是从连动式"把(V)+N+V"演变来的。连动式"把(V)+N+V"中的N都是可执持之物,如上举宋之问诗例1);演变过程中的"把+N+V",N也是可执持之物,如王力《汉语史稿》所举的例子:杜荀鹤《入关因别舍弟》:"莫愁寒族无人荐,但愿春官把卷看。""把"正是在这种既可读作连动式也可读作处置式的情况下,产生重新分析,从而从动词演变为处置式标记的。如果"把"的后面出现了不可执持之物做宾语,如上举宋之问诗例2),那就已经演变为处置式标记了。所以,"把"的后面出现了不可执持之物做宾语,是"把"词义演变的结果,而不是"把"词义演变的条件。

当然,这不是说句法成分中宾语类别的改变全都不可能影响词义。上面说过,"走"和"进"的词义变化,是因这些动词后面的宾语类别改变而产生的。关键在于:"走"和"进"是在词义不变的情况下宾语类别发生改变,所以宾语类别的改变是词义变化的原因。而"把"是在词义改变之后,宾语类别才改变的,所以宾语类别的改变是词义变化的结果。词义变化和句法变化孰先孰后,必须分清楚,这样才不会倒果为因。

词义演变和句法演变的相互关系是一个重要问题,对这个问题的研究还刚开始,上面谈的是我的一些初步的想法。希望有更多的人关注这个问题,使研究逐步深入。

参考文献

贝罗贝、李明　2008　《语义演变与句法演变》,沈阳、冯胜利主编《当代语言学理论和汉语研究》,商务印书馆。

蒋绍愚　1989　《古汉语词汇纲要》,北京大学出版社。

蒋绍愚　2011　《词汇、语法和认知的表达》,《语言教学与研究》第4期。

蒋绍愚　2013　《词义变化与句法变化》,《苏州大学学报》第1期。

李　明　2003　《试谈言说动词向认知动词的引申》,《语法化与语法研究(一)》,商务印书馆。

Bybee, Joan, Revere Perkins and William Pagliuca　1994　*The Evolution of Grammar—Tense, Aspect, and Modality in the Languages of the World*. The University of Chicago Press.

Goldberg, A. E.　1995/2007　《构式——论元结构的构式语法研究》,吴海波译,北京大学出版社。

(原载《汉语史学报》第15辑,上海教育出版社,
2015年10月)